한일관계의 흐름 2019-2020

한일관계의 흐름 2019-2020

최영호 지음

논형

책을 펴내며

　이 책은 2019년 1월부터 2020년 12월까지 2년 동안에 걸쳐 필자가 목격하거나 관여한 한일관계 사건을 정리한 것이다. 필자는 다양한 분야에서 한일관계 사건을 접했으나 그 중에서도 한국과 일본의 『역사와 외교』를 재조명하는 형태로 시리즈를 엮어 보았다. 2000년대에 들어 한일관계의 흐름 시리즈가 나오기 시작한지 17년이 지났다. 그 동안 한국에서는 노무현 대통령을 비롯하여 이명박·박근혜·문재인 대통령에 이르기까지 대통령 자리를 4명이 차지했다. 한편 일본에서는 헤이세이平成에서 레이와令和로 연호가 바뀌었으며, 고이즈미 준이치로小泉純一郎·아베 신조安倍晋三·후쿠다 야스오福田康夫·아소 다로麻生太郎·하토야마 유키오鳩山由紀夫·간 나오토菅直人·노다 요시히코野田佳彦·아베 신조安倍晋三·스가 요시히데菅義偉에 이르기까지 총리 자리를 9명이 차지했다. 이렇게 연륜이 쌓아짐에 따라 지난날의 기억이 새롭게 느껴지는 것은 필자뿐이 아닐 것으로 생각되며, 그 만큼 날이 갈수록 기록의 소중함을 뼈저리게 느끼고 있다. 이 시리즈는 각종 사건들에 대한 병렬적인 나열을 중심으로 하여 주로 2년 동안의 한일관계를 정리해 왔다. 필자는 개인적으로 지난 해 2020년 8월 말로 정년퇴임하면서 대학교수 직무를 내려놓게 되었다. 각종 보직을 역임하는 상황 속에서도 다행히 연구 작업에서 손을 떼지 않은 것은 이 시리즈를 써가면서 독자들과 끊임없이 대화할 수 있었기 때문이다. 생각하면 생각할수록 감사하다고 느낀다.

먼저 2019년부터 2020년까지 2년간의 한일관계를 돌이켜보자. 이 시기 한국에서는 문재인 정부의 중반부가 이어졌으며, 일본에서는 아베 신조 제4차 내각에서 스가 요시히데 제1차 내각이 이어졌다. 가능한 인터넷 자료와 필자의 개인 인터넷 카페 cafe.naver.com/choiygho 에 올린 자료들을 이용하고, 여기에 개인적인 연구 논문과 서평을 단행본 체제에 맞추어 전면적으로 변형하여 본문을 집필했다. 편집 상 이유에 따라 개인적인 발표 내용 가운데 일부만을 담았다. 본문에 담지 못한 자료는 필자의 개인 인터넷을 이용하라고 권유하고 싶다. 이 시리즈는 기본적으로 국교정상화 이후 한일 양국에 계속되고 있는 역사인식 문제를 강조함과 동시에 한일 양국의 과도한 권력 작용을 비판하는데 주된 목적이 있다. 과거사에 대한 사죄와 책임 문제를 애매하게 하려는 일본 정부의 잘못과, 아직도 식민지 지배의 틀에 사로잡혀 조선인의 과거 피해에 집중하고자 하는 한국 정부의 잘못을 함께 비판하려는 것이다.

한국과 일본은 오늘날 국제관계의 객관적인 사실로서, 긍정적이든 부정적이든 한국과 일본은 국제사회의 일원으로서 「역사와 문화」를 공유해 오고 있다. 근대와 현대 시기에 있어서 국가 형태와 통치 방법을 둘러싸고 각종 기록이 전수되고 있는 가운데, 한국과 일본이 서로 다른 시각에서 지난날을 재해석하고 앞으로의 미래를 설정하면서 서로 다른 견해가 양국의 외교적인 갈등과 대화를 이어오고 있는 것이 아닌가 생각한다. 그러면서도 동아시아 지역에 속한 한일 양국은 공통적인 국가 과제를 안고 있을 뿐 아니라 양국 사이의 지역을 넘나드는 교류와 상생의 현실이 재생산되고 있다는 사실도 결코 잊어서는 안 된다.

2019년-2020년의 한일관계

　2년간에 걸친 한일관계를 한마디로 요약하자면, 한일관계가 역사인식 문제로 악화된 데다가 코로나19 사태와 겹쳐 경제·안보·문화교류 측면으로 확대되어 최악의 상황을 나타냈다고 할 수 있다. 2020년 말기에 들어서 스가 요시히데의 총리 임명과 바이든 후보자의 대통령 당선에 따라, 점차 한국 정부는 대북 정책에서 보다 현실적인 방향으로 정책 방향을 전환하는 듯이 보였지만, 2021년이 되어서도 여전히 정치적 지도자의 방향 전환이 뚜렷하지 않은 상황에서 외교 라인이 흔들리는 모습을 보이고 있다. 한국 정부의 움직임을 중심으로 평가하자면, 대통령의 5년 임기 가운데 2-4년째가 되는 시기였으며 따라서 문재인 정부의 정책적 성격을 국제사회에 드러낸 기간이었다. 식민지 과거사에 대한 인식 문제로 한일 양국이 상호 충돌하는 가운데, 사법부의 판단에 맡기고 외교적인 관리 노력을 소홀히 한 시기였다. 반면에 대북관계에서 개선하고자 하는 노력을 계속 보였으며 역사인식 문제를 중심으로 일본과 외교적 갈등을 빚었다. 일본 정부의 경우에서도 아베 내각은 역사인식 문제에서 저자세 외교를 굽히지 않은 가운데 경제문제와 안보문제에 이르기까지 양국 관계의 악화를 조장했으며, 스가 내각이 새롭게 출범했지만 한일관계에서 종래의 아베 내각과 똑 같은 모습을 보였다. 여기에 2020년 초에 발생한 코로나19 사태로 인하여 양국의 민간 교류들이 점차 소원해지는 상황에서 양국 관계의 회복 전망은 더욱 더 암울하게 되었다.

동아시아연구원의 설문조사결과

다음은 한국의 동아시아연구원EAI과 일본 내각부의 여론조사 결과를 통하여 양국 국민들이 한일관계를 어떻게 이해하고 있는지 살펴보고자 한다. 먼저 2020년 9월에 한국의 동아시아연구원과 일본의 겐론言論NPO가 공동으로 실시한 한일 국민 상호인식조사 결과를 보자.[1]

동아시아연구원은 2013년부터 매년 한 차례 여론조사를 실시하고 있다. 2019년과 2020년 결과에 국한해 볼 때, 첫 번째 특징은 2019년에서 2020년까지 한국의 대일 호감도가 급락하였고, 둘째는 일본의 대한對韓 호감도는 일시적으로 소폭 올랐다. 셋째는 양국 국민이 자국 정부의 상대국에 대한 정책과 태도에 대해 30% 전후의 지지도만을 보이고 있는 바와 같이, 현재 상황 그리고 정책에 상당한 불만을 표시했다. 넷째는 구체적으로 대법원 강제동원 판결을 둘러싼 양국 정부의 입장에 대한 여론의 지지가 바뀌었다. 다섯 째 양국 정부가 장기교착 국면을 타개하지 못하고 사태를 방치할 경우 계속 위기가 도래할 가능성이 높다. 이번 여론조사에서 드러난 가장 큰 변화는 한국인의 일본에 대한 부정적 인식이 2019년 49.9%에서 71.6%로 급증했고, 일본에 대한 긍정적 인식이 2019년 31.7%에서 12.3%로 급감했다. 일본의 한국에 대한 부정적 인식은 전년 대비 소폭 감소했고 긍정적 인상은 소폭 상승하여, 2019년 20%에서 2020년 25.9%로 나타났다.

2020년 올해 한국의 대일 호감도 급락과 비호감도 급증은 대체로 2030세대의 변화에 기인한다고 볼 수 있다. 이러한 최대 요인으로는

---

1   손열, 「여론조사로 보는 위기의 한일관계: 국민은 변화를 원한다」『EAI 이슈브리핑』 2020년 10월, pp. 1-14; 오승희, 「한일관계 세대분석 청년세대(MZ세대)가 보는 한일관계」 2020년 11월 서울대학교 일본연구소 개소 16주년 기념 세미나 발표 자료.

2019년 7월 아베 내각의 반도체 부품 3개 품목에 대한 수출규제를 꼽을 수 있다. 둘째 요인으로는 한국 대법원 강제동원 판결과 수출규제 조치 과정에서 드러난 아베 전 총리와 핵심 지도부의 한국에 대한 태도와 발언이다. 일본은 '한국은 약속을 지키지 않는 나라', '법의 지배가 통용되지 않는 나라', '신뢰할 수 없는 나라'라고 반복적으로 비난했다. 심지어 고노 다로河野太郎 외무대신은 한국 대법원 판결을 '폭거이자 국제질서에 대한 도전'이라 맹공을 퍼부었다. 국교정상화 이래 일본의 정부지도자가 한국정부의 정책과 태도를 비판한 적은 있어도 한국의 국가정체성을 비난한 것은 초유의 일이다. 한국인 2030세대는 일본의 식민지 지배에 대한 수치심, 적개심, 열등감에 따른 반일감정이 그다지 적다. 한국을 일본과 다름없는 선진국으로 동등한 인식을 가지고, 일본을 매력적인 대중문화와 식문화를 가진 쇼핑과 여행하기 좋은 나라로 평가하는 세대이다. 따라서 2020년 한국인 2030세대는 아베 내각의 수출규제와 언행이 부당하고 공정하지 못하다는 인식을 대일 상품 불매운동과 일본여행 보이콧으로 실현했다.

2020년 한국 연령별 대일 호감도(동아시아연구원)

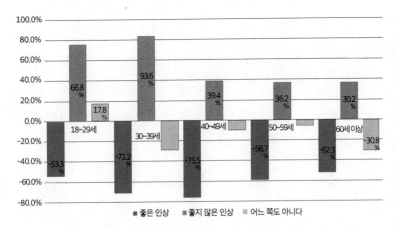

한편 일본의 한국에 대한 여론이 약간 반등한 것은 일본 여론은 한국의 특정 정책이나 사건에 대한 반대보다도 일본에 대한 한국인의 태도에 대해 비호감을 나타낸 것이 아닌가 한다. 2019년-2020년 조사 결과 일본인은 '역사문제 등으로 일본을 계속 비판해서'라는 이유를 가장 강하게 들고 있는 까닭은 역사 인식 자체보다는 한국이 역사문제를 다루는 방식을 문제 삼고 있는 것으로 보인다. 그리고 독도 문제나 한국인의 감정적인 말과 행동 때문에, 그리고 한국인의 이해하기 힘든 애국적 행동 때문이라고 하고 있다. 한국이 반일감정에 사로잡혀 역사문제를 다루고 있다고 본 것이다. 반면에 일본인 다수는 여전히 한일관계의 중요성을 인식하고 관계 개선 노력을 지지했다. 2020년 조사 결과, 일본인의 48%가 한일관계를 중요하다고 인식했으며, 이 중 38.8%는 관계개선을 기대했다.

일본국민의 한일관계개선 필요 인식 (동아시아연구원)

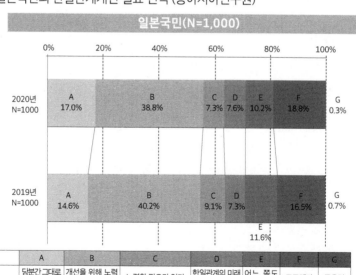

	A	B	C	D	E	F	G
	당분간 그대로 두어야 한다	개선을 위해 노력할 필요가 있다	노력할 필요가 없다	한일관계의 미래에 관심이 없다	어느 쪽도 아니다	모르겠다	무응답
20년	17.0%	38.8%	7.3%	7.6%	10.2%	18.8%	0.3%
19년	14.6%	40.2%	9.1%	7.3%	11.6%	16.5%	0.7%

조사 결과, 상대국 정부에 대한 지지도는 물론, 자국 정부의 정책에 대한 지지도에서도 그다지 높지 않은 것이 드러났다. 2020년 한국인의 아베 내각의 대한정책에 대한 긍정평가는 5.4% 부정평가는 78.4%였고, 일본인의 문재인 정부의 대일정책에 대한 긍정평가는 2.8% 부정평가는 57.3%였다. 한국인의 경우 문재인 정부의 대일정책을 지지하는 사람이 30.8%였고, 일본인의 경우 아베 내각의 대한정책을 지지하는 사람이 29.6%로 나타났다. 또한 한국에서는 '사법부 판결에 따른 일본 기업의 배상조치 혹은 강제집행'을 선택한 응답이 2020년 36.0%로 급감했고, 일본에서는 '한일협정에 배치되는 강제집행에 일본기업이 따를 필요 없다'는 응답이 29.3%로 나타났다. 양국관계의 악화 요인 가운데 가장 큰 문제가 한국 대법원의 강제동원에 따른 배상 판결을 둘러싼 양국 정부의 시비였다는 것을 잘 말해주고 있다. 한일 경제관계에 있어서 한국인의 경우는 WIN-WIN 해법을 가능하다고 본 응답이 2019년 41.6%에서 2020년 34.3%로 감소했고, 반면에 불가능하다는 답변은 37.4%에서 45.4%로 증가했다. 일본인의 경우에는 긍정적 응답이 43.6%에서 25.1%로 급감했고, 부정적 응답은 19.7%에서 37.7%로 급증했다. 양국 사이에서 '경제적 상호의존'에 대한 신뢰가 이만큼 하락한 것이다. 군사안보 면에서도 마찬가지였다. 한국인에게 일본에 대한 군사적 위협 인식은 38.3%에서 44.1%로 증가했다. 일본인에게 한국에 대한 군사적 위협은 12.3%에서 13.4%로 미세한 증가를 보였다.

일본 내각부의 여론조사 결과

다음은 일본 내각부의 여론조사 결과를 보자. 내각부가 미국, 러시아, 중국, 한국, 호주, 중동, 아프리카, 중남미, 북한과의 외교 관계에 관한 여론 조사를 순차적으로 기술하고 있는데, 여기서는 주로 한일관계에 관한 부분만을 언급하고 이에 대한 필자의 짤막한 소견을 추가하고자 한다. 2019년과 2020년의 여론조사 결과 가운데,[2] 먼저 2019년 12월 20일에 공개한 2019년 자료를 보자. 특히 2019년 일본 정부에 의한 경제제재 발표 이후 최악의 상황을 맞았던 한일관계에 대해 일본인들이 어떻게 인식했는지 잘 알 수 있다. 한국에 대해 친근감을 느끼는지 물어본 결과, 「친근감을 느낀다」라고 대답한 사람의 비율이 26.7% 「친근감을 느낀다」 6.3% + 「비교적 친근감을 느낀다」 20.4% 로 나타났고, 반면에 「친근감을 느끼지 않는다」라고 대답한 사람의 비율이 71.5% 「비교적 친근감을 느끼지 않는다」 30.8% + 「친근감을 느끼지 않는다」 40.6% 로 나타났다. 2018년의 여론과 비교하면, 「친근감을 느낀다」(39.4%→26.7% 는 비율이 대폭 감소했으며, 반면에 「친근감을 느끼지 않는다」 58.0%→71.5% 는 비율은 엄청나게 상승했다. 도시 규모별로 보면, 커다란 차이가 발견되지 않았다. 성별로 보면, 「친근감을 느낀다」는 비율이 여성 쪽에서, 그리고 「친근감을 느끼지 않는다」는 비율이 남성 쪽에서 각각 높아졌다. 연령별로 보면, 「친근감을 느낀다」는 비율이 18~29세에서 높아졌고, 「친근감을 느끼지 않는다」는 비율은 70세 이상에서 높이 나왔다.

2019년 일본과 한국의 관계는 전반적으로 양호하다고 생각하는지를 물은 결과, 「양호하다고 생각한다」는 사람의 비율이 7.5% 「양호하다고 생각한다」 0.6% + 「비교적 양호하다고 생각한다」 6.8% 였고, 「양호하다고 생각하지 않는다」는 사람의 비율이 87.9% 「그다지 양호하다고 생각하지 않는다」 30.2% + 「양호하다고 생각하지 않는다」 57.6% 였다. 2018년의 여론과 비교하면, 「양호하다고 생각하지 않는다」 65.7%→87.9% 가 대폭 상승했다. 성별

---

2   内閣府, 「世論調査」 https://survey.gov-online.go.jp/index-gai.html

로 보면, 「양호하다고 생각하지 않는다」가 남성 쪽에서 높아졌다. 그럼에도 불구하고 앞으로 일본과 한국과의 관계 발전은 양국이나 아시아 및 태평양지역에 있어서 중요하다고 생각하는지 물어본 결과, 「중요하다고 생각한다」는 사람의 비율이 57.5% 「중요하다고 생각한다」23.8% + 「비교적 중요하다고 생각한다」33.7%였고, 「중요하다고 생각하지 않는다」는 사람의 비율이 37.7% 「그다지 중요하다고 생각하지 않는다」22.3% + 「중요하다고 생각하지 않는다」15.4%로 나타났다. 2018년 조사 결과와 비교하면, 「중요하다고 생각한다」69.8%→57.5%는 비율이 아주 낮아졌으며, 「중요하다고 생각하지 않는다」25.8%→37.7%는 비율이 대폭 상승했다. 성별로 보면, 「중요하다고 생각한다」는 비율이 여성 쪽에서 높아졌으며, 반면에 「중요하다고 생각하지 않는다」는 비율이 남성 쪽에서 각각 높아졌다. 연령별로 보면, 「중요하다고 생각한다」는 비율이 18~29세, 그리고 30세 연령대에서 높아진 반면, 「중요하다고 생각하지 않는다」는 비율은 70세 이상에서 높게 나왔다.

아울러 2020년 주요 국가와의 외교관계에 대한 일본의 여론조사 결과가 2021년 2월 19일 인터넷에 공개되었다.[3] 조사 주체는 일본 외무성이었고 일반사단법인인 중앙조사사中央調查社에 맡겨 조사를 실시했다. 2020년 10월 22일부터 12월 6일까지 18세 이상의 일본 국적자 3000명을 대상으로 하여 우편 조사를 실시했다. 이전에는 전화 조사를 실시했는데, 2020년에는 코로나19 때문에 처음으로 우편 조사를 실시했다. 그러다보니 조사결과에 관한 공표에 이르기까지 상당한 시간이 소요되었다. 외교에 관한 여론이라고 인정할 만하다

---

3 内閣府, 「外交に関する世論調査」 https://survey.gov-online.go.jp/r02/r02-gaiko/1.html

고 본 유효회수가 1,865명에 그쳐 유효회수율 62.2%를 나타냈다고 한다. 유효하다고 인정을 받지 못한 1,135명 37.8%의 내역으로는, 주소 불명에 의한 반송 18명, 반송되지 않은 것 1,038명, 백표 6명, 대리회답과 기입결손 49명, 기간 초과분 1명, 기타 23명이었다고 한다. 다음 표는 연령별로 회수율을 나타낸 것이다.

연령	표본	회수	회수율
합계	3000	1865	62.2%
18~19세	63	27	42.9%
20~29세	353	186	52.7%
30~39세	385	216	56.1%
40~49세	527	337	63.9%
50~59세	478	312	65.3%
60~69세	455	319	70.1%
70대 이상	739	468	63.3%

　한국 정부에 대해 친근감을 느끼는지 물어본 결과, 「친근감을 느낀다」라고 대답한 사람의 비율이 34.9%「친근감을 느낀다」 8.5%+「비교적 친근감을 느낀다」 26.4%로 나타났고, 반면에 「친근감을 느끼지 않는다」라고 대답한 사람의 비율이 64.5%「비교적 친근감을 느끼지 않는다」 28.0%+「친근감을 느끼지 않는다」 36.5%로 나타났다. 2019년 조사 결과와 비교하면, 「친근감을 느낀다」가 26.7%에서 34.9%로 대폭 상승했으며, 반면에 「친근감을 느끼지 않는다」는 응답이 71.5%에서 64.5%로 대폭 하락했다. 이것은 2019년 한국과의 역대 최악의 외교관계에서 벗어나고 있는 것으로 보인다. 그렇지만 여전히 친근감이 낮은 것으로 나타나고 있는 것은 양국이 외교관계를 통하여 해결해야 할 과제가 산적해 있다는 것을 의미한다.

일본인의 한국에 대한 친근감

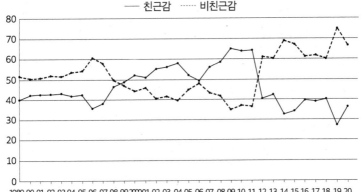

出처 : https://survey.gov-online.go.jp

　도시규모별로 보면, 「친근감을 느낀다」라고 응답한 비율이 대도시에서 높게 나왔다. 이를 통해서 2019년의 한일 무역 분쟁과 2020년 코로나19 방역 대책에서 한국 정부의 대응에 대해 대도시에 사는 일본인들이 보다 긍정적으로 평가하고 있는 것이 아닌가 생각된다. 또한 성별로 보면, 「친근감을 느낀다」라고 응답한 비율이 여성 쪽에서 높게 나왔고, 「친근감을 느끼지 않는다」라는 응답 비율이 남성 쪽에서 높게 나왔다. 연령별로 보면, 18-29세와 30대에서 「친근감을 느낀다」는 응답이 높게 나왔고, 60대와 70대에서 「친근감을 느끼지 않는다」는 응답이 높게 나왔다. 이것은 전통적인 외교 감각에서 볼 경우는 한일관계에 대한 비관적 평가가 높지만, 시각을 달리하여 인류보편의 관점에서 한일관계를 볼 경우 낙관적 전망이 가능하다는 것을 말한다. 또한 일본인 젊은 세대를 중심으로 한류 문화를 비롯하여 한국 문화에 대한 관심도가 높아진 것도 한국에 대한 친근감을 높이는 계기가 된 것으로 볼 수 있다.

　또한 2020년 한국과 일본의 외교관계를 물은 결과, 「양호하다고 생각한다」는 사람의 비율이 16.6% 「양호하다고 생각한다」 1.6% + 「비교적 양호하다고 생각한다」 15.1% 였고, 「양호하다고 생각하지 않는다」는 사람의 비율이 82.4% 「그다지 양호하다고 생각하지 않는다」 34.5% + 「양호하다고 생각하지 않는다」 47.9%로 나타났다. 전년의 2019년 조사 결과와 비교하면, 「양호하다고 생각한다」는 응답이 7.5%에서 16.6%로 대폭 상승한 반면, 「양호하다고 생각하지 않는다」는 응답은 87.9%에서 82.4%로 소폭 하락했다. 도시별 규모에서는 큰 차이가 없었으며, 성별에서는 여성은 「양호한다고 생각한다」고 많이 응답한 반면, 「양호하다고 생각하지 않는다」가 남성 쪽에서 높아졌다. 연령별로 보면 18~29세에서 긍정적 응답이 많이 나왔고 60대에서 부정적 응답이 많이 나왔다. 나이가 많을수록 부정적으로 한일관계를 보고 있다는 결과는 2019년 조사에서도 동일하게 나타났는데, 일본은 물론 한국의 외교에 있어서 주목해야 할 대목이다.

그리고 앞으로 일본과 한국과의 관계 발전은 양국이나 아시아 및 태평양지역에 있어서 중요하다고 생각하는지 물어본 결과, 「중요하다고 생각한다」는 사람의 비율이 58.4% 「중요하다고 생각한다」 26.0% + 「비교적 중요하다고 생각한다」 32.4% 였고, 「중요하다고 생각하지 않는다」는 사람의 비율이 40.4% 「그다지 중요하다고 생각하지 않는다」 21.7% + 「중요하다고 생각하지 않는다」 18.7%로 2019년에 비해 모두 소폭 상승한 것으로 나타났다. 특히 2019년에 비해 아시아 및 태평양지역에서 한일 외교의 중요성을 낮게 평가한 것은, 오늘날 한국과 일본이 외교적 협력을 통해서 주변 지역에 접근하기보다는 개별적 혹은 국제적 외교를 통하여 독자적으로 주변 지역에 접근하고 있다는 진단이 아닐까 생각한다.

차 례

제1장

한국과 일본의 역사

_1_

전북 농촌의 역사: 이영춘과 구마모토

　고베神戸에 거주하고 있는 호리우치 미노루堀內稔 연구자는 「구마모토와 조선」이라는 제하의 논문을 5회에 걸쳐 『무궁화 통신むくげ通信』274호2016년 1월에서 278호2016년 9월에 게재했다. 필자는 군산에서 한일합동회의가 열린 2017년 8월 5일, 이영춘 가옥을 방문하는 김에 원저자로부터 논문을 받아 즉시 읽었다가 2년이 지나서 뒤늦게 번역했다. 호남평야를 바라보면서 자라난 필자의 어린 시절을 생각하면서, 그 시절 의료봉사 활동으로 지역과 종교계에서 널리 추앙받고 있던 개정병원 이영춘 원장과 관련된 논문이었던 까닭에 더욱 더 재밌게 읽어보게 되었다. 비록 호리우치 연구자와는 생각을 약간 달리 하면서도 다양한 역사 이해가 필요하다는 관점에 서서, 이 연재 논문을 번역하여 인터넷을 통해 연구계에 공개했다. 그리고 이 책의 첫머리에 2019년에 번역한 결과물을 약간 편집 조정하여 싣기로 했다. 이 책의 저자 즉 번역자는 오늘날 단순한 역사인식을 배경으로 하여 한국과 일본의 외교 관계가 지속적으로 악화되고 있는 상황에서, 주변의 가족과 지역에 관한 역사를 돌이켜보고 가능한 범위에서 객관적이고 보편적인 자료를 찾아보는 일이 매우 중요하다고 생각하여, 번역문을 싣기로 한 것이다.

　우선 2019년 8월 호리우치의 연구논문을 번역하고 정리하는 과정에서, 2004년에 출간된 이영춘의 저서, 『나의 교우록』쌍천이영춘박사기념사업회, 2004년이 역사를 이해하기에 절대적으로 중요하다는 것을

깨닫게 되었다. 그 후 인터넷을 조사한 결과, 이 책이 연세대학교 학술
정보원에 유일하게 소장되어 있는 것을 확인하고 도서관 상호대차 계
약을 이용하여 영산대학교 연봉도서관에 의뢰하여 이 책을 9월 5일
에 입수하게 되었다. 곧 바로 부산대 후문의 복사 가게에 복사와 제본
을 의뢰했고, 9월 10일에 제본한 것을 찾게 되었으며 이 날 즐거운 마
음으로 꼼꼼히 읽어볼 수 있었다. 필자는 독후감으로서 이영춘의 삶
을 다음과 같이 두 가지로 정리하고자 한다.

이영춘 저서의 표지

첫째는 이영춘의 삶을 조선 농촌에
가둘 수가 없고 그의 신앙을 기독교라
고 하는 틀에 가두기에 곤란하다는 것
이다. 그는 청년 시절부터 리버럴리스
트로 성장하여 농촌 계몽의 길에 나섰
고, 마침 정치 경제적인 측면이 아니
라 의료 봉사의 활동에 전념했기 때문
에 역사적 변동이나 격랑 속에서도 다
행스럽게 의연한 자세를 유지할 수 있
었다. 그는 자유주의적인 인텔리로서 새로운 학문을 적극 받아들이
고 영역을 개척했으며 그러면서도 자신의 처지를 인식하고 과제를 충
실하게 수행했다고 말할 수 있다.

둘째는 그에 대한 역사적 평가가 다양해져야 한다고 생각한다. 그
에게 왜 일제강점기에 독립 운동을 하지 않았느냐고 묻는 것은, 그에
게 왜 정치적인 인물이 되지 못했는가를 묻는 것과 같은 우문愚問이
다. 그렇다고 하여 그가 전혀 정치적인 일에 나서지 않았다고 말할 수
도 없다. 그의 교우 관계에서도 정치적인 인물들이 다양하게 드러나

고 있고 그도 이를 자랑스럽게 내세우고 있기 때문이다. 그러나 그 자신은 정치적인 인물은 아니었다. 그에게 있어 농촌의료계몽 활동이 정치적일 수도 있고, 독립운동이었다고 오늘날 평가받을 수도 있다. 다만 일제강점기에 일본인 리버럴리스트 부호인 구마모토 리헤이熊本利平, 1879~1968를 만나서 농촌계몽에 뛰어들 수 있었기 때문에 이영춘을 정치가로서 「독립운동가」였다고 평가하기는 어렵다고 생각한다. 구마모토가 식민지 지배의 인텔리로서 한국朝鮮 농민 소작인들을 통해 막대한 이익을 얻었다는 점과, 만사 제쳐두고 이영춘 박사만을 지원하지 않았다고 하는 점에서 볼 때, 이영춘의 삶을 평가하는데 마이너스로 작용될 소지가 크다. 따라서 내셔널리즘에 의해 한국 사회가 그를 아무리 평가 절하한다고 하더라도, 필자로서는 종합적으로 판단해 볼 때 이영춘 박사는 훌륭한 인간이었고 농촌 의사였다고 하는 점을 높이 평가하지 않을 수 없다.

구마모토 리헤이

일본은 위키피디아 사전의 설명에 따르면, 구마모토 리헤이는 현재의 이키시壱岐市 이시다쵸石田町 인도지우라印通寺浦에서 태어났다고 한다. 그는 시모노세키下關 상업학교와 게이오기주쿠慶應義塾 대학을 거쳐 한일합방 이전인 1903년 그의 나이 24세가 되는 해에 한반도로 건너와 사업을 시작했다. 그는 일제강점기를 통하여 식민지 조선에서 약 4천 정보의 대규모 농장을 경영했으며, 당시 조선 농업의 발전에 공헌하는 한편, 일본 고향의 산업 진흥과 교육 충실에 진력한 인물이다. 인재 육성을 위해 도쿄東京의 세이죠成城학원이나 이키 여자 고등학교에 기부 활동을 전개했으며, 유학생의 파견, 이시다 소학교 부지 및 강당의 기부, 인도지의 방파제 구축 등, 고향의 교육 발전에 다대한 공적을 세웠다. 그의 공적이 인정되어, 그는 1942년 10월에 오늘날에 이르기까지 이키 섬의 명소가 된 건물 「가운테이花雲亭」를 황족으로부터 하사받았다. 현재 「가운테이」는 이시다쵸 종합복지센터 옆 나무 숲 안에 자리 잡고 있으며, 1942년 당시 황족이던 구니노미야 구니요시久邇宮邦彦의 부인 치카코智可子의 다실을 도쿄에서 이곳으로 이전하여 건축했다고 한다.[1]

이 밖에도 이키 섬에는 구마모토의 저택이 관광명소가 되고 있는데, 오늘날 나가사키현 학예문화과의 홈페이지는 사진과 함께 문장을 통해 나가사키의 주요 문화재 가운데 하나로 소개하고 있다. 「헤키운소碧雲莊」 저택과 이 저택의 문 그리고 돌담에 대해 홍보하고 있는 것이다. 이 주택이 국가 유형문화재로 지정된 것은 2014년 10월 7일이라고 하며, 소재지는 나가사키현 이키시 이시다쵸에 있으며 현재 이키시가 소유하고 있는 것으로 되어 있다. 이시다쵸는 이키군郡에 소속되어 있었으나, 2004년 3월 1일에 고노우라쵸郷ノ浦町·가츠모토쵸勝本町·아시베쵸芦辺町와 합병하여 이키시로 되었으며 현재는 소멸되고 없는 자치단체이다. 나가사키현 학예문화과의 설명은 다음과 같다.[2]

규슈 본토와 쓰시마對馬 사이에 위치하는 이키섬의 남동부에 있는 인도지코印通寺港를 내려다보는 높은 지대에 구마모토에 의해 세워진 저택이 있다. 가옥의 동쪽에는 현관을 배치하고 건너서 좌측에 서양식 응접실을 두고 있다. 가운데 정원을 둘러싸고 있는 모양으로, ㄷ글 자체 형태로 복도를 설치했으며, 그 주위에 여러 방을 배치한 구조로 되어 있어, 양실을 끼고 있다는 데에 특징이 있다. 남쪽의 양실은 응접

---

1   http://www.iki-haku.jp/museumlnet/ikf/hfiGet.do?id=6

2   http://www.city.iki.nagasaki.jp/material/files/group/2/hekiunsou-shuoku.
pdf#search='熊本利平'

실이 되어 있고, 작은 나무들을 엮어놓은 마루에 융단을 깔고 일부 통풍 창문에 장지를 바르고 있어, 전체적으로 일본 건축의 특징을 기초로 하되 일본과 양식을 절충한 실내 의장을 하고 있다. 또한 좌실은 전체적으로 다실茶室 모양으로 마감되었으며, 난간에는 섬세한 은화隱畵 세공이 새겨져 있다.

남쪽에 보이는 이키섬의 바다는 내려다볼 수 있는 높은 지대에 있는 이 건물은 정문을 남쪽의「헤키운소」입구로부터 약 70m 정도 올라온 장소에 두었다. 문은 7.6m 정도의 크기를 가진 맞배집 형태로 되어 있고 동판과 같은 지붕에는 기와가 얹어져 있다. 평면 3칸 3호, 직경 1척 2촌이 되는 주된 대들보는 받침대를 동반하는 구조로 되어 있고 중앙에는 양쪽으로 열리는 문과 좌우에는 한 쪽만 열리는 문을 각각 장착하고 있다. 구마모토의 회고를 기록한『고향의 족적』[3]에 의하면, 노송나무 통나무로 대들보를 했으며, 덧문짝은 삼나무 한 장으로 특유의 연륜을 아름답고 섬세한 나무 모양으로 나타냈다고 한다. 또한 처마는 교토京都의 사가노嵯峨野에서 벌목한 것이며, 가츠라가와桂川나 요도가와淀川를 거쳐 오사카大阪에서 선적된 것이라고 적혀 있다.

「헤키운소」입구에 있는 돌담은 높은 지대에 있는 옛 구마모토 저택이나 문보다도 먼저 일찍 공사가 시작된 것이다. 이중으로 된 돌담은 바깥쪽 길이가 약 50m이며, 동쪽에는 20단의 돌을, 서쪽에는 5단의 돌을 쌓았으며, 정상 부분은 동쪽에서 서쪽으로 내려가는 모양이다. 그 위를 두께 18cm, 폭 35cm, 길이 약 90cm의 판자 모양 돌을 올려놓았다. 안쪽 돌담의 길이는 약 45m이다. 서쪽으로 15단, 동쪽으

---

3 池上永秋編著,『熊本利平ふるさとのあしあと』,石田町教育委員会, 1988年.

로 2단의 돌을 쌓았다. 정상 부분은 수평으로 바깥 돌담과 마찬가지로 판자 모양의 돌을 올려놓았다. 표면은 50cm×50cm 정도의 정사각형 모양이 많아 규칙 바르게 배치되어 있으며, 밑에서부터 꼼꼼하게 쌓아올린 것을 알 수 있다. 1938년 가을 경부터 땅 고르기를 시작하여 돌 쌓기는 이듬해 1939년 1월부터 약 1년간에 걸쳐 완성했다. 석재는 사가현佐賀県 가라쓰시唐津市 친제이쵸鎮西町에서 산출된 것이다. 총 6,500개의 석재를 이곳에 반입했다고 한다. 밑바닥에서부터 단정하게 쌓아올린 돌담에서 아름다운 평행선을 찾아볼 수 있다. 이하, 호리우치 미노루 연구자의 논문 「구마모토와 조선」을 한국어로 번역하여 소개하고자 한다.

구마모토와 조선

지난 2015년 4월, 정례적으로 실시하고 있는 「무궁화 모임」 한국 필드워크를 위해 방문한 군산에서 구마모토 리헤이의 이름을 처음 알게 되었다. 필드워크 전날 원광대 박맹수 교수의 강의가 있었고, 필드워크에서 한국의 슈바이처라고도 불리는 이영춘 가옥을 방문하게 되었다. 그곳에서 이 집은 원래 구마모토의 별장이

생전 구마모토 리헤이

었다는 설명을 들었다. 일제강점기 군산 지방의 대 농장 주인이었던 구마모토의 이름은 한번 정도 어딘가에서 보았는지는 모르겠지만, 전혀 나의 기억 속에는 남아있지 않았다. 이러한 경위로 나는 구마모토에 관한 흥미를 다소 갖게 되었고, 일본으로 돌아와서 그와 관련된 논문과 자료들을 모았다. 여기에서는 자료를 중심으로 하여 구마모

토가 조선과 관계한 부분을 실증하고자 한다.

조선에 건너온 계기

구마모토는 1880년 8월 나가사키현 이키군 인도지우라^{현재 이시다}쵸에서 태어났다. 이시다 심상고등 소학교를 졸업하고 시모노세키 상업학교에서 학업을 쌓았으며 후쿠자와 유키치福澤諭吉를 흠모하여 게이오기주쿠에 진학했으나, 신체적으로 병약하여 게이오를 중퇴하고 한 때 게이오기주쿠의 동창생이면서 같은 이키 출신의 마쓰나가 야스자에몬松永安左ㅗ門이 경영하는 고베의 후쿠마쓰福松상회에 근무한 일이 있다. 1901년에 설립된 후쿠마쓰상회는 후쿠자와의 데릴사위인 후쿠자와 모모스케桃介와 나중에 「전력 왕」으로 불리게 되는 마쓰나가의 이름을 딴 상회였는데, 게이오기주쿠의 선배와 후배가 함께 근무했던 가네보鐘紡에 석탄 납입의 길이 열리면서, 석탄 판매업으로 크게 돈을 벌었다고 한다. 또한 구마모토는 후에 마쓰나가의 여동생 구니와 인연을 맺게 된다.

후쿠마쓰 상회에 있을 때, 그는 「장래 석탄판매를 할 희망도 없고 일을 찾기 위해 1901년 경 단신으로 조선에 건너와 출장조사를 했는데, 결과적으로 마쓰나가에게 현지 땅값이 매우 싸다고 보고했으며, 마쓰나가의 소개로 당시 미쓰이三井은행 오사카 지점장 히라가 사토시平賀敏에게, 나아가 히라가의 소개로……가 출자함으로써 조선의 토지를 구입하기 시작했고, 출자자 어느 쪽에도 상당한 이익 배분을 남겼다」[4]……부분에서는 여러 명의 재계인 이름이 등장하는데, 요컨

---

[4] 長沢利治,「日本旧植民地朝鮮における熊本利平, 熊本農場及び熊本利平による教育文化事業について」『壱岐』第13号, 壱岐史蹟顕彰会, 1977年.

대 재계인의 원조를 받은 구마모토의 토지 매수 활동이 조선에서 그의 첫 걸음이었다고 할 수 있다. 그런데 당시 조선에서 왜 일본인이 그리 쉽게 토지를 매수할 수 있었는가. 구마모토가 농장을 연 군산에 있어서도 당시에는 거류지가 있어서 일본인의 토지 소유는 거류지와 그 주위의 마을일본 마을 밖에는 인정되지 않았다. 따라서 그 밖에서 토지를 소유하려고 하면 소유자 명의를 조선인 명의로 해야 했다고 한다. 다만, 당시는 쉽게 토지를 내놓는 조선인들이 많았고 일본인의 토지 매수는 비교적 쉬웠다고 한다.

당시 조선인들이 쉽게 토지를 내놓는 배경으로서는 다음과 같은 설명이 있다. 「이씨 조선 말기에는 종말론적인 사회경제상태에 있었기 때문에, 1894년 이래 이조가 실시한 농민층에 대한 조세 납부 방법이 현물에서 돈으로 바뀜으로서 상품경제화가 당겨졌고, 화폐의 수요를 농산물 상품화하여 국가에 대한 조세와 함께 양반층에 대한 토지 대금의 지불, 과세율 증가에 따라 대금업자에 대한 자금 의존, 나아가 토지를 매각하여 조세 등을 지불해야 했다.[5] 요컨대 조세를 화폐로 납부해야 하는 만큼, 농민들은 대금업자로부터 돈을 빌리든지, 토지를 팔든지 하여 조세 등을 지불해야 했다는 것이다. 구마모토가 처음으로 조선에 건너왔을 때, 당시의 토지가격은 1평당 1전, 300평당 3엔 정도였다.[6] 이것은 사가현 요부코呼子에 있었던 다니구치谷口 銀行의 은행장이 구마모토로부터 들었던 이야기라고 한다. 당시 시세로 엽서 한 장에 1전 5리였고, 쌀 1가마니에 4엔 36전 정도였다.

---

5   長沢利治, 전게논문.

6   長沢利治, 전게논문.

구마모토 농장의 개설, 확대

구마모토는 1903년 9월에 독립하여 전라북도 금구 박면 내사리와 태인군 화호리 두 곳에 농장을 개설했다. 군산신보사가 1907년에 출간한 『부지군산富之群山』에 따르면, 「『其所有地積登錄濟の分は畓一, 六五七斗落五○, 畑二三七斗落五○, 外に本邦資本家松永及桝富両名その他数名の代理分として水田畑其他合計共に壱萬七千余斗落なり』······한 마지기斗落는 논 200평에 상당하며, 밭은 150평에 해당했다. 따라서 조선으로 건너온 후 구마모토가 1907년까지 매수한 토지는 위 기록에서 환산하면, 논 110.5 정보(331,500평), 밭 11.85 정보(35,550평), 합계 122.35 정보(367,050평)이 되었고, 대리 몫으로 1010.98 정보3,032,940평를 소유하였으며, 이는 총계 1133.3정보(3,399,900평)에서 대리 몫이 차지하는 비율이 얼마나 광대했는지 잘 말해준다」고 할 수 있다.

이케가미 나가토시池上永秋의 연구 저서에 따르면, 그가 가족으로부터 경제적인 독립을 시도했을 때의 일로 추정되는 일화가 다음과 같이 개략적으로 언급되어 있다.[7] 「일본과 러시아가 갑작스럽게 풍운 변화를 예고하는 1903년, 24세의 구마모토는 조선에 갈 것을 결심했는데, 주위 친지들은 일본이 전쟁에 졌을 때를 생각하여 이를 말리고자 했다. 그러나 구마모토의 의지는 강했고 부모를 설득하여 2000엔을 받아 군산으로 건너왔다. 젊은 날의 꿈이 실현되었다. 2000엔에 사들인 토지는 그대로 소작이 되었고 농장 경영의 첫 걸음이 되었다.」그 후 구마모토는 급속하게 농장을 확대시켜간다. 「군산 교외의 구마모토 농장 대평원 건너에는 많은 웅대한 논이 널려있다. 구마모토는

---

7   池上永秋, 전게서.

들고 걷고 직접 방문하기도 했다. 풍부한 경작지가 눈앞에 펼쳐져 있다. 갖고 싶다. 손에 넣고 싶다. 돈만 있으면 어느 곳이든 손에 넣을 수 있다.」그는 고향으로 돌아가서 부모에게 상담했지만 응해주지 않아, 아버지의 거래처인 요부코 은행에 찾아가서 5만 엔을 대부해 달라고 교섭했다. 그의 대담한 요청에 놀라 처음에는 망설이던 은행도 신용 있는 아버지의 아들이라는 이유로 결국 5만 엔을 빌려주었다. 「1년 후 12월 구마모토는 원금 5만 엔과 이자를 모두 갚고, 별도의 사례금을 지급했다, 이때 은행 측은 다시 놀랐다. 이 변제금은 전년에 빌려 샀던 땅의 일부를 매각하여 얻은 것이었다고 했다」고 이케가미의 저서는 기록하고 있다. 여기에서 나오는 요부코 은행은 앞에서 언급한 요부코의 다니구치 은행과 같은 은행이 아니었을까 한다.

일본인이 조선에서 합법적으로 토지를 소유하게 된 것은 1906년이며, 이는 조선통감부가 설치된 이후였다. 외국인에게 토지의 소유권을 승인한 토지가옥 증명규칙 이후, 관련 부동산에 관한 많은 법규들이 제정되면서부터이다. 나아가 1910년부터 1918년에 걸쳐서 행해진 토지조사사업에 따라, 본격적으로 토지 소유권이 법적으로 확립되기에 이르렀다. 구마모토 농장이 1907년 1133정보로부터 이듬해 1908년 1590정보로 소유 면적을 확대하고, 농장 소유 지역도 금구에서 태인군, 고부, 김제군으로 점차 확대되어 갔다.[8] 그리고 1910년경에 구마모토는 이미 「조선의 미곡왕」으로 불리는 존재가 되어 있었다. 고고학자 도리이 류조鳥井龍藏는 데라우치寺內 총독으로부터 요청을 받고 조사를 위해 조선에 갔을 때, 구마모토를 만나 서로 알게 되었고 가끔 구마모토의 별장에 초대되어 환대를 받으면서 그의 명성을

---

8   浅田喬二,『日本帝国主義と旧植民地地主制』, 御茶の水書房, 1968年.

듣게 되었다고 한다.[9] 구마모토가 이키의 교육에 크게 공헌한 것은 널리 알려져 있다. 그 활동의 하나로 교사의 연구 의욕을 높이기 위하여 저명한 학자를 매년 이키에 초빙하여 강연회나 강습회를 개최했다. 1916년에 도리이 교수가 여름 강습회에 초청되어 「극동인종학」을 강연했다고 한다.[10] 이것은 과거 조선에서 만난 것이 인연이 된 것이 아닌가 한다. 그리고 구마모토 초청 강습회에는 민속학자 오리쿠치 시노부折口信夫도 초대되어 「민간전승학」을 강연했다고 한다.

1908년 구마모토 농장의 경작지 소유가 1890정보였던 것에 비해, 1910년에는 2470정보로 대폭 증가했으며, 나아가 1929년에는 2938정보, 1932년에는 3488정보로 늘어났다. 그 소유 규모의 순위 면에서 볼 때, 국책회사였던 동양척식주식회사에 이어, 전라북도에서는 제2위였다. 그는 민간 개인으로 최대 지주였으며, 1931년에는 전 조선에서 제7위가 되었다.[11] 1932년 경작지의 대폭적인 증가는 그 전년에 지경地境의 오쿠라大倉 농장이 600정보의 토지를 매수했기 때문이다. 지경 오쿠라 농장의 경영주는 오쿠라 상사의 지점장인 오쿠라 요네키치大倉米吉였는데, 그는 메이지 일본의 대표적 실업가인 오쿠라 기하치로喜八郞의 차남이다. 아무튼 구마모토는 1935년 2월 개인 경영에서 주식회사로 경영 방침을 변경하고, 자본금 200만 엔으로 주식회사 구마모토 농장을 설립했다. 물론 회사의 대표인 취체역 사장에 구마모토 자신이 취임했다.

---

9 鳥井龍蔵, 『臺灣蕃人ノ人類學的研究』, 東京帝國大學, 1910年.

10 池上永秋, 전게서.

11 蘇淳烈, 「1930年代朝鮮における小作争議と小作経営: 熊本農場争議を通して」『アジア経済』36-9, 1995年.

전라북도에 1000정보 이상을 소유한 지주

농장명	지주(경영자) 이름	창업시기 (년)	소유 규모(정보)		소작 인수(명)	관리인수	
			1930년	1938년		직원	마름
熊本농장	熊本利平	1903	2,938.3	3,000.4	2,687	49	67
細川농장	細川護立	1904	1,355.3	1,376.3	2,132	5	10
島谷농장	島谷篤	1904	278.7	1,742.7	1,607	11	27
石川농장	石川縣농업주식회사	1907	1,486.3	1,760.2	1,586	8	22
東拓농장	동양척식회사이리지점	1908	9,544.6	7,070.2	10,671	28	36
大橋농장	高木道二郎	1909	1,048.3	1,096.0	1,800	8	15
不二전북농장	不二흥업주식회사	1914	1,124.4	2,691.1	4,719	27	66
多木농장	多木久米次郎	1918	2,516.0	2,547.0	3,055	16	69
東山농장	東山농사전북출장소	1919	1,530.2	1,485.5	1,091	13	51
二葉社농장	齊藤信一	1920	1,182.1	1,209.0	2,191	16	67
右近商社南鮮 출장소	右近權左衛門	1921	2,093.1	2,407.8	3,924	12	23
東津농장	東津농업주식회사	1928	1,000.0	1,624.0	657	17	-
華星농장	白寅基	불명	2,278.3	1,908.1	4,685	17	55

출전 : 蘇淳烈 전게논문

구마모토 농장의 개혁

구마모토 농장을 관리 운영한 것은 농장의 지배인이었다. 구마모토는 스스로 1년에 2~3차례 전라북도 농장을 방문하는 정도였고, 매일 농장의 운영에 대해서는 농장 일지를 정본과 부본 2장으로 먹지에 써서 복제하여 한 장을 구마모토에게 전달하고 나머지 한 장을 여분으로 남기고 있었기 때문에, 구마모토는 일본에서도 확실하게 농장 상황을 파악할 수 있었다.[12]

초대 지배인은 스즈키 신타로鈴木信太郎였다. 그는 1927년 노령을 이유로 퇴임했으며 그의 후임으로 당시 이키 교육계에 있었던 시바야마 가나에芝山鼎가 지배인이 되었다. 시바야마의 회상에 의하면, 자신

---

12 長沢利治, 전게논문.

은 당시 33세였고 누마즈沼津 소학교 교장에 재임하고 있었는데 구마모토가 직접 찾아와서 지배인으로서 농장을 크게 개혁하여 경제적으로 제대로 세워달라고 요청했다고 한다. 자신은 농업을 잘 모르고 잘못 짚었다고 수차례 고사했지만, 구마모토가 따로 신용할 만한 사람이 없다고 하며 거듭 요청하게 되자, 드디어 1927년 3월에 교장 직책을 사임하고 조선에 건너와 농장 지배인이 되었다고 한다. 「아 큰일이구나, 상대하는 농가들은 모두 조선 농민인데 조선어도 전혀 모르고, 또 근본적으로 어디서부터 혁신을 하는 것이 좋을지, 약 1000㎡ 당 쌀 6~7 가마니 정도밖에 생산하지 못하면서 전라북도의 크고 작은 논밭이 대평원에 구태의연하게 자연 그대로 널려있던 상태였다」고 한다.[13]

이하, 시바야마의 회상을 인용하는 가운데 농장 개혁의 모습을 살펴보기로 한다. 우선 토지개량 사업과 대규모 관개 사업으로, 물을 얻기 위한 대하천의 마감 댐 공사에서부터 크고 작은 수로의 정비와 농촌 도로 건설이 필요했다고 한다. 이것은 일본의 식량문제를 조선 쌀로 메우려고 하는 조선총독부의 산미증식계획에 따른 것이었다. 나아가 수확을 늘릴 수 있도록 우량 신품종으로 바꾸기도 했다. 시바야마 자신이 아오모리青森로부터 가고시마鹿兒島에 이르기까지 1개월 동안 구마모토 농장에 알맞은 품종을 찾아다닌 결과, 후쿠이현福井縣의 다마니시키多摩錦 품종이 맛있는데다가 비료에 잘 견디고 수확도 많다고 해서 그것을 채택하기로 했다. 그 다음으로, 규격에 맞는 모심기를 절대적으로 엄수하는 일이었다. 평당 몇 다발이 좋으며 한 다발에 몇 그루를 심는 것이 이 토양에 맞는지 살펴보기 위하여, 5정보 정도 되는 시험 농지를 확보하고 세밀한 시험 비교를 행함과 함께 매일

---

13 池上永秋, 전게서.

매일 그 실적을 확인했다. 또한 토양의 성질을 각 지역별로 조사하여 토양의 특성을 연구하고 이제까지 낮게 갈아오던 것을 18센티 이상 깊이 흙을 파도록 했다. 따라서 경작용 쟁기를 연구하거나 제작함과 함께 그 사용법에 대해서 현장 직원들을 대상으로 하여 지도했다고 한다.

또한 농촌작업 현장에서는 약 200정보 단위로 일본인과 조선인으로 구성된 2명을 한 팀으로 하고, 담당 구역을 정하여 수확 증가 실적을 서로 경쟁하도록 하여 그 실적에 따라서 연말보너스 금액을 다르게 부여했다. 그리고 부업으로서 축산 보급을 장려하고 양돈을 중심으로 소나 말, 양계 등을 반 강제적으로 실시하게 하여, 현금 수입과 퇴비 증산에 의해 지력을 배양하는데 주력했다고 한다. 이러한 개혁 등에 힘입어 약 1000㎡ 당 종래 6~7 가마니 정도밖에 생산하지 못했던 농가에서 10가마니까지 생산이 가능하게 되었다. 그러나 이러한 개량 사업에 의한 생산성 향상이 곧 바로 직접 농장에서 일하는 소작농의 생활을 풍족하게 하는 것으로 이어지지는 않았다. 그것은 1930년대에 구마모토 농장에서 자주 발생한 소작쟁의를 통해서도 잘 알 수 있다.

구마모토 농장의 지주와 소작농 관계

최종적으로 구마모토 농장의 소유지는 5개의 군정읍, 김제, 옥구, 부안, 완주과, 26개의 면에 걸쳐 존재했다. 금강과 만경강 사이에 있는 김제군과 옥구군 소재의 논 약 1300정보는 개정 본장, 지경 지장, 대야 지장이 관리하고 있었고, 동진강 하류에 있는 정읍군과 부안군 약 1600정보는 화호 지장이 관리하고 있었다. 이 외에도 전주 분장이 있어서 전주 부근의 완주군에 소재한 약 90정보 토지를 관리하고 있었다. 이들 상당 부분이 1930년경부터 수리조합 사업에 따른 높은 생산력을 내는 지대가 되었고, 또한 그 1본장 3지장은 군산항에 이르는 철도의 교통 요지에 소재하고 있었기 때문에 일본으로 쌀을 실어 나르는 거점이 되었다.[14] 즉 1년에 약 800만 가마니에 이르는 구마모토 농장의 쌀 대부분이 일본으로 팔려나갔다. 이때 군산에서 오사카 도지마堂島로 직송되기도 했고 도쿄의 사가쬬佐賀町 창고로 수송되기도 했다. 조선 안에서는 가토加藤 정미 또는 조선 정미 주식회사에 쌀을 판매하여 거기에서 정미했지만, 이 때 정미된 쌀은 거의 일본 전역으로 팔려 나갔다.[15]

소작 관리 기구의 정점에는 지주가 위치해 있었지만, 실제로 소작인 관리는 본장의 지배인과 각 지분장의 지휘 아래 사업부 직원들에 의해 마름을 보좌역으로 하여 이루어지고 있었다. 즉 소작인 통제기구는 지주→본장장·지분장장→직원→마름→소작인이라고 하는 중층적이고 서열적인 소작료 징수 체계를 갖고 있었다. 1936년의 경우, 사업부 이외의 직원을 포함하여 49명의 직원이 68명의 마름을 사용하여 2,687명의 소작인을 관리하고 있었다.[16] 마름이라고 하는 용어는, 조선에서 소작인을 관리하던 사람들에 관한 호칭이었다. 그들은 지주와 직접 생산 농민 사이에 개재하여 중간착취를 일삼는 일이 많았다고 한다. 구마모토 농장에서 나타나는 소작인 관리 기구의 특징은 중간 관리 조직에 있다고 한다. 그들은 단순한 지도 관리원이 아니라 전문적 농업 기술자였다. 일본인 직원 대부분의 출신교는 교토제국대학, 규슈제국대학, 오이타大分상업고등학교, 가고시마농업고등

---

14 蘇淳烈, 1995년 논문; 蘇淳烈, 「戰時体制期植民地朝鮮における日本人大地主の存在形態: 熊本農場の事例分析」『農業史硏究』25号, 1992年.

15 長沢利治, 전게논문.

16 蘇淳烈, 1992년 논문.

학교 등 이른바 엘리트 학교였으며, 조선인 직원의 경우는 대부분 농림학교 출신으로 전문적인 지식을 가지고 있는 사람들이었다.[17]

이러한 소작관리체제를 도식화하면 아래 그림과 같다. 이 「구마모토 농장의 사업부 관리조직 체계도」는 하지연의 논문을 번역하여 작성한 것이다.[18] 그리고 이 그림의 맨 하단에 있는 구마모토 농장의 소작인 5인조 제도에 대해서, 소순열은 아사다 교지淺田喬二가 말하는 것과 같은 공동 책임을 지는 조직이 아니라, 단순한 연대 보증인과 같은 제도에 불과한 것이었다고 지적한 일이 있다.

구마모토 농장의 사업부 관리조직 체계도

구마모토 농장의 소작 쟁의

앞의 절 「조선에 건너온 계기」에서 「마쓰나가에게 토지가 싸다고 보고하고 마쓰나가의 소개로 당시 미쓰이은행 오사카 지점장 히라

---

17 蘇淳烈, 1992년 논문.

18 하지연, 「일제하 일본인 지주회사의 농장 관리 조직을 통해 본 식민지 지주제의 성격」 『한국문화연구』 28집, 2015년.

가에게, 나아가 히라가의 소개로……」라고 하는 인용문을 소개했는데, …… 부분에는 모토야마 히코이치本山彦一 오사카 마이니치신문 사장의 이름도 거론되었다. 그런데 「쌍천 이영춘 박사 기념사업회」가 2004년에 펴낸 한국어 책『나의 교우록』에 따르면, 구마모토가 대한제국 시기 농지 시찰을 마친 후 일본으로 돌아간 다음, 구마모토가 「방한기訪韓記」를 오사카 마이니치신문에 발표했으며, 이에 관심을 가지게 된 모토야마 사장이 구마모토로부터 농지개발의 유망 설명을 듣고 농지 매수를 위한 출자금을 내놓았다고 기록되어 있다. 원 논문의 필자 호리우치는 이 「방한기」 기사를 아직 확인하지 못했다고 한다. 어느 쪽 증언이 맞는 것일까. 아무튼 모토야마 사장도 게이오기주쿠 출신이어서 구마모토의 주위에 게이오 학벌 관계자가 많았을 것으로 추측이 된다.

다음에 쓰는 글을 1930년대에 구마모토 농장에서 발생한 소작쟁의에 관한 것이다. 1933년부터 1937년까지 네 차례에 걸쳐 전개된 구마모토 농장의 쟁의에 대해서는 소순열의 논문이 상세하게 다루고 있다.[19] 따라서 쟁의 내용에 대해서는 특별한 사안이 없는 한, 이 논문에 의거하여 기술하고자 한다. 네 차례의 쟁의 가운데 1935년 4월의 쟁의에 대해 깊이 살펴본 결과, 모두 지주 측의 소작료 인상이 쟁의의 원인이 되었다. 앞서 기술한 바와 같이, 구마모토 농장은 여러 종류의 개량과 연구 조사에 따라 대폭적으로 수확을 향상시켰다. 지주 측은 수확이 늘어나게 되니까 당연히 소작료를 올려야 한다는 논리를 내세우게 되었다.

---

19 蘇淳烈, 「1930年代朝鮮における小作争議と小作経営: 熊本農場争議を通して」『アジア経済』36-9, 1995年.

구마모토 농장의 소작료

구마모토 농장의 소작료에 대한 소작 계약은 풍작이나 흉작과 관계없이 일정액을 납입하는 정액제定租에 따른 것이었다.[20] 그런데 정액제 이외에도 소작료를 결정하는 방식으로 타조打租와 집조執租가 있다. 타조라고 하는 것은 수확 때에 지주 또는 그 대리인이 소작인들과 함께 모여 수확물을 절반으로 나누는 것을 의미하며, 집조라고 하는 것은 매년 작물의 수확 전에 지주 측과 소작인 측이 함께 모여 소작료 액수를 결정하는 방식을 말한다. 구마모토 농장의 소작료 징수에 대해서, 『군산일보』 1935년 9월 19일자 기사를 보면, 「전라북도의 구마모토와 다키 죠지로多木条次郎, 두 사람을 비롯한 지주들은 토지개량, 농사개량, 소작인 지도에는 열심이지만, 소작료 징수에서는 다소 비난을 받고 있다. 많이 생산하게 하고 많이 소작료를 거두는 것이 마땅하다고 주장하지만 너무 많이 소작료를 거두고 있다는 비난이 없지 않다」고 되어 있다.[21] 하지연의 전게 논문은 이것을 더욱 구체화하여, 「구마모토 농장은 소작인의 노동력과 비료를 최대한 투입하여 가능한 중산 목표치를 설정, 전문적인 영농 기술자를 고용하여 철저한 생산과정 관리와 소작인 통제로 증산을 시도했다. 그리고 이에 따라 소작료도 계속 인상시켜갔다. 목표가 달성되면 증산 목표치는 더욱 더 높게 설정되었다」고 지적했다.

그럼, 구마모토 농장은 얼마나 높은 비율의 소작료를 징수했을까. 하지연 연구자는 1940년에 현지 조사를 행한 오노 다모쓰大野保의 글

---

20 長沢利治, 전게논문.
21 하지연, 전게논문에서 재인용.

[22]을 인용하여 다음과 같이 주장하고 있다. 「구마모토 농장 화호지장 구역인 김제군 부량면 신용리 일대의 농장 소작료는 구마모토 농장이 1평 당 1.35근, 동척이 1.25근, I 농장이 1.15근, A 농장이 1.30근, MI 농장이 1.10근, MA 농장이 1.20근으로, 구마모토 농장이 가장 높은 소작료를 받고 있다. 오노의 조사에 따르면, 당시 이 일대는 3000평 당 수확이 평균 4근이었는데 구마모토 농장의 소작료는 60%였다고 한다.」 요컨대 구마모토 농장은 이 지역 안에서 다른 농장에 비해서도 높은 비율의 소작료를 받고 있었던 것이다.

1933년 가을의 쟁의

이때의 쟁의는 1933년 가을에 소작료를 지주측이 일방적으로 올리겠다고 통고함으로써 시작되었다. 이에 대해 소작인 측은 그때 흉작이었던 것을 이유로 소작료의 인하를 요구하며 수차례에 걸쳐 진정했지만 지주 측은 이를 거절했다. 이에 11월 19일 옥구군 내 소작인 180여 명이 농장지점을 포위하고 농장주임에게 소작료의 인하 문제를 제기하며 담판을 요구했다. 담판 중에 농장주임은 경찰의 출동을 요청했고 군산경찰서에서 출동한 10여 명의 경찰관들이 소작인 대표 9명을 검거하고 다수의 선전문을 압수하면서 진압했다. 이에 격분한 100여 명의 소작인들은 11월 21일 군산경찰서에 쇄도하여 사정을 호소했지만, 경찰 측의 제지로 해산당하고 말았다. 그 후 소작인측은 경찰서장과 군수 앞으로 진정서를 제출했으며, 이에 대해 지주 측이 「재해 또는 부득이한 사정에 의해 수확이 감소했을 때 소작인의 신청에 따라 재교섭을 할 수 있다」는 조건을 제시하고, 소작인도 이에

---

22   大同學院編纂, 『朝鮮農村の実態的研究』, 大同學院, 1941年.

동의함으로써 소작료 인하 요구를 취하했다.

1933년 가을 소작 쟁의의 수습은 정액제였던 소작료 납입방식에 타조와 같은 요소를 가미한 방식으로 행해졌다고 할 수 있다. 실제로 같은 해 이 지역의 농사는 「폭풍 피해로 수확이 3할 이상 타격을 받았다」[23]고 보도된 바대로 심한 흉작을 겪었다. 이 신문에서는 구마모토 농장 소작인의 경제 상태를 파악하기 위해 옥산면에 출장하여 실지 조사를 행한 신문 기자는 다음과 같이 보도를 내놓았다. 「농지는 모두 경지 정리되어 1200평을 한 필지로 확정했는데, 한 필지의 연 평균 수확이 2,500근이었다. 여기에서 소작료 1,500근을 제외하고 나면 1,000근이 남게 된다. 이것을 근당 5전으로 환산하면 50엔이 되는데, 이것으로 춘경 임금 3.60엔, 종자 대금 1.20엔, 묘종 대금 2.00엔, 모내기할 때 물 사용료 1.60엔, 모내기 인부 임금 4.00엔, 잡풀 제거 임금 7.00엔, 여름 양수 비용 2.00엔, 벼 베기 비용 3.20엔, 볏단 임금 1.00엔, 벼 취급 임금 3.00엔, 비료 대금 36.00엔, 가을 농경 임금 4.00엔, 합계 68.60엔을 충당해야 한다. 결국 1년 농사비용에서 18엔 정도가 결손이 생긴다는 계산이다. 이 기사는 계속하여 「이것은 평균적인 피해를 입은 곳을 조사한 것으로, 특히 피해가 심했던 곳의 결손은 이보다 훨씬 웃돌 것이다」라고 했으며, 「당국으로부터의 처분을 기다릴 뿐이다」라고 끝맺고 있는데, 지주 측이 제안한 재교섭 조건으로 해결한 것은 앞에서 거론한 바와 같다.

조선 소작 조정령과 조선농지령

또한 1934년 가을에 쟁의가 발생했는데 그 계기가 된 것은 「조선

---

23 朝鮮日報, 1933年 11月 28日.

농지령」발표 전인 4월에 행해진 소작료 1할 내지 1할 5푼 인상 때문이었다. 여기서는 그 후 쟁의에 영향을 준 것으로 알려진 1933년에 제정된 「조선소작조정령」_{조정령}과 「조선농지령」_{농지령}에 대해 소순열의 논문[24]에 근거하여 개략적으로 소개하고자 한다. 조정령이 쟁의의 응급적 증상요법이라고 한다면, 농지령은 소작 쟁의 대책으로서 지주-소작 관계 그 자체에 새롭게 규제를 가한 조정령의 실체법이었다. 농지령은 전문全文 40조로 구성되어 있는데, 그 내용은 ① 소작 기간의 확정, ② 소작권의 안정, ③ 마름이나 토지 관리자의 단속, ④ 중간 소작의 금지, ⑤ 감면제도의 실행, ⑥ 지주 단독의 점검 금지, ⑦ 소작위원회의 규정 등으로 되어 있었다. 분명히 소작의 안정이나 중간적 착취 제한 등을 규정하여 소작인에게 유리한 측면도 있었지만, 농지령은 결정적으로 지주의 소작료 징수에 대해 이를 제재할 어떠한 기능도 갖고 있지 않았다. 요컨대 지주의 토지 소유를 축소·해체하고자 의도한 것이 아니라, 지주의 토지 소유라고 하는 틀 안에서 지주·소작 관계의 일부 개선을 시도하고자 한 법령이었다고 말할 수 있다. 1930년대는 「농촌진흥운동」을 출발점으로 하여 농촌 사회를 파쇼적 지배체제에 끌어넣는 시기였다. 그 과정에서 조정령이나 농지령의 시행이 쟁의의 공적 조정이나 지주-소작 관계를 일정 개선함으로써 본격적인 민족 모순과 계급 모순에 대해 둔감하게 했고, 이에 따라 항일 운동을 지향하고 있던 소작쟁의를 체제 안으로 끌어들이는 방향으로 작용하여 소작인의 불만을 가라앉혔다.

---

24 蘇淳烈, 「1930年代朝鮮における小作立法と小作爭議: 全北地域の事例分析」 『農業問題研究』110号, 1993年 3月.

1934년의 쟁의

앞에서 언급한 바와 같이, 1934년 쟁의는 지주 측이 농지령 발표 이전인 4월에 소작료를 1할 내지 1할 5푼 인상시킨 것으로부터 시작했다. 농지령 실시 후에 지주가 소작료를 인상시키는 경향에 관하여, 신문은 농지령 실시 이후에 대다수 지주들이 소작료 인상과 기타 모든 속임수로 소작인을 착취하고 농지령 실시 전보다 오히려 소작 문제에 대한 분쟁이 늘어났다고 보도했다.[25] 같은 해 11월 23일에 이르러, 지주 측의 이러한 부당한 결정에 대해서 김제군 내의 소작인 335명이 소작료 그 자체가 높다고 하고, 여기에다가 여름 홍수 피해가 심했던 것을 이유로 하여 소작료 인상에 반대하고 지주제와 수차례에 걸친 소작료 인하 교섭에 들어갔다. 여름 홍수 피해에 관한 신문기사에서는 「근년 큰 수해와 발육기 우량 과다로 평년작에도 못 미치고 있다」라고 보도하고 있어서,[26] 1933년 쟁의의 해결 조건으로 「재해 내지 부득이한 사정에 따라 수확이 감소되었을 때에는 소작인의 신청에 의해 재교섭할 수 있다」고 하는 조항이 있기 때문에, 소작인들은 다시 점검할 것을 요구하고 재점검 신청을 하여 농장의 공평한 처우를 요청했던 것이다. 그러나 지주 측은 소작인의 처우 요청에 대해 거의 응하지 않았고 따라서 교섭은 결렬되기에 이르렀다.

그 뿐 아니라 일방적으로 점검하고 결정한 소작료의 납입 고지서를 소작인 측에게 발송하고, 농장 직원을 동원하여 소작료 납입을 독촉하고 나섰다. 즉 결정된 소작료는 「작년에는 1정보 평균 280근이었는데 330근에서 370근으로 한꺼번에 6할에서 7할을 인상시킨

---

25 朝鮮日報, 1934年 12月 7日.

26 朝鮮日報, 1934年 12月 1日.

것」이라고 하며, 그것을 1934년 11월 20일까지 지불하라고 일방적으로 통고한 것이다.[27] 12월 1일 이후 소작인 측은 지주 구마모토에게 탄원서를 제출하고, 조선총독·김제군수·김제경찰서장에게 270여 명 연명으로 진정서를 제출함과 동시에, 「소작료 불납동맹」을 결성하고 대립하기에 이르렀다. 이에 대해 지주 측은 이미 소작료 납입 비율이 70%에 달하고 있기 때문에, 소작인 측의 요구에 응할 수 없다고 주장하고, 그 대신 소작인들에게 1만 엔을 지급하겠다고 제안했다. 관헌의 중재로 이 제안이 소작인들에게 받아들여졌으며 쟁의는 지주 측의 현금 지급 약속으로 일단락되기에 이르렀다.

1935년의 쟁의

1935년 쟁의의 발단은 1934년 쟁의 때 지주측이 약속한 것을 지키지 않았다는데 있다. 1935년 4월에 들어 지주측은 1만 엔을 기금으로 하여 복리 계를 만들고 각 소작인들에게 면적별로 앞으로 8년 동안 출자하겠다는 계획을 발표했다. 계라고 하는 것은 계원들이 돈을 정기적으로 서로 내어 입찰 또는 추첨으로 매번 계원 중 한 사람이 교대로 소정의 금액을 받아가는 제도를 말하는 것으로, 소작인들이 각각 출자하여 복리와 상호 부조를 행하고자 하는 것이었다. 소작인 측은 전라북도 도지사·김제경찰서장에게 진정서를 제출함과 동시에 지주 측에 대해서 복리 계를 인정하지 않겠다고 통지했다. 소순열의 논문은 이 쟁의의 결말에 관한 자료가 없기 때문에 분명하지 않다. 아마도 지주 측의 강경한 자세에서 유추해 보면 복리 계를 만드는 것으로 결착을 본 것이 아닌 것인지 추측하게 된다. 소순열의 논문에서 이 쟁의에

---

27 朝鮮日報, 1934年 12月 1日.

관한 기술의 근거가 된 것으로 보이는 『동아일보』를 보면, 그 표제어가 「화호 구마모토 농장에 소작쟁의 재연/ 당국과 농장주에게 진정서 제출/ 중심 조건은 소작료 감면」[28]으로 되어 있기 때문에, 역시 앞서 쟁의 때 제시한 소작료 감면 요구가 계속해서 나왔다고 할 수 있다.

또한 1935년 봄의 『매일신보』에 유광열이라고 하는 기자가 「농촌 순례기」라는 연재 기사를 썼는데, 전라북도편 기사 가운데서 구마모토 농장에 대해 다음과 같이 언급한 것이 발견된다.[29] 「소년 소녀가 짠 가마니로만 연명/ 넓은 들의 왕인 구마모토 농장과 소작인/ 옥구 개정면의 진흥 상황」이라는 표제어 아래, 땀 흘려 일해도 소작인에게는 조금 밖에 남지 않고 가마니 짜기라고 하는 가족의 부업으로 가까스로 연명하고 있는 상황이 묘사되어 있다. 이 기사도 그다지 선명하지 않기 때문에 판독하기 어려운 부분이 많다. 가마니는 쌀을 담는데 사용되는 것으로 쌀의 유통에 있어서 필수품이다. 다만 이러한 르포 기사를 보더라도 당시 구마모토 농장의 소작인들이 상당한 피폐 상황을 겪었을 것으로 짐작된다.

1937년의 사전 조정회의

1937년 2월 6일, 전라북도 도청 측의 요청으로 도청 측 4명 농무과장, 소작관, 나가토모永友 기사, 소작관보, 경찰 측 3명 고등과장, 오자키尾崎 경부, 그리고 지주 측 5명 시바야마 지배인, 니시무라西村 화호지장장, 호리우치堀內 지경지장장, 데구치出口 대야지장장, 무라카미村上 사무원이 참석하여 구마모토 농장의 소작료에 관한 청취 모임을 열었다. 이 회의에서 도청 측은

---

28 東亞日報, 1935年 5月 8日.

29 每日申報, 1935年 5月 24日.

지주 측의 소작료 증액 계획에 대해 유보해 줄 것을 요청했지만, 지주 측이 이에 응하지 않았기 때문에 회의는 어떠한 결론을 내리지 못하고 끝났다. 이 소작료 사정의 청취 모임, 즉 사전 조정회의에서 지주 측이 밝힌 논리는 「총 수확량이 증가하는 이상, 소작료를 인상시키는 것이 당연」하다는 것이었다. 시바야마 지배인의 발언이 상징하는 것처럼, 생산력 상승의 담당자가 지주 측에 있다고 하는 것을 자부하고 있었다.

이에 대해 총독부 측은 소작료 인상은 바람직하지 않다고 하는 입장에 서서, 농업 생산력 유지와 증진을 꾀한다고 하는 목적과 모순되지 않는 범위에서 소작료 인상 저지를 시도했다. 이러한 총독부의 태도는 소작 농민들의 반감을 증가하게 하여 사회적 불안을 증대시키는 것에 주의를 기울여야 한다는 것을 표명한 것이다. 봄의 소작 계약 시기에 들어가자, 지주 측은 소작료 증액 계획대로 소작 계약을 하고자 했지만, 김제군 안의 소작인 43명은 진정서를 작성하여 지주 측과 대립했다. 여기에 대해 지주 측은 가을 수확 때에 예상 수확량이 없을 때에는 상당한 감면을 행하겠다고 언명하고, 소작인 측과 소작 계약에 들어갔다.

1937년의 쟁의

1937년 10월 7일에 소작인 측은 이른 쌀의 수확량을 자체적으로 검사하고 대표 3명이 농장 사무소를 방문하여 소작 계약에 의한 소작료를 납입할 수 없다고 통고했다. 관련 신문기사에 따르면, 실제로 수확량을 검사해 보니 겨우 평년작 정도의 수준이었고, 구마모토 농장의 높은 소작료에 대해서는 소작료 전체를 납입하고 나면 비료대금을 갚기에도 모자라는 상황이라고 보도하고 있다.[30] 이에 대해 지주 측은

---

30 東亞日報, 1937年 11月 23日.

소작인 대표에게 늦게 수확하는 곡식을 실제로 점검하고 소작료 문제를 원만하게 결정하겠다고 언명했기 때문에, 소작인 대표는 안심하고 집으로 돌아갔다. 그러나 10월 23일, 지주 측은 우량지에서 일방적으로 부분 수확을 하고나서 11월 6일부터 소작인에 대해 계약 소작료를 약간 감면한 채로 소작료를 기입한 납입고지서를 발송하기 시작했다.

11월 10일 이후 소작인들은 개별적으로 농장 사무소를 방문하여 소작료 감면을 진정했지만 거절당했기 때문에 소작료 납입고지서를 반송하고 이에 대항했다. 지주 측도 서너 차례 납입고지서를 배포했지만, 소작인 측도 이것을 재차 반송하며 쌍방은 평행선을 달렸다. 앞의 『동아일보』 기사 가운데 니시무라西村 화호지장장은 「부분 수확은 공정하게 행했으며, 고지서 발송도 예년과 그대로입니다. 불만이 있으면 직접 와서 얘기해야 하며 그렇지 않으면 알 수 없습니다」라고 말하고 있는데, 11월 23일 시점에 소작인 측은 아직 각 지장에 진정할 수 없는 처지였다. 또한 소작료 납입 기한인 11월 30일 시점에 쟁의 지역의 소작료 납입 비율은 41.7%(조정액 28,702석, 납입액 11,971석)이었다. 12월 3일, 쟁의의 격화를 우려한 경찰 측은 실정을 조사하고 지주·소작인 측 쌍방에 대해서 각각 쟁의를 원만하게 해결하도록 경고했다. 12월 10일, 사태가 쉽지 않을 것으로 파악한 소작인 측은 42명 연명으로 김제군수·경찰서장에게 진정서를 보내고 조정을 요청했다. 결국 12월 20일 지주 측이 소작인 대표 3명에게 농장 사무소에 출두하도록 요구하고, 경찰 측도 함께 참석하여 지주 측·소작인 측·경찰 측이 모두 회동했다. 이 자리에서 지주 측은 농장의 영농 방침, 소작료 조정 방법에 관하여 설명하고, 12월 말까지 소작료를 납입하는 자에게는 연체 이자를 받지 않겠다고 약속하고 조기 납입을 희망했다. 이때 소작인 측은 지주의 조정액대로 소작료를 납입하기로 약속하고 쟁의를 마쳤다.

왜 이처럼 거의 지주 측의 희망 조건대로 쟁의가 끝났을까. 소순열 전게 논문에서는, ①지주 측의 탄압·회유·설득, ②농지령의 역이용, ③총독부의 소극적인 자세, 이 세 가지를 들었다. ①에 대해서는 조선인 경찰관과 연계하여 소작인 대표자를 적색분자라고 매도하는 한편, 뇌물과 소작지 제공을 조건으로 하여 회유하려고 했다. ②에 대해서는 농지령에 소작인의 감면 신청을 「늦어도 수확 착수 날로부터 15일까지로 한다」는 규정이 있었기 때문에, 이를 이용하여 감면 신청할 수 없도록 소작료 납부서 우송을 의도적으로 지연시켰다. 이에 대해서는 『동아일보』 기사 가운데서, 「소작인들은 이러한 높은 비율의 소작료가 사정된 것을 수확 전에 고지서가 배포되지 않았기 때문에 전혀 알지 못했고, 합법적으로 농지령에 제소할 수 없었다」로 보도한 그대로였다. ③에 대해서는 12월 10일에 김제군수에 대해서 「소작료는 공평하게 조정」하도록 진정서를 제출했지만, 총독부 측은 소작인의 감면 요구의 정당성은 인정했지만, 감면액 결정권은 어디까지나 지주에게 속한다는 관점을 고수하는 소극적 태도를 보였다. 이상의 사실로부터 지주 측의 의향에 따라가는 낮은 레벨의 소작료 감면으로 쟁의가 종결된 것으로 유추할 수 있다.

구마모토 농장 쟁의의 의미

구마모토 농장에서 발생한 쟁의를 요약한다면 다음과 같이 될 것이다. 쟁의의 원인은 지주의 일방적인 소작료 인상에 있었다. 지주의 소작료 인상 논리는 스스로가 생산력 담당자이며 생산력이 증대하면 소작료의 증가도 당연하다고 하는 것이었다. 그리고 이러한 자세가 모든 쟁의에서 일관되게 나타났다. 이에 대해 소작 농민들은 생산력

발달에 따른 농가경제의 상품 경제화 속에서 곤궁에 시달리며 자신들의 경영수지 계산에 기초하여 소작료 인하를 요구했다. 특히 농지령이후, 양자 사이에 낀 총독부는 지주의 생산력 증진에 대한 공헌을 용인하면서 농촌의 안정이라는 대의명분을 들어 지주의 소작료 증액에서 나타나는 부당성을 지적하고, 지주에게도 소작농민에게도 타협하도록 함으로써 쟁의의 해결을 시도하기에 이르렀다. 결과적으로 지주에게 유리한 조건으로 쟁의가 매듭지어진 것이다.

왜 지주에게 유리한 조건, 즉 소작인에게 불리한 조건이었음에도 불구하고 소작인 측은 해결에 나설 수밖에 없었는가. 이 점에 대해서 소순열 연구자는 구마모토 농장의 소작 경영의 실태를 상세하게 분석하고나서, 다음과 같이 지적했다. 「이 시기 수확 증가분 모두를 지주가 취득할 수 없게 하고, 그 일부분을 소작 농민의 손에 확실하게 남기려고 했다. 이 점에서 볼 때에는 약간 소작 경영이 개선되었다고 할 수 있다. 하지만소작 농민의 생활수준이 여전히 지극히 낮았으며, 소작인 스스로에 의한 농장 경영의 확대·발전의 가능성은 매우 큰 한계를 지니고 있었다.」

구마모토 농장의 무료진료시설「자혜진료소」

구마모토 농장의 무료진료 시설인 자혜진료소의 운영을 맡게 된것은 이영춘이다. 그의 고결한 인품에 대해서 한국에서 많은 전기들이 출간된 바 있다.[31] 또한 이영춘 자신이 저술한『나의 교우록』[32]에

---

31 고대식,「한국의 슈바이처 이영춘」 송준호 등 『나라를 위하여 전북을 위하여』, 전북애향운동본부, 1990년; 홍성원,『흙에 심은 사랑의 인술: 쌍천 이영춘박사의 생애』, 쌍천 이영춘박사 기념사업회, 1993년; 강창민,『이 땅 농촌에 의술의 불을 밝힌 쌍천 이영춘, 빛 가운데로 걸어가다』, 푸른사상사, 2007년 등.

32 이영춘,『나의 교우록』, 쌍천 이영춘 박사 기념사업회, 2004년.

도 자혜진료소 운영에 관한 기록이 있다. 그러나 일본에서는 그를 아는 사람조차 거의 없다. 따라서 이 논문에서 처음으로 이영춘의 약력을 쌍천 이영춘 박사 기념사업회가 발행한 팜플렛을 번역하여 일본에 소개하고자 한다. 특히 자혜진료소에 대해서는 거의 『나의 교우록』에 의거하여 기술하고자 한다. 이 책은 이영춘이 사망한 후에 출간된 것인데, 내용은 1972년 1월 『전북일보』에 연재된 기사들을 엮은 것이다.

이영춘의 약력

쌍천 이영춘 박사는 1903년 10월 16일 평안남도 용강군에서 출생했다. 그는 1922년에 평양고등보통학교를 졸업하고, 그 후 보통학교에서 교사로서 재직하던 중에 뜻한 바가 있어서 1925년 세브란스 의학전문학교, 오늘날 연세대학교 의과대학에 입학하고 1929년에 졸업했다. 대학을 졸업하고 모교의 생리학 교실에서 조교로 재직하는 중에 부모의 권유로 황해도 평산군에서 잠시 개업했는데, 이 때 빈곤·무지·질병으로 고통당하는 조선 민중의 실정을 보게 되었다. 군산은 곡창지대인 호남평야의 쌀을 일본으로 운송하기 위해 일본이 건설한 거점도시였다. 군산 근처에 당시 조선에서 최대였던 구마모토 농장이 있었는데, 구마모토 씨는 2만 여 명에 이르는 조선인 소작인을 치료하기 위해서 자혜진료소를 개설했다. 이영춘은 구마모토 농장주의 제안을 받아들여 1935년 4월에 진료소장으로 부임하고 무료 진료를 시작했다. 이어 1935년 8월에 일본의 교토대학에서 의학박사 학위를 받았다. 1945년 2차 대전이 끝나 조선이 해방을 맞게 되자, 그는 농장 창고를 개조하여 종합병원인 개정중앙병원을 설립하고 진료 사업을 확장하는 한편, 당시 한국 농민의 3대 질병인 폐결핵·기생충·매독을 예방하기 위해 1948년에 농촌위생연구소를 설립하고 농촌예방의학의 선구자가 되었다. 결핵 예방을 위해서 BCG 접종도 한국에서 처음으로 실시했다.

세브란스 의전에 재학할 때 선교사의 영향을 받은 이영춘은 1926년 서울 남대문 교회에서 세례를 받았다. 1948년 그의 집에 몇 명이 모여 예배를 드린 것이 오늘날 개정교회의 시초가 되었으며, 그는 1952년에 이 교회의 장로로 취임했다. 1951년에 간호교육의 필요성을 인식하고 개정고등위생기술원 양성소를 설립했는데 이것이 오늘날 개정간호대학으로 성장했다. 1954년에는 민간기관으로서는 처음으로 개정보건소를 설립하고 모자보건과 가족계획사업을 전개하여, 한국에서 개정면 일대의 쌍생아 사망률을 가장 낮게 만들었다. 또한 이영춘 박사는 로터리 클럽 지도자로서 1974년에 국제로터리 377지구 총재를 역임했으며, 탁월한 지도력을 발휘한 바 있다.「쌍천雙泉」이라는 아호는 두 개의 샘물, 즉 육체적인 질병을 치료하는 샘물과 영혼을 치료하는 샘물이라는 뜻으로, 의사로서 그리고 기독교 지도자로서 그의 삶과 신앙을 잘 나타낸 것이다. 쌍천 이영춘 박사는 1980년 11월 25일 지병인 기관지 천식으로 신의 부름을 받았으며, 그의 사후 한국정부는 국민훈장인「무궁화장」을 그에게 추서했다.

무료진료소 설치의 의도

구마모토 농장의 무료진료소 설치는 식민지 사회에서 빈번히 발생하는 소작쟁의에 대한 대책이었다는 관점이 우세하다. 즉, 1933년경부터 구마모토 농장이 있는 전라북도 지역에서 소장쟁의가 급증한데 따른 이에 대한 대책이었다는 설이다. 앞서 소개한 나가사와 도시하루長沢利治의 논문에 따르면,「이 구마모토 농장 소작쟁의의 수습책으로, 구마모토 농장 측은 소작인에 대해서 소작료를 그대로 유지하는 대신에, 무료진료소를 설치하는 것으로 사태를 수습했다」고 되어 있다.[33] 그런 측면이 전혀 없었다고 말하기는 어렵지만, 이영춘에 대해서 나는 약간 다른 관점을 가지고 있다. 이영춘의 회상에 따르면, 구마모토가 「세상에서는 선의의 사업에도 칭찬하려고 하지 않는 것이 상례이며, 우리 무료진료 사업도 농장의 전략사업이었다는 혹평을 받을지 몰라도 이 선생만큼은 나의 참 뜻을 이해해 주기 바란다」고 말했다고 한다. 이러한 배경에서 이영춘 박사는 「오늘날의 사업가들이 노동자의 복리 후생 면에 상당히 신경을 쓰고 있는 것처럼, 농장 소작인의 절실한 의료 요구를 해결하는 것은 결국 건전한 농장 경영의 기본이 된다는 것을, 그 분은 일찍부터 파악한 것으로 보인다」고 구마모토 농장주를 긍정적으로 평가했다고 한다.

이영춘 초빙의 경위

구마모토는 1921년경 도쿄 아자부麻布에 위치한 도리이자카鳥井坂에 넓은 저택을 가지고 있었으며 일가는 거기에 거주하고 있었다. 반면에 2개월 정도의 간격으로 조선의 농장을 직접 방문하여 며칠씩 체재했다고 한다. 또한 구마모토는 이키 섬에서 매년 3천 엔을 기부하여 이키 교육회의 교육활동을 원조했으며, 1920년에 도쿄에서 조선 출신의 학생들에게 장학금을 지급하는 호진카

생전 이영춘 박사

---

33 長沢利治, 전게논문.

이輔仁會를 조직하고 조선인 학생들을 지원하기도 했다. 그러나 호진카이가 폐지된 이후에는 경성제국대학 재학 조선인 학생들에게만 장학금을 지급했다. 아무튼 이 시기에 구마모토는 경성제국대학의 와타나베渡辺 학생과장과 면식을 가지고 있었던 것 같다. 그는 와타나베에게 당연히 무료진료소 설치 이야기를 했을 것이다. 한편 와타나베는 이영춘이 평양고등보통학교 사범학과에 다닐 때 이영춘의 담임교사이기도 했다. 나아가 이영춘이 1933년 5월부터 모교인 세브란스 의학전문학교에서 병리학 교실의 조수를 하고 있었는데, 그곳 주임교수는 경성제국대학의 외래 강사이기도 했다. 이러한 인맥 관계로 1934년 9월 어느 날 와타나베 학생과장이 이영춘을 방문하여 무료진료소 의사로서 활동하도록 요청했다. 이때에는 아직 구마모토 농장의 이름이 그다지 알려지지 않았는데, 이영춘은 개업 의사나 의학대학의 교수가 되는 꿈을 접고 이 요청을 받아들였다. 한 때 한가한 시골에서 개업 의사를 해 본 경험, 즉 빈곤·무지·질병으로 고통받는 농민들의 모습을 직접 자신의 눈으로 목격한 것이 주효했을 것으로 추측된다.

이영춘의 부임 결정

며칠 후 구마모토·이영춘·와타나베 세 사람이 조선호텔에서 면담했는데, 이때 구마모토와 이영춘은 처음으로 만났다. 면담 결과, 1935년 4월 1일부터 이영춘이 진료소장에 부임하기로 했다. 구마모토로부터 「부임 후 적어도 5년 이상 진료소를 담당해 달라」고 하는 부탁이 나왔으며 이영춘도 이를 받아들였다. 첫 대면에서 구마모토로부터 「월급은 얼마 필요한가」라고 하는 질문을 받고, 이영춘은 「월급을 목적으로 요청에 응한 것이 아니고, 무료진료소의 의사가 되려는 생각으로 수락한 것이기 때문에 굶지만 않으면 된다」라고 응수했다고 하는 에피소드가 있다. 결국 월급은 150엔으로 결정되었는데, 이것은 일본인 고등관 의사의 대우와 같았다고 일컬어지고 있다.

처음 대면한 며칠 후에 이영춘은 구마모토로부터 「내가 5년 전부터 찾고 있었던 의사인 당신을 만나게 되어 하늘이 당신을 보내주신 것으로 알고 감사한다」는 편지를 받았다. 이 편지 내용으로 본다면, 구마모토는 1920년대 말 경부터 무료진료소 구상을 한 것으로 보인다. 부임이 결정되고 나서 실제로 개설에 이르기까지 반년 정도의 기간 동안, 이영춘은 진료소 개설을 위한 의료기구라든지 약품을 준비하는 한편, 자신의 연구 과제를 실험 조사해야 하는 분주한 나날을 보냈다. 그의 실험 연구의 논문이 1935년 8월 교토제국대학의 박사학위 취득으로 이어졌다.

구마모토 농장 자혜진료소의 개설

진료소가 설치된 곳은 구마모토 농장의 본장인 개정이다. 여기에서 이영춘은 약 9백 만 평의 농장에 소속된 소작인 3000 세대 약 2만 명에 대해 무료진료를 행하는, 중책을 담당하게 되었다. 본장 이외에 각 지장의 소작인들도 균등하게 진료를 받을 수 있도록 옥구 지경, 옥구 대야, 정읍 화호, 완주 상관의 4개소 지장에 최소한의 약품, 기구 등을 두고 정기적으로 검진 받을 수 있도록 배려했다. 당시 농장으로부터 소작인들에게 배포된 진료소 설치 취지문은 대체로 다음과 같다. 「대부분의 인생과 생활에 있어서 믿고 사랑하는 부모처자와 가족이 병으로 앓고 있으면서 치료를 받지 못하고 사망하는 것만큼 비참한 일은 없다. 이제 농장에서는 세브란스 의학전문학교 이영춘 교수를 초빙하여 4월 1일부터 3000호 소작인들과 그 가족들에게 기일을 정하여 일체 무료로 진료하게 되었으므로, 널리 이용하여 건강의 유지 증진에 빠짐없기를 바란다」

개정자혜진료소

무료진료소 운영은 거의 전면적으로 이영춘에게 맡겨졌다. 그 중에서도 경제적 특권이 가장 주목할 만한 것이며, 일본인 지배인의 결재 없이 직접 회계로부터 지불받을 수 있는 특권이 그에게 주어졌다. 이에 따라 이영춘은 진료에 필요한 약품이나 기구, 또는 도서, 나아가 학회에 참가하는 경비 등을 자유롭게 사용할 수 있게 되었다. 구마모토 측에서 본다면 돈은 내놓지만 말을 하지 않는 자세였지만, 그만큼 이영춘을 신뢰했다는 증거가 되기도 한다. 개정 본장에 39평의 진료소 건물을 신축했다. 진료실·도서실·약국·수술실·실험실 등을 갖춘 시설이 1935년 8월에 준공되었고, 이와 함께 20평 정도의 사택도 신축되어 이영춘은 가족과 함께 이곳에 옮겨 살게 되었다.

옛 개정자혜진료소

진료소의 일상적 활동

이영춘은 조수 1명을 데리고 한 주에 한 차례 각 지장에 나가 진찰하는 것 외에는 개정진료소에서 집무했다. 부임 첫째 해에 진료 받은 환자 수가 약 7000명, 도합 약 3만 명이었으며, 가족 당 1.5 차례 진료를 받았다. 소작인을 가장하고 진료권을 빌려 찾아오는 환자들도 많았지만, 환자가 섞여 있어 그것을 확인할 시간도 없었기 때문에 그대로 진료했다고 전해진다. 진료 혜택을 받기 위해 구마모토 농장의 소작권을 구입하고자 하는 사람들도 여기저기서 나오기도 했다. 환자의 병 종류는 신경통·눈과 귀의 질환·외상·소화 불량·호흡기 질환·기생충 등으로, 농촌 생활의 비위생적인 환경, 본인의 부주의, 또는 농사일로 인한 질환이 많았고, 또한 결핵과 매독도 의외로 많았다고 한다.

이영춘은 이렇게 1년 동안의 진료 활동을 통하여 환자의 대다수가 보건 사업이 발달하면 발병율을 미연에 억제할 수 있을 것으로 보고, 예방 의학의 중요성을 통감했다고 회상했다. 1937년 8월에 국제연맹 주최의 「동양농촌위생회의」가 인도네시아 자바에서 열렸으며, 그는 이 회의에 참가하기 위해 두 달간 정도 농장을 비우게 된다. 그는 이 국제회의에 참가하고 싶다는 뜻을 알렸으며, 구마모토는 즉시 「여비를 줄 테니 꼭 참가하라」고 흔쾌하게 승낙했다고 한다.

1936년의 학교 급식 사업

1936년에는 조선 전역에 걸친 미증유의 가뭄으로 호남평야의 농산물도 전멸 상태에 빠졌다. 농민들의 식량 사정은 비참해져 춘궁기에는 아침저녁으로 죽을 먹는 것은 차라리 나은 쪽이었고 개정국민학교 학생 560명 가운데 절반 이상이 점심 도시락을 싸오지 못하는 상황이 발생했다. 이영춘은 구마모토의 동의를 얻어 농장으로부터 절반가량 정미한 쌀인 싸래기^{半쇄米}를 받아서 아동 급식에 충당했다. 학교 당국은 학부형과의 상담을 거친 후 학교 창고 안에 임시로 취사장을 만들고 학생의 모친 등 8명씩 교대로 취사를 담당했으며, 주먹밥 하나를 한 사람에 한 개씩 배부하고 김치 등 반찬은 학생들이 지참하게 하는 방식으로 340명의 결식아동에 대해 석 달 동안 급식 활동을 계속했다. 「이것이 비상대책이긴 했지만 한국 학교 급식의 효시가 되었다」고 이영춘은 나중에 회상했다.

학생 아동 보건의 충실

이영춘은 구마모토 농장이 있는 지역에서 학교 위생 사업에도 힘을 쏟았다. 그는 구마모토 농장에 부임한 첫 해부터 개정국민학교 의사로서 학생들의 신체검사를 실시해 왔는데, 더욱이 정밀한 검사로 아동의 건강상태를 판단하려고 1938년 봄에 전교생 500여 명의 체온을 측정하고 결핵 반응 검사를 실시했다. 이에 따라 질병 발견에서 비교적 양호한 결과를 얻을 수 있게 되었다. 이 때 구마모토 농장주를 비롯하여 도지사·총독부 학무부장에게 학생 위생의 중요성을 호소한 결과, 구마모토는 1939년 개정국민학교에 위생실 20평 건물을 건축했으며, 이어 1941년에는 대야국민학교에, 1942년에는 화호학교에 각각 위생실을 세워 기증했고, 나아가 전라북도 당국 등의 지원을 받아 각각의 위생실에 양호교사를 채용하여 운영시켰다.

진료소의 발전적 전개

이러한 학생 위생에 대한 적극적인 활동으로부터 학생 보건에 대한 교육계의 관심이 전라북도 내에서 한층 높아졌다고 한다. 위생의

식이 높아졌고 이와 함께 구마모토 농장 본장과 지장의 진료소에 매일 평균 50~100명 정도의 환자가 밀려들게 되었으며, 이를 한 사람의 의사로서 감당할 수가 없게 됐다. 따라서 그는 구마모토의 동의를 얻어 1938년 8월에 개정진료소에 임상검사실과 동물실 12평을 증축하는 한편, 그를 보좌하기 위한 인원으로 두 명을 증원했다. 그러나 구마모토 농장의 농지는 호남평야 6개 군에 분산되어 있었기 때문에, 이들 소작인의 치료는 한 주에 한 차례 출장 진료만으로는 충분하지 않았다. 뿐만 아니라 이영춘이 바라고 있었던 예방의학적 지도도 불가능했다. 따라서 1939년부터는 개정·지경·화호 3개소에 진료소를 설치하고 격일 간격으로 치료와 예방사업을 병행하게 되었다. 그리고 개정의 이영춘과 함께 지경과 화호에 새로운 의사가 한 명씩 부임하게 되었다. 물론 구마모토의 동의를 얻어 실행한 것이다. 이때 진료소 확충의 취지에 관하여 이영춘은 무료진료와 예방의학적 지도를 겸하여 실시했다고 하며, 다음과 같은 점을 중시했다고 한다.

1. 농촌 위생
   기초조사: 농민의 질병, 특히 결핵·성병·기생충·영양·체력·유아
   사망원인·사망율·모성위생·환경위생(가옥·우물·변소
   ·하수구 등)
   건강상담: 결핵 및 성병 상담, 결핵 반응과 매독혈청 반응의 시행
2. 학교 위생
   조사 및 연구지도
3. 보건부婦 설치
   무료조산, 영유아 및 모성 위생, 가정 위생지도와 조사(화호 관내) 등

조선농촌 위생연구소 설치안

이영춘은 한 해에 한 두 차례 일본을 방문하여 일본학교 위생회의 총회를 비롯하여 국립위생원, 전염병연구소, 노동과학연구소 등을 견학하고, 그 곳 책임자들과 의견을 교환했다. 이를 통해 그는 견문을 넓혔으며 일본공중위생 발전 모습과 경과 등을 파악했다. 이는 「청년 과학자는 신진 학문에 늦어서는 안 되기 때문에 학교 건물이나 연구소 등을 방문하여 견문을 넓히기 바란다」는 구마모토의 호의가 있었기 때문이며, 1937년 자바 회의에 참석한 것도 그러한 호의 가운데 하나로 지원된 것이다.

이러한 폭넓은 견문을 통하여 조선농촌위생연구소 설립구상이 나왔고, 1942년 10월 이영춘은 연구소 설치안을 구마모토에게 제출했다. 「이 박사의 심정은 충분히 이해할 수 있지만, 지금은 대동아전쟁이 격화하고 있어서 사업가들은 수익의 8할을 세금으로 납부해야하기 때문에, 사업 경영에 어려움이 많다. 이 박사의 요청을 수락하면 농장은 연구소의 부속 사업으로 전락하고 말테니까 응할 수가 없다」라고

구마모토와 이영춘

구마모토는 회답했다. 이에 대해 이영춘은 지금까지 진료소의 활동을 전폭적으로 신뢰해 준 것에 대해서는 감사하지만, 이래서는 진료소를 사임할 수밖에 없다고 하며 연구소 설치에 대한 강한 의지를 보였다. 이것은 이영춘이 진료소 부임의 조건으로 내세운 「5년 이상 근무하면 진료사업을 발전적으로 확장하도록 해 주기 바란다」고 요청했던 것에 대해서 구마모토가 흔쾌히 수락했었기 때문이다. 이영춘이 사임하면 진료소가 폐쇄될 수도 있다고 생각한 구마모토는 지금 바로 응답을 재촉하기보다는 이영춘이 존경하고 있는 은사님께 일임하면 어떨까 하는 타협안을 제시했고, 이영춘도 그 타협안을 받아들였다.

사회사업의 재단법인화 구상

이듬해 1943년 구마모토는 전체 농장의 소유지 3000정보 가운데 화호농장 소속의 1500정보를 사회사업에 기부하겠다고 했다. 그 후 얼마 안 되어 구체화된 것은 호고카이報公會에 구마모토가 기부하려고 한 행위, 즉 재단법인 설립의 움직임이었다. 재단 설립의 취지문에는「조선 내의 교육, 학술연구의 조성, 농촌 보건, 농촌 개발, 사회사업 및 게이오기주쿠 대학 농학부를 조성하는 것을 목표로 하는」것이라고 되어 있다. 요컨대 구마모토가 관심을 가지고 있던 분야에 전 재산의 절반을 기증한다고 하는 결단이었으며, 이영춘이 그토록 희망했던 농촌위생연구 사업도 당연히 포함되어 있었다.

화호농장의 연간 수익은 약 40만 엔이었을 것으로 추정되는데, 그 가운데 절반인 20만 엔을 조선에서 사용하고 나머지 20만 엔을 구마모토의 모교인 게이오대학 농학과 설립, 나아가 거기에 조선인 학생을 매년 25명 입학시킨다는 것을 전제로 하여 농과대학의 경상비 지출에 충당하겠다는 계획이었다. 그러나 화호농장 농지의 신탁 저당을 말소하는데 시간이 걸렸으며, 1945년 3월에야 법인 인가 신청이 이루어졌고 이어 8월 15일 일본이 패전함에 따라 결국 이 계획은 수포로 돌아갔다.

일본의 패전과 구마모토 농장

패전 직후 구마모토는 평소에 친분이 있었던 평양의 변호사를 불러, 전후처리 문제에 대한 의견을 물었다. 그러나 돌아온 답변은 사유재산의 경우는 모두 몰수당할 것이라는 의견이었다. 이것을 전해들은 이영춘은 연구소 개설의 아주 작은 희망도 아예 사라져버렸다고 느꼈다. 8월 하순에 구마모토는 이영춘과 작별 인사를 나누고 부산 동래를 거쳐 일본으로 귀국했다. 10년 5개월간에 걸친 구마모토 농장의 진료사업에 대해서, 이영춘은 진료를 받은 인원이 총 21만 2천 여 명이었으며, 연 인원이 약 80여 만 명이었고, 2만 명 정도의 소작인들이 연간 한 사람 당 네 차례씩 진료를 받았다고 했다. 이때 총 소요 경비가 약 80만 엔으로 추산되며, 연간 지출 금액은 농장 수익의 5~10%에 해당했다고 한다.

재일한국기독교청년회의 표창

1955년 11월 11일, 도쿄에 있는 재일본한국기독교청년회관에서 「사랑과 성실을 조선 사람들에게 바친 일본인에게 감사하는 집회」가 열려, 구마모토를 비롯한 오다 나라지織田楢次 목사, 마스토미 야스자에몬枡富安左衛門 경영인 등 11명에게 표창을 수여했다. 표창의 이유에 관하여 다음과 같이 기술하고 있다. 「구마모토 씨는 농장 경영으로 유명하지만, 이번 집회에서는 그보다도 군산에 농민 진료소를 설립한 것에 감사하고자 한다. 이 농민진료소의 뒤를 이어서 현재는 이영춘 씨가 계속 이를 운영하고 있다. 그 후 국제기구 등의 지원을 받아 더욱 강화되고 충실화 되고 있으며 부근에 거주하면서도 병원을 찾을 수 없는 가난한 농촌 사람들로부터 깊은 감사를 받고 있다」.[34]

구마모토의 교육관

조선 학생에게 장학금을 지원한 「호진카이輔仁會」에 관한 기술에 들어가기 전에, 구마모토의 교육에 대한 생각을 살펴보고자 한다. 이케가미는 자신의 저술에서[35] 현해탄에 있는 외로운 섬 이키가 「교육왕국」이라고 일컬어지게 된 데에는 구마모토의 존재와 깊은 관계가 있다고 표현했다. 구마모토는 「100년 계획은 사람을 심는데 있다」

---

34 楠見幸雄, 「愛と誠実を朝鮮に人々に捧げた日本人に感謝するつどい: 在日本韓国基督教青年会において」『親和』, 26号, 1955年 11月.

35 池上永秋編著, 전게서, 1988年.

는 강한 신념 아래, 고향 이키의 교육을 위해 수많은 공헌을 했다고 기술되어 있다. 그 공헌 중 하나가 1919년부터 1925년까지 이키교육회에 대해서 매년 3천 엔씩을 기부한 일이며, 또 하나가 저명한 학자를 매년 이키에 초빙하여 강연회와 강습회를 개최하고 교사의 의욕을 높인 일이다. 저명 학자의 초빙을 통한 여름 강습회는 1919년부터 1925년까지 열렸다고 한다. 이키에 초빙된 학자들로부터 구마모토의 교육관, 즉 당시 신교육에 대한 그의 관심을 읽어낼 수 있지 않을까 한다.

고고학자 도리이 류조와 민속학자 오리쿠치 시노부 등도 초빙되었는데 그들 대부분은 교육 관계자였으며, 게다가 종래의 교육에 대해 다른 목소리를 내는 학자들이었다. 예를 들어, 1919년에 초빙된 오이카와 헤이지及川平治는 주된 저서로 1912년에 펴낸『분단식 동적 교육법分団式動的教育法』이 있으며, 그때까지 획일적인 주입식 교육방식을 비판하고, 학생 중심주의 이론에 기초한 교육방식을 실천한 인물이었다. 또한 사와야나기 마사타로澤柳政太郎를 필두로 하여 세이죠成城학원의 관계자를 수많이 불러들었다. 사와야나기는 다이쇼大正 자유주의 교육운동 속에서 중심적 역할을 수행한 사람으로, 당시 일본 교육계의 제1인자였고 세이죠학원을 설립한 사람이기도 했다. 또한 사와야나기는 Dalton Plan의 보급에도 진력했다. 더욱 더 중요한 것은 그는「호진카이」의 회장이었다.

Dalton Plan이란 1920년에 미국 Massachusetts 주의 돌튼초등학교에서 Helen Parkhurst[1887-1973] 교사에 의해 지도·실시된 교육 지도법으로, 교과마다 실험실을 만들어 학생들의 흥미와 능력에 맞춰 학습을 권하는 개별 학습적 특색을 갖도록 하는 방식을 말한다. 일본에서는 1922년 다이쇼 자유주의 교육운동 말기에 우선 세이죠 소학교가 이것을 도입한 바 있다. 그러나 쇼와昭和 시기에 들어 Dalton Plan은 교사들이 적극 실행하지 않거나 학부모들로부터 학생들의 학력 저하를 가져오고 상급학교 진학에 불리하다고 하는 비판이 많이 제기되면서 일본 교육현장에서 사라지고 말았다. 1924년 여름에는 이 Dalton Plan의 제창자인 Helen Parkhurst 씨도 이키에 초대되어 강습을 실시한 바 있다.

호진학사學舍 설립계획의 발표

매일신보 신문기사에 따르면, 「호진카이」의 당초 구상은 학생 기숙사 설립에 있었다고 한다. 그리고 기숙사 설립 계획이 1919년 10월 24일 조선호텔에서 이루어진 기자회견에서 발표되었다고 한다.[36] 신문자료를 비롯한 「호진카이」의 자료에 대해서는 배영미 연구자의 연구 결과에 의존하고자 한다.[37] 『매일신보』에는 「군산의 출중한 구마모토 씨는 조선에 온 지 17년이 되는 기념사업으로 쌀값 폭등으로 벌어들인 재산의 일부를 내놓고 조선 출신 유학생들이 가장 바라고 있는 기숙사를 건설하여 교육과 내선동화에 도움이 되겠다」는 설립 구상을 밝혔다. 「조선에 온 지 17년이 되는 기념사업」이란 말은 무언가 갖다 붙인 감이 들지만, 여기에서 궁금해지는 것은 왜 1919년에 이 계획이 발표되었는가 하는 것이다.

구마모토가 이키교육회에 기부하기 시작한 것도, 저명한 학자들을 초빙하여 강연회를 개최하기 시작한 것도, 모두 1919년부터였다. 왜 그랬을까. 앞의 신문기사가 「쌀값 폭등으로 돈을 벌어들였다」는

---

36 每日申報, 1919年 10月 26日.

37 裵姈美, 『1920年代における在日朝鮮人留学生に関する研究: 留学生・朝鮮総督府・「支援」団体』, 一橋大学大学院社会学研究科博士後期課程, 2010年 6月.

한 구절에 착목해 보면, 1918년 쌀 소동으로 폭등한 쌀값으로 상당한 이익을 얻지 않았겠는가 하는 추측이 성립한다. 「호진카이」설립의 개요를 보면, 「기숙사호진학사는 건물을 도쿄[38]에 두고 도쿄시 부근에 있는 고등학교 정도 이상의 모든 전문학교, 또는 조선에 거주하는 일본인의 자제들을 수용하고자 한 것이며, 숙사는 구마모토 씨가 무료로 제공하고 기타 비용은 숙사 입주생들이 부담하는 것을 조건으로 한다」는 것이었다. 그리고 경영에 대해서는 5명의 위원들이 이를 담당하는 것으로 하여, 모토야마 히코이치本山彦一 오사카 마이니치신문 사장, 세키야 데이자부로關屋貞三郎 조선총독부 학무국장 등의 이름을 거론했다.[39] 오사카 마이니치신문 사장은 구마모토가 처음으로 조선에서 토지를 매수할 때 투자한 인물이며, 세키야는 조선총독부 문부관료로서 유명한 인물이다

구마모토와 사와야나기 호진카이 회장

구마모토는 앞의 「호진카이」설립계획을 구체화하기 위해 1920년 2월 초순에 도쿄에 가서, 조직 진용을 짜는 동시에, 「호진카이」의 회칙 및 호진학사의 사칙을 발표했다. 이때 발표된 임원으로 회장에는 사와야나기, 이사에는 히지야 료지로泥谷良次郎, 그리고 평의원에는 구마모토·모토야마·세키야·혼다 고스케本田幸介·가토 후사조加藤房蔵·나가타 히데지로永田秀次郎·우사미 가쓰오宇佐見勝夫·야마가타 이가라시山縣五十嵐·마키야마 고조牧山耕蔵·에하라 소로쿠江原素六 등이 임명되었다. 그리고 회칙에서는 회장은 모임의 사업을 총괄하고,

---

38 東京市赤坂区丹後町一番地

39 每日申報, 1919年 10月 26日.

이사는 실무적인 업무, 평의원은 중요한 의안의 심의를 행하는 것으로 되었다.[40]

　이들 임원 선임에는 「선배 동지의 후원을 얻어」라고 되어 있는 것으로부터 게이오기주쿠 인맥이 동원되었을 것으로 보인다. 회장인 사와야나기는 귀족원 의원·도호쿠東北제국대학 총장·교토제국대학 총장 등을 역임한, 당시 교육계의 제1인자였다. 이사 및 평의원에는 나가타·우사미·마키야마·에하라 등 정치가가 많았는데, 히지야·혼다 등 교육 관계자들의 이름도 보인다. 다만 회칙을 보면, 구마모토 및 회장, 이사 등 3명이 조직의 핵심이다. 구마모토와 사와야나기는 이키의 교육면에서도 친교가 깊었다고 한다. 앞서 언급한 것처럼, 1924년 여름강습회에는 특별 강연자로 초빙되기도 했다. 이들이 언제부터 알게 되었는지는 분명치 않으나, 호진카이의 회장 취임이 계기가 되었을지 모른다. 사와야나기가 세이죠 학원 창설자인 점에서 1921년부터 매년 1명 내지 여러 명이 장기연구생으로 이키에서 세이죠 학원으로 파견되었다는 것도 이해할 수 있는 일이다. 나아가 세이죠 학원 내 각 학교의 교장에 근무한 바 있는 전인全人 교육론자로 유명한 오바라 구니요시小原国芳도 사와야나기의 소개로 이키 교육에 깊이 관여하게 되었다. 또한 구마모토가 도쿄 도리이자카에 넓은 주택을 구입하고 거기에서 거주하기 시작한 시기는 바로 「호진카이」가 발족한 직후인 1921년이었다.

호진학사 규모의 확대

　호진학사에 들어가는 사람이 처음에는 거의 없었지만, 그 후 점차

40　每日申報, 1920年 2月 11日.

늘어나 1921년 말에는 147명에 달했다. 호진학사의 정황에 대해서 당시 『매일신보』는 다음과 같이 보도했다.[41] 「처음에는 구마모토 씨의 정신을 모르기도 했고 이 사업을 공연히 방해하는 사람도 적지 않았기 때문에, 처음에는 한 사람도 기숙사에 들어가는 사람이 없었는데, 그 후 구마모토 씨의 참 뜻을 이해하고 나서 점차 많아졌다. 1920년 5월 이 모임의 첫 번째 기숙사가 도쿄 시외의 오치아이무라落合村에 설립되었고, 같은 해 12월에는 가옥 13~14채를 구입하여 기숙사 규모를 크게 하자 80명 정도가 들어왔으며, 1921년 4월부터는 입사를 희망하는 사람이 연일 쇄도하여 같은 해 5월 말 기숙사 16개를 세웠고, 그 후 조선 학생의 도쿄 유학생이 점차 늘어남에 따라 기숙사 입사를 희망하는 사람이 더욱 늘어났다. 1921년 말에는 기숙사 수가 25개, 학생 수도 147명에 달했다」 이 147명 가운데 조선인 학생 130명은 22개 기숙사에 배치되었으며, 나머지 17명은 조선 재주 일본인 학생으로 3개 기숙사에 수용되었다.

호진학사에서의 학생 생활

호진학사의 회칙 제7조에는 「각 학사에서 기숙사 학생의 호선으로 간사 한 명을 선출하고 그 임기는 3개월로 한다」「간사는 사무를 중시하여 기숙사 안의 기강을 진작하는데 노력하고 3개월마다 기숙사 정황을 호진카이에 보고한다」고 되어있다.[42] 구체적인 생활 상황은 어떠했을까. 이에 대해 신문은 다음과 같이 보도했다.[43] 「기숙사 조직

---

41 每日申報, 1922年 3月 7日.

42 每日申報, 1920年 2月 11日.

43 每日申報, 1922年 3月 7日.

은 학생 여러 명이 하나의 단위가 되며 기숙사에서 하나의 조직을 만들 수 있다. 모임에서는 그 사람 수를 보고 적당한 가옥을 선정하여 방값을 받지 않고 학생들에게 빌려주고 있으며, 또한 새로운 조직이 만들어지면 이에 필요한 취사도구와 가구를 대여한다. 학생들이 자취할지, 또는 하녀를 두고 식사를 할지 결정하여 통보한다. 모임에서는 매월 방값을 지불하고 있지만, 현재 도쿄의 하숙비가 너무 비싸기 때문에 학생들은 학자금을 꽤 절약할 수 있다. 즉 도쿄에서 학생의 하숙비가 보통 30엔 이상이지만, 이 기숙사에서는 겨우 16엔이나 17엔이며 식사 분량은 하숙보다도 훨씬 많다. 기숙사의 감독은 회장 이하 이사들이 담당하며 이들이 때때로 순시하거나 감독하거나 한다」 또한 이 기사는 이때까지 여학생이 입사한 사례는 없다고 했다.

유학생의 호진카이 탈퇴 사태

그러나 기숙사 입사가 순조롭게 추진된 것만은 아니다. 조선유학생 조직인 「학우회」는 1920년 12월 15일 임시총회를 열고 「호진카이」로부터의 탈퇴를 권고하는 결의를 하고 나섰다. 이것은 「① 회원 중 32명이 모 관청에 대해서 학자금 원조를 청원한 것은 부당하다고 본다. ② 호진카이가 경영하는 기숙사 및 이것과 유사한 기관이 경영하는 기숙사에 우리 유학생들이 들어가는 것은 부당하다고 본다. 따라서 입사한 사람은 속히 탈퇴하기를 권고한다」는 내용이었다.[44]

『매일신보』는 「도쿄유학생의 호진카이 탈퇴 진상」이라는 표제어를 내걸었고 조금 더 구체적으로 탈퇴 소동 문제에 대해 언급했다.[45]

---

44 『學之光』, 21号, 1920年 12月.

45 每日申報, 1921年 3月 24日.

신문 보도에 따르면, 「도쿄유학생 중 30명이 서로 짜고 모처에 학자금 보급을 신청한 것에 대해 학우회를 중심으로 하는 다수의 유학생들이 집회를 열고 조선인으로서 바람직하지 않다는 의문이 다수를 차지했다, 그 가운데 학생 한 명이 정부로부터 학자금 지원을 받는 것이 안 된다면 일본의 개인이나 단체로부터 받는 지원도 절대 안 된다는 의견이 나왔다. 그러자 다른 학생도 바로 이에 공감하고 호진카이 기숙사로부터 탈퇴하겠다고 나서는 소동이 일어나게 되었다」고 한다. 그러나 그 후 탈퇴하겠다고 나선 학생 가운데 복귀하는 사례가 적지 않다고도 이 신문은 보도했다. 기숙사로 학생들이 복귀하는 움직임은 「1921년 4월부터 입사를 바라는 자가 연일 쇄도하여, 이미 기숙사 수가 25개, 학생 수 147명에 달했다」고 하는 앞의 기사를 봐도 분명한 현상이었을 것으로 보인다.

기숙사 경영에서 학자금 지원으로 전환

「호진카이」의 기숙사 사업은 1923년 가을에 중지되었고 그 이듬해부터는 학자금 지원 사업을 개시하게 되었다. 관련 자료에 따르면, 「구마모토의 출자에 따라 조선인 고학생의 구제를 위하여 20여 개소를 빌려, 무료 숙박소를 경영했지만 그 실적은 오르지 않고 오히려 폐해가 있어 관동대지진을 계기로 하여 이를 중지하고, 금후 선량한 고학생 수 십 명에 한하여 학자금 증여로 변경하여 우선 처음으로 10명 정도에 대해 매월 40엔 정도를 지급하고자 현재 인선 중이다」[46]라고 되어있다. 오히려 폐해가 있다는 말이 구체적으로 무엇을 가리키고 있는지 분명하지 않지만, 앞의 기숙사 탈퇴 소동 문제와 관련이 있을

---

46 朝鮮総督府警務局東京出張員, 「在京朝鮮人情況」, 1924年 5月.

것이다.

이 학자금 지원에도 지원자들이 쇄도했다. 그 모습에 대해『조선일보』는「輔仁會 給費生과 답지하는 지원자」라는 표제어를 제시하고, 다음과 같이 보도했다.[47]「군산의 농장주 구마모토 씨가 기금을 내고 경영하는 호진학회에서는 올해 10명의 학자금 지급생을 모집한 결과 지원자가 150명에 달하여, 그 중 성적 우수자도 많지만 정원 관계로 다음 10명만을 채용했다. 도쿄 帝大 2명, 교토 3高 1명, 도쿄 高師 1명, 우쓰미宇都見 高農 1명, 도호쿠帝大 1명, 경성대 예과 4명」

나중에도 소개하겠지만,「호진카이 방문기」는 학비 지급 학생의 선발 방식 및 1927년의 정황에 대해서 다음과 같이 기술하고 있다.「호진카이에서는 매년 봄과 가을의 학년을 시작하기 전에 학비 지급 학생의 모집 공고를 내고 난 다음, 다수의 응모자 속에서 학력 및 학업 성적, 소행, 가정형편 등을 조사하고, 또한 이를 엄밀하게 심사하여 1년간 10명을 선발하는데, 금년 봄에는 응모자가 약 300여 명에 달하여 여러 가지 피할 수 없는 사정으로 예정 인원보다 2명이 초과된 12명을 선발했다.」

1927년 호진카이 방문기

여기에서는『조선사상통신』에 1927년 11월부터 이듬해 1월까지 50회에 걸쳐서 연재한 이 잡지 회사 특파원 박상희朴尙僖의 글,「도쿄조선인단체 역방기」일부를 요약하여 소개하고자 한다.『조선사상통신』은 조선어 신문과 잡지의 기사·사설·논문을 일본어로 번역하고 있던 일간지였다. 이 방문기는 기사 가운데 유일하게 스스로의 체

---

47 朝鮮日報, 1925年 5月 11日.

험을 바탕으로 한 독자적인 기사였다고 한다.[48] 박상희가 도쿄 도리이자카에 있는 구마모토 저택을 방문한 것은 1927년 10월 20일이었다. 매월 20일에「호진카이」소속 유학생들이 학비를 받으러 집합하는 것을 들었기 때문이다. 특파원이 찾아온다고 하는 소식을 전달받은 구마모토는「소개라든지 선전이라든지 하는 의도라면 거절하겠지만, 고향 청년들과 화목하게 환담하고 싶다는 의향이라면 환영하겠다」고 하며 응해 주었다고 한다.

구마모토 씨는 금전을 전달할 때 사람들 눈에 띄지 않게 별실로 데리고 가서 몰래 일을 끝낸다. 그러니까 손님격인 나는 물론이고 유학생들끼리도「학비 받으려고 왔구만」하는 느낌이 들지 않는다. 완전히 놀러 온 것 같은 느낌이다. 오늘은 특별히 점심 식사가 준비되어, 여러 학생들이 주인공과 함께 테이블을 둘러싸고 환담을 나누며 이야기꽃을 피웠다. 이렇게 학비 받으러 온 날의 모습을 묘사했다. 박상희의 조사에 따르면, 1927년 시점에 학비 지원을 받고 있었던 학생은 도쿄제국대학 문과 5명, 와세다대학 문과 2명, 와세다대학 경제과 1명, 게이오대학 의과 1명, 메이지明治대학 법과 1명, 고마자와駒澤대학 문과 1명, 상과대학 3명, 농과대학 2명, 도쿄의전 1명, 일본여대 1명, 고등사범학교 1명, 여자영어학숙 1명, 도쿄여자의전 1명, 경성제국대학 10명, 홋카이도北海道제국대학 3명, 합계 34명이었다고 한다.

1924년부터 학비지원사업이 개시되어 매년 10명씩 선발되었다고 한다면, 숫자에서 다소 맞지 않는다는 느낌이 들기도 하지만, 아무튼 일본에 있는 사람에게는 1명 당 한 달 치 학자금 40엔, 조선에 있는 사람에게는 30엔을 지원했기 때문에, 1년에 총 16,000엔 가량

---

48 『在日朝鮮人史研究』, 第5号. 1979年 12月.

의 거금이 지출되었다고 생각된다. 구마모토는 학비지원 학생 수의 최고 한도를 50명으로 정했다고 한다. 매년 10명 씩 선발한다 하더라도 6년째에는 처음 선발한 10명이 거의 졸업해 나간다는 계산이 된다. 그렇다고 하더라도 50명에 대한 지출액은 1년에 24,000엔이 되며, 이것이 모두 구마모토의 개인 지출이었다는 점에서 놀라지 않을 수 없다. 호진카이로부터 학비지원을 받고 있는 어느 학생은 얼마만큼 은혜를 입고 있었는지에 대해, 「학교에 따라 다르기는 하지만 한 달 소요 학비 금액을 아주 절약하면 보통 60엔에서 70엔 정도 소요되기 때문에, 총독부의 지원 학생들이 한 달에 30엔을 보조 받고 가족으로부터 30엔 내지 40엔의 송금을 받고 있는 실정에 비추어 보면, 나는 우리 집으로부터 20엔 내지 30엔을 송금 받고 있으니까 총독부의 지원 학생보다 어느 정도 더 혜택을 받고 있는 셈」이라고 했다고 한다.

호진카이에서 자혜진료소 사업으로

「호진카이」가 언제 어떤 이유로 폐지되었는지는 분명하지 않다. 앞에서 소개한 이영춘의 저서 『나의 교우록』에 따르면, 「그 후 호진카이는 폐지되고 장학금은 경성제국대학에 재학하는 조선인 학생에게만 지급되었다」라고 기술되어 있을 뿐이다. 경성제국대학 학생에 대한 장학금 지급의 인맥으로부터, 구마모토와 이영춘과의 만남이 이뤄졌고 자혜진료소 사업으로 이어지기 시작한 것은 앞에서 소개한 그대로인데, 「호진카이」 폐지에 따른 자금적인 여유도 자혜진료소 사업에 박차를 가할 수 있던 것이 아닌가 하는 추론이 나온다.

현재 남아있는 구마모토 농장의 건축물

　2015년「무궁화 모임」의 한국 필드워크 대상지는 군산이었으며, 일정 마지막으로 들른 곳이 군산시 개정동에 있는「이영춘 가옥」이었다.[49] 여기에서 구마모토와 이영춘과의 관계에 대해 설명을 들은 것이 이번 시리즈를 작성하게 된 계기가 되었다는 것은 시리즈를 시작할 때 언급한 바 있다. 건물 앞에 걸린 간판에「이영춘 가옥」이라고 적혀 있고, 설명문에는「이 건물이 전라북도 유형문화재 제200호로 지정되었다」고 하는 문장과 함께 한글과 영어로 대체로 다음과 같이 언급되어 있다.

　군산시 이영춘 가옥 :「이 건물은 일제강점기 전국에서 가장 큰 농장의 주인 구마모토에 의해 1920년대에 건축된 것으로, 한식·양식·일본식 건축 양식을 복합적으로 사용했으며, 근대의 새로운 주거문화가 도입된 모습을 잘 보여주고 있다. 외부의 형태로 유럽 형식을 모방하고 있으며 평면구조는 일본식 복도에 기초한 응접실과 한식 온돌방이 결합된 형태로 되어 있다. 내부 개별 방의 바닥은 티크teak 소재를 정교하게 짜 맞춰 만들어졌고, 샹들리에chandelier나 가구는 모두 외국에서 수입된 것으로 당시의 건축비로는 조선총독부 관저에 버금가는 것이었다고 일컬어질 만큼, 고급스런 자재를 사용했다. 이 건물은 일제시기의 농장주들에 의한 토지 수탈의 실체를 보여주는 역사적인 의미와 함께, 해방 후 우리나라의 농촌보건위생의 선구자 쌍천 이영춘 박사1903~1980가 이용했다고 하는 의료사적 가치를 가지고 있다」

49　川那辺康一,「むくげの会群山合宿レポート」『むくげ通信』,270号.2016年 5月.

　또한 이 건물에 대해 일본의 유명한 건축 전문가 나이토 가즈히코
内藤和彦는 1997년 9월 일본건축학회대회 학술강연에서 「설계 시기
나 설계자 등에 관한 자료가 입수할 수 없기 때문에 특정할 수는 없지
만, 설계자는 구마모토 씨가 절친하게 사귀고 있던 모리야마 마쓰노
스케森山松之助 씨였을 가능성이 높다. 당시 식민지 지주의 생활을 엿
볼 수 있는 좋은 건축물 가운데 하나로 보아도 된다」고 말했다.[50] 일본
의 위키피디아 사전을 보면, 모리야마1869-1949는 1906년부터 1921
년까지 주로 대만에서 활동한 건축가로 오사카大阪 출생이며 대만총
독부 영선과営繕課 재임 중에 수많은 관청의 건축 설계에 손을 댔다.
1921년 이후에는 일본으로 귀국했으며 1922년에 도쿄에 건축사무
소를 개설하고 많은 민간 건축 등을 설계한 것으로 알려지고 있다.[51]

50　内藤和彦, 「植民地地主とその農場」『日本建築学会大会学術講演』, 1997年
　　9月.

51　https://ja.wikipedia.org/wiki/森山松之助

일제강점기 구마모토 농장을 찾아서

한국의 인터넷 사이트에서 구마모토 농장의 유적을 조사해 보니, 「일제강점기 구마모토 농장을 찾아서」라는 제목의 블로그 문장이 눈에 띄었다.[52] 여기에서는 화호에 남아있는 『구마모토 농장의 건축물을 많은 사진과 함께 많이 소개하고 있다. 작자가 누군지는 모르겠으나, 「어제 퇴근하는 길에 일제 강점기의 구마모토라는 대지주의 농장을 다시 찾아가 보았다」는 글에서 아마도 현지인일 가능성이 크며, 「그 유적을 보는 느낌은 제가 책에 소개한 내용으로 대신하겠다」라고 쓰고 있어, 이들 유적들을 이미 활자로 소개한 듯하다. 우선 처음 건물에 대해서, 그는 사진 설명 부분에 「곡물창고로 쓰이다가 해방 후 병원으로 학교로 쓰인 건물, 이 건물의 외양은 아직도 멀쩡했다」라고 썼다. 나아가 그는 「그 주변으로 여관 건물이나 진료소로 사용되었던 주택 몇 채가 세월의 무게를 견디고 있다」라고 했다.

한국역사에 관한 전문가인 가미야 니지神谷丹路는 이 건물이 농장의 사무소였다고 했다.[53] 그리고 그는 이 건물을 보고 다음과 같은 감상문을 썼다.「현재의 화호리는 전라도 농촌에서 일반적으로 보이듯이 소중한 쌀농사 지대이었음에도 불구하고 중앙에서는 되돌아볼 것이 적은 평범한 시골 모습이다. 거기에는 두 개의 엔타시스entasis 기둥과 중후한 화강암 계단이 그다지 주변과 걸맞지 않은 풍경을 보이고 있다. 일본인이 사라진 후 과거 중후함을 뽐내던 계단은 더 이상 사용하지 않는 퇴물이 되고 과거에 위엄을 상징하던 문은 새로운 페인트로 칠해져 닫혀 있다. 지금은 단지 옆문을 이용하여 농업창고로 사용되고 있을 따름이다」

---

52 http://blog.naver.com/dblee4u/60150534016

53 神谷丹路,「黃土の爪痕:日帝の置き去りもの」『季刊靑丘』8号. 1991年 5月.

해방 후 병원이나 학교로 사용되었을 것이라는 앞 설명과 비교하면 걸맞지 않는 면도 있지만, 가미야가 방문했던 1991년경에는 그런 분위기가 남아 있지 않았을까 한다. 다만 가미야에 따르면, 구마모토는 1918년경에 군산을 떠나 신태인 당시는 용북면에 있는 화호리로 옮겨갔다고 한다.

화호리 옛 정미소

위의 사진 두 장은 정미소로 사용된 건물과 그 내부 모습에 관한 것이다. 해당 블로그는 「당시 정미소로 사용했던 건물이 방치된 채 남아 있다」고 했으며, 건물에 대해서는 「정미소 외벽에 남아있는 판자와 드러난 흙벽이 당시의 건물임을 말해주고 있다」라고 설명하고 있다. 또한 내부에 대해서는 「동력을 전달하는 축과 피댓줄 등」이라고 설명하고 있다.

화호리 옛 일본인 가옥

이 사진의 건물에 대해서는, 가옥 형태는 잘 보존되고 있지만 개인의 소유물이며, 따라서 문화유산으로 등록할 수 없다고 하지만, 오히려 문화유산으로 지정되어야 할 것이라고 코멘트하고 있다. 일본이 남긴 건축물을 문화재로 하는 것에 대해, 이 블로그 작가는 「반발하는 사람들도 있지만 아픔의 기억도 유산이다. 총독부 건물을 일제의 유산이라고 쓸어낼 것이 아니라 두고두고 본보기로 삼고 우리의 역사를 돌이켜보는 거울로 삼을 일이다. 화호리 일본식 가옥들도 마찬가지이다. 그나마 사라지지 않고 지금까지 버텨 온 고통의 흔적들을 살려놓는 것도 역사의 한 몫이라 생각된다」라고 썼다.

다음 사진은 근대문화유산으로 지정된 건물에 대한 것이다. 「정읍 화호리 구 일본인 농장 가옥」이라는 제목을 가진 현장의 설명문에는 「이 건물은 정읍과 김제 일대에 대규모의 토지를 소유했던 일본인 농장에 소속된 주택이다. 주택의 정면 좌측에 응접 및 사무용 건물이 증축되어 있고, 그 오른편 뒤에 일본인이 거주하던 건물이 배치되어 있는데, 이 두 공간을 복도로 연결하였다. 일제강점기 당시 일본인 지주의 생활양식과 이들에 의한 농장 수탈의 역사를 증언하고 있다」라고 쓰여 있다. 또한 블로그 주인은 아래 사진의 코멘트로서 「당시 우체국으로 사용되었다가 그대로 방치되어 있는 2층 건물」이라고 쓰고 있다.

화호리 우체국

이상으로 구마모토와 조선에 관한 글을 끝맺고자 한다. 마지막으로 구마모토에 대한 감상을 말하라고 한다면, 어디까지나 일본의 조선식민지 지배라고 하는 틀 속에서 최대한 근대 합리주의적인 생각으로 살았던 인물이 아닐까 하는 생각이 든다. 구마모토 농장의 경영이나 무료진료소 개설과 같은 정책은 농장을 통해 벌어들인 돈을 교육에 「투자」한 것과 같이, 그의 사고방식을 행동으로 나타낸 것이 아니었을까.

_2_
부산항의 귀환 조선인

부산지역은 일본 본토에서 아주 가까운 위치에 있다. 이러한 지리적 조건에 따라 옛날이나 오늘날, 그리고 평화의 시기는 물론 전쟁의 시기에 있어서, 부산은 한국과 일본 사이에서 매우 중요한 지점이 되고 있다. 근대에 들어 교통수단이 발달하면서 부산항은 한반도와 일본열도의 교통과 사람들의 교류에 있어서 매우 중요해졌다. 일제강점기에는 한반도 사람들 대부분이 일본으로 건너가기 위해서 부산항을 이용했으며, 마찬가지로 한반도에 정착, 침략, 관광하려는 일본 사람들 대부분도 부산항을 이용했기 때문이다. 1905년 부산과 시모노세키下關 사이의 연락선 개통을 계기로 하여 일본 제국은 한반도와 대륙에 대한 병탐을 본격화했다. 그 해 9월에 양 도시 사이에서 연락선 이키마루壹岐丸가 처음으로 출항한 것은 일본의 대륙 침략을 상징하는 사건이다. 1945년 6월 미군의 공습으로 운행을 정지할 때까지 부산항을 이용한 연락선은 그 크기와 편수에서 지속적인 증가세를 보였으며, 40년 동안에 걸쳐 한반도와 일본열도 사이에서 약 3천 만 명의 승객을 실어 날랐다.

조선총독부 경무국이 1933년 8월 한 달 동안 한반도 안의 각 항구에서 일본으로 출입한 인원을 조사한 바에 따르면, 부산 9,600명, 제주 1,526명, 여수 1,129명, 목포 185명, 완도 63명, 진도 41명, 인천 22명, 진남포 21명, 청진 16명, 후포 15명, 군산 7명, 웅기 6명, 원산 5명, 정라 5명, 주문진 3명, 안목 3명, 용당포 1명, 성진 1명, 임원진 1명,

묵호 1명, 울릉도 1명이었다고 한다. 이렇게 보면, 전체 12,652명 가운데 부산항 이용자가 75.9%에 달한 것을 알 수 있다. 이것은 일제강점기에 있어서 한반도와 일본 열도 사이의 인구 이동에 있어서 부산항이 가장 중요한 역할을 담당했고 이때 교통수단으로서 연락선이 가장 빈번하게 이용하는 수단이 되었다고 하는 것을 여실히 말해주고 있다. 2차 세계대전 말기 미군의 공습으로 연락선 운행이 일시 중단된 것을 제외하면 이러한 부산항 이용 실태는 계속되었으며, 1945년 8월 일본 제국의 패전으로 식민지가 해방된 직후에도 그 흐름이 이어졌다.

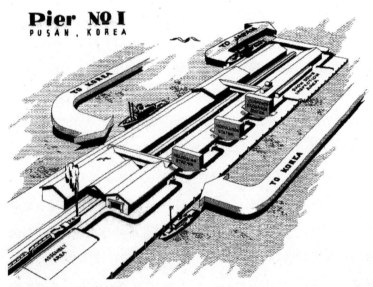

미군이 그린 부산항 제1부두

한반도 해방에 따른 부산항

필자를 포함한 네 명의 연구자들이 부산에서 활동하는 가운데 2007년에 단행본 『부관연락선과 부산』을 발간했다. 이 단행본은 일

제시기와 해방직후를 통하여 부산의 인구변동을 중심으로 하여 연락선으로 왕래하는 인구 이동 실태를 정리한 책이다. 또한 필자는 2013년에 발행한 단행본 『일본인 세화회』의 제4장을 통해서 해방직후에 100만 명에 해당하는 일본 군인과 민간일본인의 귀환 과정을 밝히고자 했다. 여기에서는 조선인 귀환자에 초점을 맞추어 그 귀환 과정을 검토하고자 한다. 조선인의 경우, 정확한 귀환자 통계 기록이 없기 때문에 관련 자료를 통하여 대강의 수치를 유추할 수밖에 없다. 한반도의 해방을 계기로 하여 많은 해외 거주 동포들이 대부분 부산항으로 귀환했으며 한반도 고향으로 돌아가게 되었다. 그 가운데 일본의 조선인 사회에서 자유도항으로 일본으로 건너간 조선인들이 더욱 높은 비율을 차지하고 있던 상황에서 강제연행 조선인과 함께 재일동포들은 서둘러 귀환 길에 올랐다.

일본 내무성의 공식 조사 자료에 따르면, 1944년 말 일본에 거주한 조선인의 수가 1,936,843명이었고 귀환의 흐름이 거의 종결되는 1947년 9월 시점에 재일동포 수가 529,907명으로 나타났다. 이렇게 볼 경우 재일동포만 해도 해방 직후 대략 140만 명 정도가 한반도로 귀환했다고 하는 것을 알 수 있다. 여기에 전쟁 시기에 남양군도와 동남아시아 등지에 노무자·군속·일본군 위안부 등으로 강제연행 되어 간 사람 등을 포함시킬 경우, 대략 150만 명 정도가 한반도로 귀환해 왔다고 볼 수 있다. 부산항으로 귀환한 인원을 정확히 파악하기는 어렵지만, 대체로 총 150만 명의 75.9%인 113만 8,500명 이상이 해방 직후 부산항으로 귀환했을 것으로 볼 수 있지 않을까 한다.

모리타 요시오森田芳夫는 1955년에 일본 법무성에 보고한 자료, 『재일조선인 처우의 추이와 현상』에서 1945년 8월부터 1946년 3월까지 재일동포 귀환자 수 940,438명에 대해서, 일본의 출발 항구별로 정리한 일이 있다. 다만 근거 자료가 없기 때문에 공식적인 자료로 인정하기는 어렵지만, 대략적으로 일본의 어디에서 귀환 길에 올랐는지 엿볼 수 있게 하는 통계라고 할 수 있다. 이 연구서에 따르면, 하카타博多항 425,713명, 센자키仙崎항 320,517명, 하코다테函館항 86,271명, 사세보佐世保항 55,306명, 마이즈루舞鶴항 25,676명, 무로란室蘭항 8,579명, 사카이境항 2,664명, 하기萩항 2,640명, 우라가浦賀항 2,540명, 니가타新潟항 2,323명, 오타루小樽항 1,865명, 후시키伏木항 1,499명, 우수노우라臼の裏항 1,237명, 모지門司항 1,000명, 미이케三池항 994명, 시모노세키下關항 803명, 나나오七尾항 708명, 유노쓰温泉津항 103명 등이다. 여기에 나온 항구 중에는 나중에 인양원호국引揚援護局이 설치되지 않는 곳이 많으며, 개별적인 귀환자들 가운데 이 항구들 이외에도 선박 출발시킨 곳이 많이 존재한다. 또한 이들 선박의 종착점이 구체적으로 어디였는지 규명하고 있지 않다. 만약에 이 선박들이 일본을 건너 한반도에 들어왔다고 하면, 대부분 남부 해안, 특히 부산항이나 부산 인근 해변으로 귀환했을 것으로 보인다.

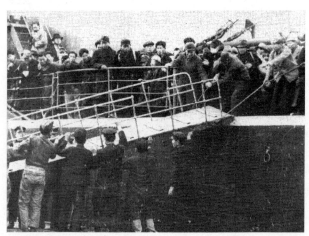

부산항에 상륙하는 조선인 귀환자

조선총독부의 귀환 대책

조선총독부는 일본 제국의 패전 직후에 재조일본인의 안전한 귀환에 총력을 기울였으며, 이에 반하여 조선인의 귀환에 대해서는 상대적으로 대책을 세우지 않았다. 일본 제국은 8월 15일 국민들에게 방송을 통하여 천황의 목소리로 직접 패전 소식을 알렸다. 조선총독부는 일찍이 8월 16일 조선에 거주하는 일본인의 수송계획을 발표하면서 군인을 우선적으로 수송하겠다고 했고, 민간인의 경우 부녀자에 한정하여 안전하고 조속한 수송을 추진했다. 일본 중앙정부의 귀환 대책이 오락가락 하는 사이에도 조선총독부 관료 중에서 조선 거주 일본인의 안전한 귀환을 계획한 일이 있었다. 해방 후 10일이 채 되지 않은 8월 24일, 일본 제국 정부는 연합국군사령부의 요구에 따라 전쟁종결 업무 연락을 위해 「종전연락중앙사무국」을 설치했다. 이와 마찬가지로 조선총독부는 8월 27일에 「종전사무처리본부」를 설치하고 그 하부부서로 총무부, 절충부, 정리부, 보호부를 두었다, 이 가운데 보호부가 시라이시 고지로白石光治郎 농상국장을 책임자로 하여 귀환 업무를 담당했다. 그러나 한반도 밖으로부터 한반도에 귀환해 오는 해외동포에 대한 대책을 세우지 않았으며, 일본인의 귀환 수송을 위한 열차·선박의 운행 통제와 피난민 수용소의 운영 관리 업무 등에 집중했다.

또한 조선총독부는 보호부의 관할 아래 8곳에 안내소를 설치하여 귀환자의 특별 수송을 위한 열차와 선박에 승차 승선할 수 있는 증명서를 교부했다. 그리고 안내소 소장에는 서울山村正輔, 부산一杉藤平, 대전提平太郎, 대구水野薰, 전주小泉弘, 광주木下麟太郎, 여수田所榮, 시모노세키竹內俊平 등을 임명했다. 안내소의 활동과 관련하여, 모리타 연구자는 1964년에 발행한 자료집『조선 종전의 기록』에서 "부산안내소가 애초에 일본에서 귀환하는 조선인의 접수도 실시했다"고 했지만,

조선인의 귀환원호 활동을 입증할 만한 근거로 제시하고 있지 않으며 구체적 활동 사례를 들지 않았다. 조선인 귀환자에 대한 원호 업무는 미군정과 조선인 민간 원호단체에게 맡기고, 오로지 조선총독부의 안내소는 일본인 귀환에 전념한 것으로 보인다. 10월 2일 부산 안내소의 소장은 아오야기 사가지靑柳嵯峨治로 바뀌고 과거의 안내소 업무를 인계받지만, 여전히 그들은 일본인 귀환자의 송출 업무에 전념했다. 1956년에 공개된 야마나 미키오山名酒喜男의 기록『조선총독부 종정의 기록1』에 따르면, 1945년 9월 1일에 결성된 부산 세화회에 대해 조선총독부는 국고보조금에서 100만 원을 지급했고, 그 가운데 부산 안내소가 50만 원을 사용했다고 했다.

미군정의 귀환 대책

해방된 지 3주가 지나서, 9월 9일 서울에 진주한 미군은 조선총독부의 기구를 물려받는 형태로 군정청을 조직해 갔다. 군정청의 외사과가 귀환 업무의 주무부서로 되었으며, 외사과 안에서도 난민과Displaced Persons Division가 귀환업무를 전담했다. 난민과 과장으로 윌리엄 게인Gane, W. J. 중위가 임명되었으며, 귀환업무 주임으로 베이어Beyer, R. I. 대위가 임명되었다. 9월 23일부터 업무를 시작한 난민과는 기획 및 특수계획반, 운영반, 통계정보관, 연락반 등의 하부부서를 두고 있었고, 로스Ross, M. J. 중위 등을 부산항으로 파견하여 부산에 진주한 40사단 병력과 지방 군정팀의 지원을 받으며 귀환자의 원호와 수송 업무를 감독하게 했다. 24군단의 지시에 따라 켈리Kelly, J. P. 소령을 지휘관으로 하는 미군 40사단 선발대가 부산에 진주해 들어왔다. 군정청 경남 도지사에 해리스Harris, C. S. 준장이 임명되어 9월 20일에 부임했으며, 군정청 부산 시장에는 켈리 소령이 임명되었다. 패전 당시 조선총독부 아래에서 부산부윤^{시장}을 역임한 도야마 오사무富山修는 1945년 12월까지 부산에 남아 군정청의 자문역을 담당했다. 부산항에서 군인 복원과 일반인 귀환에 관한 업무는 40사단의 160보병연대 인력이 담당했다. 40사단의 자료에 따르면, 일찍이 9월 25일에 부산 지역에서 만 명이 넘는 조선인 귀환자들이 미군의 보호 아래에 있었고, 9월 28일부터 10월 4일까지 한 주 사이에 37,738명이 부산항을 통해 한반도에 귀환한 것으로 되어 있다. 또한 40사단의 자료에 따르면, 10월 26일부터 11월 1일까지 한 주 사이에 56,000명에 달하는 조선인들이 부산항에 입항했고, 9월 28일부터 11월 15일까지 30만 명에 달하는 조선인 귀환자들이 부산항을 통과한 것으로 되어 있다.

실제로 10월 하순에 들어 26군정중대와 98군정중대 등 점령군 군정부대가 부산에 진주하기 시작하면서 점령군의 귀환 대책이 현실화되었다. 그러나 군정청도 한반도 안으로 들어오는 조선인의 귀환에 대해서는 조선인 원호단체에 맡기고, 오로지 일본열도로 빠져나가는 일본인의 귀환에 대해서 업무를 집중했다. 일찍이 해리스 준장은 9월 23일 다음과 같은 경고문을 발표하면서 재조일본인의 무질서한 개별적 귀환을 중단하고 오로지 연락선을 통하여 질서 있게 귀환하도록 촉구했다. 「현재 부산에 재주하는 일본인 군인과 시민들을 속히 본국으로 귀환시킬 작정이며 9월 24일 오전 10시부터 부산항 제1부두에 집합을 개시하고 휴대품을 수하물로 한정한다. 속히 준비를 완료하기 바라며 현재 성행하는 개별적인 선박의 운영은 절대로 금지한다. 금일부터 일본으로 도항할 선편은 연락선에 위탁할 뿐이며 그 승선권은 미군 군정당국에서 준비하고 있다. 밀항선에 대해서는 군정당국이 많은 감시선을 출동시켜 부산항 부근이나 부산-시모노세키 해상 노선 중간에 배치하여 엄하게 감시할 것이다. 감시대에 발각되는 밀선은 군정당국을 무시하는 무리로 간주하고 선체는 물론 탑재 화물까지 폭파할 것이며 승무원과 승객은 군정의 방침에 의거하여 엄중히 처벌할 것이다」

부산항의 미군 점령군

민간 원호단체의 귀환 대책

서울의 원호단체 결성 움직임과 연동하여 부산과 경남 지역에서도 지역단위의 원호단체들이 속출했다. 예를 들어 결성일은 분명치 않으나 일찍이 9월 중에 건국준비위원회 경남본부는 하부부서로 「귀환동포 경남구호회」를 운영하고 있었다. 『민주중보』는 이 단체의 임원으로 위원장 김동산, 부위원장 전성호·한진표, 총무부장 이춘남, 재정부장 김창규, 지도부장 왕치덕, 자재부장 박동구, 식량부장 박창원, 의무부장 박기출, 배식부장 최복순, 수송부장 김낙제 등을 거론했다. 10월 3일 경상남도 군정청은 원호단체의 난립 상황을 인지하고, 「귀환동포경남구호회』,「조선인민원호회 경남지부」,「조선재외전재동포구제회 부산사무소」,「귀국동포보호협회 경남본부」,「귀국동포경남불교구호회」,「민주중보사 구호위원부」 등 6개 단체만을 공식적인 원호단체로 인정하면서 이들 단체에게도 통합하도록 명령을 내렸다. 이렇게 하여 10월 하순 부산에서 통합적인 원호단체「조선귀국동포구호연합회」가 결성되기에 이르렀다. 다만 해방직후 한국의 언론에는 이 연합회의 원호활동이 일체 나오지 않고 있다.

군정청 외사과의 난민과장이었던 게인 중위는 1947년에 펴낸 그의 보고서 Repatriation에서, 1945년 12월 시점에 부산항에서 활동하고 있던 5개 원호단체를 거론했다. ①「기독교구제회」 대표 김홍성는 식사 제공과 귀환자 수용소 안내 등을 담당했다. ②「해외전재동포구제동맹」 대표 김동산은 일반 업무를 담당했다. ③「해외동포전재회」 대표 방수운는 의약 주사, 방역, 입원 가료 등을 담당했다. ④「귀국동포보호협회」 대표 조인지는 귀환자 수송을 담당했다. ⑤「기독교봉사회」 대표 윤정선는 부산 나병환자 격리 수용소를 담당했다. 이들 원호단체는 부산항 제1부두 근처의 창고를 조선인 귀환자를 위한 수용시설로 활용했다. 부산지방의 군정팀은 12월에 들어서 이들 5개 단체의 대표자들을 중심으로 하여 협의체를 구성하고 귀환자 원호활동을 지원했다. 귀환자 원호단체들은 여러 가지 형태로 활동 자금을 조달했다. 일반 대중이나 지역 유지들로부터의 성금과 함께 군정당국으로부터 재정 지원을 받은 것으로 알려지고 있다. 게인 중위는 군정청이 조선인 귀환자 원호를 위한 예산으로 처음에 9천 만 원을 배정했고, 이에 따라 1945년 10월 하순에는 서울과 부산에서 원호 단체들이 급속하게 증가했다고 전했다. 그러나 군정당국으로부터 어느 단체가 어떠한 형태로 얼마를 지급받았는지는 불분명하다.

부산항에서 귀향지까지

조선인 귀환자들은 대체로 다음과 같은 입국 절차를 밟았다. 그들을 태운 선박이 대부분 부산항 제1부두에 정박했다. 대규모 귀환 선박이 입항할 때에는 민간 원호단체에서 특별히 악단을 불러 귀환자 환영을 위한 연주를 하게했다. 부산항에 상륙한 귀환자들은 가장 먼저 DDT 분무기에 의한 소독을 받아야 했다. 그리고 부두 안에 설치된 환전소에서 일본은행권 화폐를 조선은행권 화폐로 1:1로 환전했다. 귀환자들이 공식적으로 휴대할 수 있는 금액은 1,000엔까지였으며, 이 금액의 한도 내에서라면 일본은행권 화폐를 조선은행권 화폐로 바꿀 수 있었다. 환전소의 운영시간이 오전 9시부터 오후 5시까지로 되어 있었기 때문에 오후 5시 이후에 상륙할 경우에는 다음 날을 기다려 환전해야 하는 경우도 발생했다. 일본은행권 화폐를 들고 나가는 행위라든지 암거래 환전 행위는 공식적으로는 불법행위였지만 실제로 단속을 피해서 이러한 불법행위가 널리 이루어진 것으로 알려지고 있다. 귀환자들의 회고에 따르면, 한반도의 암거래를 통한 환전에서 조선은행권이 일본은행권에 비해 훨씬 비싸게 거래되었다고 한다.

조선인 귀환자들의 귀향지가 각기 다른 지방이었기 때문에 부산항에서 직접 귀향하든지, 아니면 열차로 서울까지 일단 수송되었다가 각 지방으로 흩어지든지 하는 방식으로 연고지를 향해 갔다. 기본적으로 귀환자에 대한 열차 승차권은 무료로 배포되었으며 귀향을 지원하기 위하여 수송 차량이 배치되기도 했다. 군정당국은 1945년 12월이 되어서야 뒤늦게 수송계획을 세우기 위해 귀환자들의 연고지를 조사하기에 이르렀다. 12월 한 달 동안 게인 중위는 부산항의 귀환자들을 귀향지로 수송하기 위하여 차량 333대를 지원했다고 기록했다. 이때 군정당국이 조선인 귀환자들의 귀향지로 파악한 상황은 다음과 같다.

귀향지		귀향자 수 (명)	비율 (%)
지구	주요 도시		
중부	서울	6,930	6.9
	천안	5,857	5.8
남동부	안동	9,477	9.4
	대구, 경주, 포항	30,815	30.7
	삼랑진, 마산, 부산	22,425	22.4
남서부	대전	7,508	7.5
	광주	8,010	8.0
	순천	8,882	8.8
	군산	561	0.5
합계		100,465	100.0

부산역에서 귀향 열차를 기다리는 조선인

귀환자 정충해의 경우

부산항으로 돌아온 조선인 귀환자의 흐름과 이를 둘러싼 통제 구조를 간략하게 살펴보았다. 조선인 귀환자의 경우 일본인에 비해 비교가 되지 않을 만큼 아주 적은 사람만이 귀환에 관한 회고 기록을 남기고 있다. 조선인 귀환자의 기록 가운데 가장 먼저 공식적으로 인터뷰를 실시한 것은 2001년 10월부터 2개월간에 걸쳐 집중적으로 실시된 독립운동사연구소 보존 『식민지기 강제연행관련 구술자료』라고 생각한다. 아울러 2004년 11월에 발족된 국무총리실 산하 기구 「일제강점하강제동원진상규명위원회」가 기획한 구술 자료집과 심의 조서도 중요한 자료기 되고 있다. 그러나 이러한 자료 속에서 부산항의 구조나 귀환 절차에 관한 상세한 기록을 발견할 수 없다. 이러한 조건을 감안하면 필자는 비교적 상세한 귀환 과정이 나타난 것은 개별 귀환자였던 정충해가 1990년 11월 가와이출판河合出版에서 펴낸 『조선인 징용공의 수기』였다고 생각한다.

　정충해는 해방 직후인 9월 8일 일본 히로시마에서의 징용 노무자 생활을 정리하고 밀선인 목조 화물선을 타고 천신만고 끝에 닷새 만에 부산에 도착했다. 이때는 아직 미군의 부산 진주가 이뤄지지 않은

부산항을 빠져나오는 조선인 귀환자

상황에서 그는 자신의 회고록 가운데 부산항의 모습을 묘사하고 있는데 무엇보다 음식물이 풍성했다는 점을 기록했다. 그리고 부러운 시선으로 제1부두를 바라보는 자신의 모습을 기록했다. 「제1부두 앞을 지나면서 보니 해외로부터 돌아오는 귀환 동포들을 환영하려고 대성황을 이루고 있었다. 스피커나 메가폰으로 귀환하는 사람들의 가슴을 울리도록 연락선에서 내려오는 사람들의 손을 하나하나 잡아주면서 '수고하셨습니다. 고생하셨습니다'라고 위로의 인사를 했다. 그야말로 친척을 대하듯이 귀환 동포들을 맞아들이고 있는 것이었다. 거지와 같은 모습으로 이 광경을 바라보고 있자니 우리는 가슴이 아프고 분해서 참을 수 없는 심경이었다. 그 환영을 받고 있는 사람들은 커다란 연락선으로 그것도 무임으로 안전하고 호화롭게 고국에 돌아온 것이 아닌가……」

_3_
하카타의 귀환 조선인

　다음은 필자의 귀환 연구를 기초로 하여 패전직후에 후쿠오카현 하카타 항구에서 귀환자 설비가 어떻게 정비되었는지 논하고자 한다. 하카타 항구를 중심으로 하여 일본정부와 연합국군사령부SCAP가 일본 패전 직후에 일본인과 조선인 민간인 귀환자를 위한 원호설비를 어떻게 정비해 갔는지 살펴보려는 것이다. 이 글은 2015년 3월 일한문화교류기금이 엮은 『방일학술연구자 논문집』 제21권에 실린 「해방직후 하카타항구의 귀환원호체제 終戦直後博多港における引揚援護体制」 논문 내용과, 2017년 8월 고려대 한국사연구소가 엮은 International Journal of Korean History 22권 2호에 실린 논문 「일본의 귀환자 원호 제도화: 1945년 하카타 항구의 조선인과 일본인」(Institutionalizing Japan's Relief System for Repatriates: Koreans and Japanese at Hakata Port in 1945)의 내용을 축약한 것이며, 여기에 관련 사진들을 추가했다. 1945년 8월 15일 일본정부의 포츠담 선언 수락 발표 이후부터 같은 해 11월 15일 「후쿠오카현 임시 인양민 사무소福岡県臨時引揚民事務所」 설치에 이르는 석 달 동안을 주된 분석 대상 시기로 했다.

　이 글에서 주목하는 귀환자 설비는 부산항으로 귀환하기 위해 대기하는 민간인 조선인을 위한 원호 설비를 가장 우선으로 하고, 부차적으로 부산항에서 일본으로 들어가는 민간인 일본인 귀환자를 위한 원호 설비를 말한다, 그러다보니 일본 패전에 따른 일본군 육군과 해군의 복원復員에 대해서는 언급을 최소화 하고, 그 보다는 민간인 귀환자에 초점을 맞추고 있다는 것을 미리 언급해 둔다. 또한 귀환자 설비의 초기 정비를 주로 언급하다보니, 이들을 둘러싼 보상 문제나 이들이 귀환한 후의 사회적 문제, 그리고 1945년 11월 이후의 귀환자 원호 활동에 대해서는 그다지 언급하지 않는다. 일본의 중앙정부, 조선총독부, 후쿠오카현 지방정부, 점령군, 사회단체가 각각 패전직후 시기에 어떻게 귀환자 원호에 관여했는지 관련 자료로 입증하고자 한다.

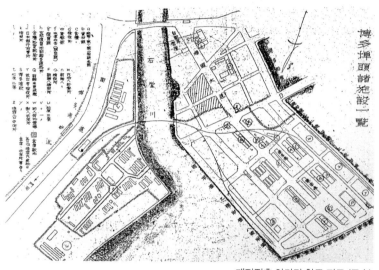

패전직후 하카타 항구 지도 (局史)

필자는 1980년대 후반 박사과정 하반기에서 해방직후 한일관계에 관한 연구를 일생의 과업으로 설정하고, 대체로 1990년부터 재일조선인과 재조일본인의 귀환과 전후 활동에 관한 연구를 시작했다. 1945년에서 1947년에 이르는 시기의 자료를 중심으로 하여 재일조선인의 민족주의 운동에 관한 대강의 흐름과 함께, 이와 관련하여 조선인의 귀환 움직임을 1993년에 박사논문으로 정리했다. 1994년부터 일본과 한국에 있어서의 귀환원호활동에 관한 연구를 시작하여,

해방 직후 부산항과 일본 센자키仙崎 항구의 귀환자에 관한 연구에 돌입했다. 2006년경부터는 후쿠오카 하카타 항구에도 연구 관심을 넓혔다. 당시 관련 분야에서 독보적인 위치를 차지하고 있던 규슈九州대학 법학부 이즈미 가오루出水薫 교수의 연구 협력을 받아 약 한 달 정도 후쿠오카에 체재하면서 해방직후 후쿠오카 지역의 재일조선인 단체 활동에 대해 자료와 인터뷰 활동을 실시했다. 그 후 한반도와 일본의 지역적인 귀환자 원호활동과 지역 간 원호체계의 연계를 중심으로 하여 연구결과를 모아 2013년에 저서 『일본인 세화회』를 펴냈다. 2014년에는 두 달 동안 후쿠오카에 체재하면서 인양원호국 기술을 현장 검토를 통해 확인하는 한편, 후쿠오카 점령군의 활동과 현지 매스컴 보도 등을 조사했다.

Tessa Morris-Suzuki 연구자는 패전 당시 66만 명 이상의 조선인 민간인과 함께, 36만 명 이상이 군인·군속·노무자 등으로 강제 동원되어 일본에 거류했다고 보았다.[54] 또한 Jun Uchida 연구자는 일본인 군인 350만 명을 포함하여 총 700만 명 이상의 일본인이 일본 본토를 떠나 있었다고 보았다.[55] 1947년 4월 하카타인양원호국이 폐쇄될 때까지 하카타 항구에 들어온 일본인 귀환자는 대략 140만 명이었다.[56] 조선인 귀환자의 경우에도 가장 많은 50만 명 정도가 하카타 항

---

[54] Tessa Morris-Suzuki, *Borderline Japan: Foreigners and Frontier Controls in the Postwar Era*, Cambridge University Press, 2010, p. 39.

[55] Jun Uchida, *Brokers of Empire: Japanese Settler Colonialism in Korea 1876-1945*, Harvard University Asia Center, 2011, p. 3.

[56] 인양원호국 폐쇄 이후에는 사세보와 마이즈루(舞鶴) 항구에서 귀환이 이뤄졌기 때문에 사세보가 전반적으로 하카타보다 약간 많은 일본인 귀환자 수(1,396,468명)를 나타낸다. 하지만 사세보의 우라가시라(浦頭) 항구의 통계에 따르면, 육군과 해군 복원자 수(637,589명)를 포함하고 있어 민간인 귀환자 수는 758,879명에 불과하다. 따라서 하카타는 일본인 민간인이 가장 많이 귀환한 항구인 것이다.

구에서 송출된 것으로 나타나 있다.[57] 일본인·조선인을 통틀어 민간인 귀환자의 경우 하카타 항구를 가장 많이 이용했다. 그리고 귀환 과정에서 하카타에는 다양한 귀환선이 출입했으나, 부산과 하카타를 연결하는 귀환 선박은 도쿠쥬마루德壽丸였다. 1922년 10월에 건조되어 부산과 시모노세키下関의 항로에 취항한 도쿠쥬마루는 1943년 6월에 부산과 하카타 사이의 항로에 투입되었다. 이 선박은 패전 후 점령군의 공식 허가를 받고 1945년 9월 2일 하카타 항구를 출항하여, 1945년 9월 3일에 부산에서 2,764명의 일본인 귀환자를 싣고 하카타 항구에 입항했다.[58]

일본의 후생성 산하에 「인양원호국」이 설립되어 귀환원호 업무를 통괄하게 되는 계기는 1945년 11월 24일이다. 하카타 항구의 귀환자 원호체계에 국한시켜 본다면, 11월 15일에 하카타 항구의 귀환원호를 통괄하는 조직으로 「후쿠오카현 임시 인양민사무소」가 설립되어 있었기 때문에, 지방 차원에서는 어느 정도 원호체계가 갖추어진 것으로 볼 수 있다. 이렇듯 지방 차원의 「인양민사무소」와 중앙 차원의 「인양원호국」이 이원적으로 활동하다가 이듬해 2월 「인양원호국」에 의해 통합되어 인원과 예산이 일원화되기에 이르렀다. 이에 따라 일본 국가 차원에서 체계적으로 귀환자의 입항과 송출 업무가 순조롭게 행하여지고 귀환에 관한 통계도 통합적으로 관리되었다. 이와 같은 조건 아래에서 수많은 연구들이 「인양원호국」의 통계를 인용하여 조사결과를 발표해 오고 있다. 다만 「인양원호국」이 설립되기까지의 과정에 대해서는 기존 연구에서 정리한 바 없다. 특히 미군

---

57 博多引揚援護局局史係,『局史』, 厚生省引揚援護院, 1947, p. 13.

58 福岡市役所(編),『福岡市史第五巻: 昭和編後編(一)』, 福岡市役所, 1970, pp. 415-416.

이나 조선총독부가 귀환자 문제를 어떻게 인식했으며 정책적으로 어떻게 현실화 하고자 했는지에 관한 연구는 나오지 않고 있는 것이다. 이러한 이유로 필자는 「인양원호국」 설립 이전의 귀환원호체계 정비 과정에 대한 연구를 추진했다. 해방직후 조선총독부와 일본정부가 많은 자료들을 없앴기 때문에 이 시기의 많은 정책들, 특히 귀환 관련 정책을 연구하는 데는 어려움이 따른다. 다만 자료의 결핍과 한계 상황 중에서도 가능한 자료를 찾아내는 것이 연구자의 과제라고 생각한 것이다.

초기 하카타 항구의 원호 연구를 위한 가장 중요한 자료로서는 단연코 『국사局史』를 꼽을 수 있다. 특히 이 책 부록에 실려 있는 「원호국 개설 이전을 말하는 좌담회」 기록은 초기 하카타 항구의 원호체계를 이해하는데 가장 중요하다고 생각한다. 1947년 4월 7일 오후의 기록으로 패전 후 19개월이 지나간 시점에서 술회한 것이기 때문에 여러 부분

하카타인양원호국(局史)

에서 부정확한 회상이 보이지만, 좌담회에 참석한 16명은 모두 초기 하카타 원호시설을 담당한 책임자였으며 비교적 선명한 기억을 가지고 있던 시기에 이처럼 좋은 기록을 남겼다고 극찬하지 않을 수 없다. 따라서 필자는 이 책의 신뢰성을 평가함과 동시에, 다른 자료들과 비교해 보면서 『국사』 내용을 분석해야 할 연구조사의 필요성을 느끼게 되었다.

또한 1945년 10월 27일에 현지사가 교체됨에 따라서 후쿠오카현

에서 사무인계서가 생산되었다. 사무인계서는 조선총독부의 활동과 후쿠오카현의 행정 실태를 이해하는데 아주 중요한 일차적 자료가 되고 있다. 『한일관계의 흐름 2013-2014』에서도 소개한 바와 같이 필자가 2014년 4월 초에 후쿠오카를 방문했을 때, 후쓰카이치시二日市에 소재한 합동공문서관은 해당 자료를 소장하고 있지만

후쿠오카현 사무인계서

「정리중」이라는 이유로 열람 불가하다는 안내원의 이야기를 듣고 숙소로 돌아와야 했다. 그러다가 그 해 연말이 되어 열람이 가능해졌다는 전갈을 듣고 일부러 부산에서 후쿠오카로 단기간 출장했다. 이 자료는 새로운 현지사에게 하부 기관의 사무들을 보고하는 것으로 해방 직후의 후쿠오카인양민사무소의 귀환 관련 행정과 점령군의 진주 상황을 알려주는 공식 문서이기 때문이다.

앞에서 언급한 이즈미의 연구는 1993년에 발표된 것으로서 이 분야에서 선구적인 작품이라고 할 수 있다.[59] 하카타 항구의 조선인 귀환에 관한 연구자로서 오늘날에도 그를 벗어나서 언급하기는 곤란하다. 그만큼 이 연구는 독보적인 위치를 차지하고 있는 것이다. 그런데 이 연구의 한계를 지적하자면, 그는 점령군의 역할과 활동에 대해서 약간만을 언급하고 있을 뿐이며 일본정부의 활동에 집중하고 있다.

59　出水薫,「敗戦後の博多港における朝鮮人帰国について: 博多引揚援護局「局史」を中心とした検討」,『法政研究』60(1), 1993年 11月, pp. 71-101.

어디까지나 국가적으로 「통일된」 인양원호국의 통계를 염두에 두고 자료를 읽어나갔다고 말할 수 있다. 이렇다보니 이즈미는 패전직후 점령군이 후쿠오카에 들어오기 전에 이미 재조일본인의 귀환 문제에 관심을 두고 있던 조선총독부의 역할과 활동에 대해서 아예 언급을 회피했다는 문제점을 안고 있다.

이 밖에 연구서라고 말하기는 어렵지만, 조선인의 귀환에 관한 많은 이미지 자료를 제공하고 있는 것으로 1983년 기무라 히데아키木村秀明의 사진집을 거론하지 않을 수 없다. 이 사진들은 미군 해병대에 소속되어 있던 카메라맨이 촬영한 것이다. 1975년 경 오타 마사히데大田昌秀의 자료 요청에 대해 미국 공문서관이 유상으로 양도할 것을 결정하고 일본에 자료를 보내자, 이 자료 가운데 후쿠오카 관계 사진만을 선택하여 사진집으로 출간한 것이다. 이 단체는 2011년에 미야케 히토미三宅一美 등의 사진을 추가하여 사진집 『하카타항 귀환』을 내놓았고, 2016년에는 『그때로부터 70년: 하카타항 귀환을 생각한다』를 출간했다. 계속하여 2018년에 귀환자 15명의 회고록을 담아서 『그때로부터 73년: 15명의 전후 귀환 체험기』를 출간했으며, 2020년에는 귀환자 23명의 회고록을 담아서 『그때로부터 75년: 전후 귀환과 원호, 23명의 체험기』를 출간했다.[60]

---

60 木村秀明, 『進駐軍が写したフクオカ戦後写真集』, 西図協出版, 1983年, pp. 1-128; 木村秀明, 『米軍が写した終戦直後の福岡県』, 引揚港·博多を考える集い, 1999年, pp. 1-96; 引揚港·博多を考える集い, 『博多港引揚』(九州アーカイブスA), 図書出版のぶ工房, 2011年, pp. 1-119; 引揚港·博多を考える集い, 『あれから七十年: 博多港引揚を考える』(九州アーカイブスB), 図書出版のぶ工房, 2016年, pp. 1-128; 引揚港·博多を考える集い, 『あれから七十三年: 十五人の戦後引揚体験記』, 図書出版のぶ工房, 2018年, pp. 1-182; 引揚港·博多を考える集い, 『あれから七十五年: 戦後引揚と援護, 二十三人の体験記』, 図書出版のぶ工房, 2020年, pp. 1-189.

한편 후쿠오카 시민단체 「귀환항·하카타를 생각하는 모임」은 2011년부터 상설전시관과 인터넷을 통하여 귀환자의 물건과 사진을 일반에 공개하고 있다. 이와 함께 1945년 10월 24일에 후쿠오카에 진주해 온 미군 제32사단이 촬영한 것으로 보이는 15분 상당의 16밀리 필름 일부를 일반에 공개했다. 이 필름은 미국 공문서관에 소장되어 있는 것이다. 또한 후쿠오카에 소재하고 있는 TV방송국 RKB는 일찍이 1978년 6월 28일에 「귀환항 하카타만」을 제목으로 하여 다큐멘터리를 방영한 일이 있다. 같은 방송국은 2012년 6월 17일에 새로 공개된 점령군의 필름을 소개하면서 34년 전의 다큐멘터리를 이어받는 형태로 귀환자의 회상을 중심으로 다큐멘터리 작품을 방영했다.

패전직후 일본정부의 소극적인 귀환대책

『국사』의 본문에는 귀환자 원호의 측면에서 해방직후의 일본정부의 대응에 대해서 언급이 없다. 다만 이 책 부록의 좌담회 기록에서 중앙정부가 너무나도 소극적이었다는 점을 밝히고 있다. 포츠담 선언을 수락할 때, 일본정부는 해외거류민에 대한 조치로서 「현지정착방침」을 대외적으로 내세우고 있었으며 귀환자 원호 대책은 전혀 마련하지 않은 상태로 패전을 맞았기 때문이다. 8월 15일에 발표된 「조서」 중에서 「견디기 어려운 것을 견디고 참기 어려운 것을 참아냄으로써 만세를 위하여 태평을 열기 바란다」고 한 것은 해외 거류민의 「잔류」를 전제로 하는 것이었다. 그러나 이미 패전직전부터 소련과의 접전지역에서는 서둘러 일본으로 피난하려는 움직임이 나타났으며, 패전에 따른 「불온한」 상황에 위험을 느끼고 일본본토에서 가장 가까운 남조선 지역에서도 많은 일본인들이 귀환을 서둘렀다. 부산지방

교통국의 자료에 따르면, 패전직후 기범선機帆船을 타고 위험한 귀환 항해를 감행한 일본인들이 셀 수 없을 만큼 많았다고 한다.[61]

또한 『국사』 좌담회 기록에 따르면, 후쿠오카현 사회과의 요시타케吉武는 「패전직후는 물론 연락선에 의한 집단 귀환이 시작된 10월 이후에도 한반도에서 넘어오는 일본인 귀환자의 경우, 대형·중형 암선을 타고 개별적으로 귀환한 자가 집단 귀환자보다도 훨씬 많았고, 특히 하카타 항구의 경우, 니시코엔西公園 부근에 쇄도했다」고 전하면서, 이토시마糸島 연안에서 가스야粕屋·무나카타宗像·온가遠賀 등의 해변에 걸쳐 상륙하는 사람이 많았다」고 보고를 들었다고 했다. 따라서 패전 후 일찍이 이러한 개별적인 귀환자의 상륙지에 후쿠오카 현청 직원을 내보내 일본인 귀환자들에게 「귀환증명서」와 「외식권」을 배급했다고 말했다. 전쟁 중에 하카타 항구 주변에 부설된 기뢰의 수가 대략 288개였다고 하며, 패전 당시 일본 근해에 미군이 부설한 6천 개 이상의 기뢰와 일본군이 부설한 5만 5천 개 이상의 기뢰가 남아 있었다. 패전이 되자 일본 해군은 전투의 일환으로 기뢰 제거에 나섰는데, 소해掃海 능력은 턱없이 부족했다. 8월 19일의 SCAP 지령 제1호와 9월 3일의 지령 제2호에 따라, 9월 18일 해군성 군무국軍務局 안에 소해부가 설치되었고, 10월 6일부터 지방 소해부가 사세보 진수부鎭守府를 비롯하여 요코스카橫須賀·구레呉·오사카大阪·오미나토大湊 등에, 소해 지부가 하카타 등에 각각 공식적으로 소해 작업을 실시하기 시작했다.[62]

61 本山実, 「終戦前後の釜山埠頭」, 鮮交会(編), 『朝鮮交通回顧録: 終戦記録編』, 鮮交会, 1976年, p. 276.

62 航路啓開史編纂会(編), 『日本の掃海: 航路啓開五十年の歩み』, 国書刊行会, 1992年, pp. 70-71.

이처럼 9월 시점에서는 하카타 항구 주변의 기뢰가 제거되지 않았을 뿐 아니라, 패전직후의 악천후가 계속되었기 때문에 개별 귀환은 생명의 위험을 동반했다. 실지로 일본인 귀환을 위한 선박 중에 고네이마루江寧丸·간슈마루甘州丸 등이 기뢰를 건드려 손상을 입었다. 그런데 이러한 위험 상황 속에서도 재조일본인의 동요에 대응하기 위하여 조선총독부는 연락선에 의한 귀환자 수송 촉진을 감행하지 않을 수 없었다. 총독부 교통국은 8월 16일부터 매일 아침 6시 50분에 경성역 출발, 부산역 도착 열차를 귀환자 수송을 위한 특별 열차로 지정했다.[63] 이에 따라 부산 지방교통국은 8월 17일 긴급회의를 열고 귀환 선박의 조달을 결정하고 8월 24일에는 메이유마루明優丸·에이쇼마루永昌丸·부타야마마루豚山丸 등 화물선 27척에 일본인 귀환자를 실어 일본에 나르게 했다. 이 화물선은 패전 당시 「선박위원회」와 아카쓰키曉 부대에 배속되어 있었는데, 아카쓰키 부대가 해체됨에 따라서 모두 「선박위원회」 소속으로 통일되었다.

이어 총독부 교통국은 연락선을 관할해 온 히로시마広島 철도국에 대해 이제까지 중단된 연락선 운행을 재개하도록 요청하고 대형 연락선에 의한 귀환자의 대량 수송을 꾀하게 되었다. 그 결과 스사須佐에 정박하고 있던 대형 연락선이 패전 이후 귀환 선박으로 활약하게 되었다. 패전 후 최초의 귀환 선박으로 기록되고 있는 고안마루興安丸가 8월 20일 스사를 떠나 부산항에 입항했고, 일본인 귀환자들을 싣고 8월 21일 센자키仙崎 항구에 입항한 것으로 되어 있다. 이때 스사에서 조선인 군인이나 민간인을 실었는지, 부산항에서 몇 명의 일본인 귀

63　森田芳夫, 『朝鮮終戰の記錄: 米ソ両軍の進駐と日本人の引揚』, 嚴南堂書店, 1964年, p. 122.

환자를 실었는지는 불불명하다. 한편 도쿠쥬마루는 스사에서 하카타 항구로 이동하여 8월 22일 조선인 귀환자들을 싣고 부산을 향해 출항했으며 같은 날 오후에 하카타 항구에 다시 입항한 것으로 되어 있다. 다만 도쿠쥬마루에도 얼마나 귀환자를 태웠는지에 대한 기록은 없다. 모리타 요시오森田芳夫는 1964년 저서에서 만주 파견부대 약 5000명, 일본인 민간인 200명, 하얼빈 방역급수부 요원 약 200명, 공주린公主嶺 간부고육대 2부대원 약 200명, 만주 관동군 관계자 가족 약 2000명이 타고 있었을 것으로 추측했다.

후쿠오카현 사회과 임원이던 요시타케는 선박의 이름을 특정하지는 않았지만, 「첫 선박이 8월 22일에 접안했다」고 밝히고 있다. 9월도 되기 전이며 점령군의 한반도 진주 이전이었던 8월 23일, 24일, 28일, 30일에, 약 2,500명 정도의 귀환자가 하카타 항구에 들어온 것이다. 점령군 선견대가 아쓰기厚木 비행장에 도착한 것은 8월 28일이며, 맥아더 MacArthur 본대가 일본에 진주한 것은 8월 30일이었다. 요시타케는 민간 귀환자에 대한 현청 당국의 대응에 관하여 후생성 등 중앙정부로부터 아무런 지시가 내려오지 않았기 때문에 「현에서 알아서 적당히 했다」고 회고했다. 후쿠오카 현청은 과거 전시 중에 「이재증명서」를 발급했던 것을 참고로 하여 사회과장 명의로 일본인 귀환자를 위해 「귀환증명서」를 발부했다. 또한 패전 당시 「선박위원회」 후쿠오카 지부의 직원이던 나이토 다쓰노신內藤辰之進도 패전 후 처음으로 하카타 항구에 들어온 것은 도쿠쥬마루라고 밝히고, 「해군에 의해 일부 소해 작업을 하고 있었는데, 어느 코스가 안전한지 검토한 후에 종래 2000톤급 이상의 선박을 운행시키지 않았던, 노고노시마殘の島와 메이노하마姪浜 사이의 좁은 해협을 이용하여 하카타 항구에 들어왔다」고 회고했다.

패전 당시 후쿠오카현의 민생과장이었던 기도 데이조城戸諦藏는

「민생과가 알선하여 처음으로 승선한 조선인은 8월 22일의 300명 정도였다」고 증언했다. 이러한 증언들을 대조해 보면, 8월 22일 처음으로 하카타 항구를 출항한 도쿠쥬마루에는 300명 정도의 조선인 귀환자가 타고 있었고, 8월 24일 다시 입항할 때에는 약 2,500명 정도의 일본인 귀환자가 타고 있었다고 할 수 있다. 다만 고안마루가 부산항에 들어왔을 때 조선인이 타고 있었다는 기록이 아직도 발견되고 있지 않은 것을 생각하면, 패전 후 처음 연락선으로 부산항에 들어온 조선인 귀환자는 도쿠쥬마루에 의해 하카타 항구에서 승선한 사람일 것으로 보이며, 이때 조선인 승선자는 거의 일본군에 속해 있던 복원자이었을 가능성이 높다.

조선총독부는 자체적으로 귀환자 수송 대책을 세움과 동시에 일본 정부에 대해서 귀환자 쇄도에 따른 긴급 수송을 요청했다. 결과적으로 요청이 실현되지 않자, 총독부의 총무과장은 8월 22일 비행기로 도쿄에 가서 운수성 차관을 면담하고 긴급 수송 선박의 배치를 요청했다. 수송 수단의 긴급 배치가 어렵다는 설명을 듣고 총무과장은 연락선 항로를 이용하여 만주지역과 한반도에서 귀환자를 수송하자고 제안했다.[64] 일본 정부가 패전 후 처음으로 공식으로 귀환문제를 논의한 것은 8월 21일 차관회의 때였다. 이날 신설된 내무성 종합계획국과 관리국이 귀환자 수송문제를 전담하기로 했으며, 조선인 징용자의 징용 명령을 해제하기로 한 것이다. 이 밖에도 「군사보호원」이 기존 육해군 병원 업무를 계승하기로 했으며, 항만 검역 업무와 군용 의약품 관계 업무를 후생성이 담당하도록 했다. 나아가 8월 24일 차관회의는 군인 군속의 복원 업무와 해외 일본인의 취직 업무를 담당

---

64 최영호, 『일본인세화회: 식민지조선 일본인의 전후』, 논형, 2013년, pp. 84-85.

할 조직으로서, 후생성 차관을 위원장으로 하는 「임시 복원 대책위원회」를 설치하기로 결정했다. 또한 8월 30일 차관회의는 상륙지 지방장관에게 숙사·식량·의료·철도수송·외환·취직 알선 등을 맡기기로 하는 「외지 및 외국 재류 일본인 귀환자 응급 원호조치 요강」을 결정했다. 이 요강에 따라 조선총독부 도쿄출장소·대만총독부 도쿄출장소·사할린청 도쿄출장소 등 관련기관과 협력하여 민간인 귀환문제에 대응하기로 했다.[65]

점령군의 진주에 따라 8월 24일 밤부터 일주일 동안 일본과 대륙 사이의 선박 이동이 금지되었기 때문에 일본정부는 귀환자 원호활동을 전적으로 지방정부에 맡기게 되었다. 일본정부가 전쟁 말기에 일본인 전재자들에 대한 원호활동을 전적으로 지방정부에 맡겼듯이 패전 후 귀환자 원호활동을 지방정부에게 맡긴 것이다. 이와 함께 일본에 거류하는 조선인·중국인·대만인에 대한 대응은 귀환 업무를 포함하여 지방정부의 민생과와 경비과에 맡겨졌다.

패전직후 후쿠오카현의 귀환 대책

하카타 항구는 전시 중에 육해군의 통제 아래 있었으나 전쟁 말기의 공습과 패전 직후 통제력 상실로 인하여 귀환 선박의 출입을 통제할 만한 기구가 존재하지 않았다. 일반적으로 바다를 운행하는 선박조차 횡적인 연락체계를 갖지 않은 상태에서 제멋대로 운행하여 항구 안에서 크고 작은 사고가 연달아 발생했다. 여기에 다가 패전직후에 발생한 재일조선인의 귀환 쇄도와 대륙으로부터의 일본인 귀환문제

---

65 加藤聖文, 「大日本帝国の崩壊と残留日本人引揚問題: 国際関係のなかの海外引揚」, 増田弘(編), 『大日本帝国の崩壊と引揚·復員』, 慶応義塾大学出版会, 2012年, pp. 16-19.

가 추가되어 하카타 항구는 혼잡을 극대화 했다. 컨트롤 타워가 없는 가운데, 「선박운영회」 소속의 화물선에 의한 해외 귀환자가 입항하더라도 후쿠오카현은 패전직후에는 방파제에 직원을 내보내는 등의 조치를 취하지 않았다.

이러한 상황에서 8월 22일 하카타 항구에 입항한 조선총독부 관계자가 직접 후쿠오카 현청을 찾아가서 「하등의 대응도 하지 않고 있다」고 항의하는 사태를 발생시켰다. 그 이후 후쿠오카현은 하카타 항구에 직원을 내보냈는데, 9월에 들어 공식 귀환 선박이 입항할 때까지는 귀환 선박에 관한 아무런 통지도 없었기 때문에, 담당직원이 현청 옥상에서 하카타 항구를 망보다가 귀환 선박의 입항을 확인하게 되면 건빵과 「외식권」·「귀환증명서」 등을 지참하고 항구 안의 암벽에 뛰어가는 모습을 보였다. 또한 후쿠오카현 민생과는 8월 22일부터 한반도에서 들어오는 화물선을 알선하여 조선인을 태워 그를 한반도로 귀환시켰다. 따라서 패전직후에는 현청 직원에 의한 귀환자 환송식이나 환영식 따위를 전혀 실행할 수 없었다.

또한 「선박운영회」가 주체가 되어 귀환을 위한 선박으로 화물선 수배를 담당했다. 『국사』 가운데 나이토는 「선박운영회 소속 27척의 화물선이 일찍부터 한반도로부터 귀환자들을 날랐다」고 밝혔다. 그는 만 톤급 화물선인 메이유마루·에이쇼마루를 비롯하여 크고 작은 배들이 패전 때 대부분 한반도에 피난해 있었지만, 8월 18일부터 8월 24일까지 「승객과 화물을 가득 싣고 하카타 항구에 들어왔다」고 했다. 그는 어디로부터의 지령도 없었고 패전과 함께 한반도 방면으로 연합군이 진주할 것이라는 소문에 편승하여, 거류민들이 하카타 항구에 상륙했다고 했으며, 「선박운영회」 소속 선박 가운데 점령군이 진주한 후 정식으로 귀환자 수송선으로 하카타에 입항한 것은 9월 15

일 운젠마루雲仙丸였다고 했다.

　귀환 선박이 하카타 항구에 들어오면, 대체로 후쿠오카 현청에서는 다음과 같은 대응을 보였다. ① 현청 직원이 항구에 나갔다. 정기적인 귀환 선박의 출입 때까지는 중앙정부의 지시도 있었기 때문에 상륙항을 가지고 있는 지방관청으로서 무언가 조치를 취해야 했기 때문이다. ② 현청 사회과를 통하여 「귀환증명서」를 발행했다. 나중에는 다른 지방으로부터 「귀환증명서」의 견본이 되는 등 귀환자에게 필수적인 서류가 되었다. ③ 임시 식량과 숙사를 배정했다. 후쿠오카 현청 후생과를 중심으로 「외식권」을 급조하여 귀환자에게 응급식사를 할 수 있도록 했으며, 후쿠오카 시내의 사찰과 교육시설과 교섭하여 귀환자들에게 귀향까지의 임시 숙박시설을 제공했다.

　하지만 후쿠오카 현청은 일본에 거류하고 있는 조선인 귀환 대기자에 대해서는 그다지 적극적인 태도를 보이지 않았다. 현청의 민생과는 전쟁 이전부터 현내 조선인 피징용노무자를 비롯하여 일반 재일조선인 문제를 담당해 온 부서이다. 패전직후에 하카타 항구에 몰려왔지만, 곧 바로 귀환할 수 없는 사람들은 항구 부근에서 노숙을 하거나 암시장을 열거나 하여 항구 주변 지역에 혼란을 가중시켰다. 이에 따라 9월 5일 민생과는 이시도가와石堂川 맞은편에 위치한 마사회馬事会 소속 건물을 빌려 출장소 사무실을 개설했다. 민생과는 지역 흥생회興生会와 협의하여 하카타 흥생관興生館 등에 임시 숙박 시설을 마련하고 급식·승선 등의 업무를 행했다.[66] 그러나 도쿠쥬마루에 의한 대규모 수송이 시작되자 하카타 항구에 몰려드는 조선인이 더욱 많아졌

66　福岡市役所(編), 『福岡市史第五卷：昭和編後編(一)』, 福岡市役所, 1970年, p. 417.

다. 따라서 민생과는 9월 6일부터 사무실 근처의 마구간을 조선인 귀환 대기자들의 임시 숙사로 활용했다. 하지만 이 마구간은 더럽고 불결한 곳으로서 볏짚을 깔고 침구 대신으로 사용해야 했고 모든 목재가 땔감으로 쓰여 바람을 피할 칸막이도 없었다.[67] 민생과는 조선인 귀환 대기자에게 있어서 우선 비를 피할 수 있는 장소였다고 강변했다. 마구간은 조선인과 일본인을 격리할 수 있는 형편이 좋은 시설이었음에 틀림없다.

점령군의 후쿠오카 진주

패전직후 하카타 항구 안에서 무질서 상태가 종결된 것은 10월에 들어서 점령군이 후쿠오카에 진주한 후 항구의 컨트롤 타워 Port Director Office가 설치되고 나서였다. 연합국군사령부의 사령관 맥아더MacArthur 원수가 일본에 상륙한 것은 8월 30일이었는데, 후쿠오카에서는 9월 15일이 되어서 점령군이 모습을 나타냈다. 이날 후쿠오카 무시로다蓆田 비행장에 연합국 포로의 송환을 위하여 수송기가 내린 것이다. 후쿠오카에서 점령을 시작한 부대는 미군 제5해병사단 제28연대였고 그 산하의 제29군정부대와 보병 32사단과 제37군정부대였다. 9월 21일 그 선견대가 후쿠오카에 들어왔으며 사세보 항구에 정박해 있던 본대는 그 다음날부터 사세보에 상륙하기 시작했다. 제5해병사단장 로빈슨Robinson 준장은 일찍이 9월 23일 후쿠오카를 방문하여 부대설치를 준비했다. 그는 9월 24일자 『서일본신문』 2면에 검소한 식사와 복장을 하고 사진을 올렸다.

9월 30일 아침 제5해병사단 제28연대 본대의 제1진 300명이 갤

---

67   이홍섭, 『딸이 전하는 아버지의 역사』, 논형, 2018년, pp. 248-258.

런Gallan 소령의 지휘 아래 임시열차를 타고 후쿠오카에 진주했다. 본
대는 가시이香椎에 있는 일본 육군 군수창에 집결했으며, 일찍이 사
세보의 임시사령부로 돌아간 로빈슨 준장은 제28연대 제2진과 합류
하여 제1진의 도착 1시간 후에 후쿠오카에 들어왔다. 다음날인 10월
1일, 현청의 서측 별관 회의실에서 점령군 지휘관과 현지사 야마다
슌스케山田俊介 사이에 회담을 갖고 후쿠오카 점령군 사령부를 현청
근처의 고급 요정 잇포테이一方亭에 두기로 결정했다. 그리고 하워드
Howard 소령을 대표로 하는 제29군정부대 사무실을 텐진天神의 치요
다千代田생명 빌딩에 두었다. 또한 맥브라이트MacBright 준장을 사단장
으로 하는 제32보병사단의 병력은 10월 14일에 사세보에 들어왔고
제5해병사단으로부터 후쿠오카-모지門司 지구의 점령을 인계받았
다. 이 부대는 10월 24일 후쿠오카시에 사령부를 개설했으며 제5해
병사단으로부터 나머지 후쿠오카현과 야마구치현山口県·오이타현
大分県의 점령업무를 인계받았지만, 이듬해 1월 31일 제2해병사단에
업무를 인계하고 해체되었다.

　도쿄의 SCAP은 귀환자 수송과 원호 문제에 대해 대체로 소극적으
로 임했다. SCAP은 일본정부에 대해 지령을 통해 간접적으로 통치
하는 방식을 취했기 때문이다. 9월 25일 SCAP은 처음으로 지령을 내
려 한반도에서 사세보로 입항하는 복원자에 대해서, 그 접수 절차·처
리·완료 등의 계획을 전달했다. 소위 참모 제3부가 내놓은 SCAPIN-
54RADIO DIRECTING JAPANESE GOVERNMENT TO MAKE ARRANGEMENTS
TO RECEIVE, PROCESS AND CONSUMMATE REPATRIATION OF JAPANESE TO BE
LANDED AT SASEBO FROM KOREA를 가리킨다. 같은 날 참모 제3부는 남한
에서 무장 해제된 일본군 병사를 9월 27일부터 하루에 4천 명씩 부산
에서 일본으로 송환한다고 하는 송환 계획과, 복원 병사들을 나르는

일본 해군의 선박에는 해군 깃발이 아니라 일본상선 깃발을 내걸라고 하는 지시를 전달했다. 일본인 민간인 귀환에 관련된 지령으로는 9월 27일에 SCAP경제과학국이 내놓은 지령으로, 소위 일본인 귀환자가 일본 국내에 반입할 수 있는 통화와 재산을 제한하고, 일본인 귀환자를 위한 선박의 수를 제한한다는 것이었다. 이를 통해 점령당국은 9월 하순부터 민간인의 귀환 문제에 대해서 대책을 강구하기 시작했다는 점이다.

한편 후쿠오카에서는 지방점령군의 진주가 늦게 이뤄진 점도 있어서, 도쿄 점령당국의 지시를 충실하게 따랐고 원활한 귀환자 수송에 관하여 대체로 적극적인 태도를 취했다. 아직 구체적인 관련 기록을 찾을 수는 없지만, 점령 초기에는 재일조선인 단체 등으로부터도 후쿠오카현이나 점령군에 대해서 대체로 순응적이었을 것으로 보인다. 다만 하카타 항구에 나타난 조선인 귀환 대기자의 참상이나 한일 간 민족 차별의 실태를 알리고자 하는 움직임이 있었을 것으로 보인다. 일찍이 패전직후 남한으로 돌아간 피징용 노무자는 각지에서 미수금의 지불과 귀환 과정에서 겪은 민족차별을 호소하면서 한반도에 「잔류」하는 일본인들을 직간접적으로 위협했다. 9월 중순부터 남한에서 미군에 의한 일본군의 무장해제가 시작되자 「잔류」 일본인의 상황은 더욱 더 악화되었다. 예를 들어 경상북도 도지사를 역임하고 있던 김대우金大羽가 9월에 후쿠오카 현청에 서한을 보내, 「일본에서는 조선인을 매우 학대하고 있다고 하는데, 그렇다면 이쪽에도 생각이 있다」고 했다고 한다. 요시타케는 8월부터 10월까지 조선인에 대해 식량·피복·따뜻한 차 등에서 일본인과 차별했다고 하는 사실을 인정했다. 그러나 민생과장 기도는 점령군의 민족차별 지적에 대해서, 「일본인 귀환자는 모두 도둑을 당하여 헐벗은 상태로 돌아온 것에 반하여, 조선인 귀환자에 대해서는 옷을 훔친다든지 해를 입히거나 하지 않고 있다」라며 이를 반박했다.

기도 데이죠 (局史)

이러한 상황 속에서 후쿠오카 점령군은 먼저 조선인 귀환 대기자들을 위한 수용소를 정비하는 일에 나섰다. 기도는 점령군의 최초 활동에 대하여『국사』에서 비교적 자세히 언급했다. 후쿠오카에 진주한 지 열흘이 지난 10월 10일, 제28연대 소속 디쯔Deats 중위는 먼저 조선인 수용소인 마구간을 시찰했다. 너무도 비참한 상황을 직접 보고 나서 그는 수용소 이전을 현청에 지시했으며, 대체할 장소를 찾아 내무부장과 민생과장을 지프에 태워 하카타 항구 주변을 돌아다녔다. 그가 부두 가운데 하나의 창고를 이전할 장소로 제안하자, 민생과장은 부두의 본래 기능이 우선한다는 점과, 곧 마구간을 수리할 예정이라는 점을 이유로 들면서 반대 의향을 밝혔다. 결국 점령군의 강한 의사에 굴복하고 10월 12일부터 조선인 수용소를 이전하게 되었다. 디쯔는 10월 12일 조선인 귀환 대기자들을 집합시켜 대화에 나섰고, 조선인에게도 원활한 귀환 추진에 협력할 것을 지시했다. 이날에 모인 조선인 수는 민생과의 추산으로 15,000명 정도였다고 한다. 이때 조선인 단체로서 「귀국동포구호회」가 참가했고, 민생과는 이 단체와의 협의를 통해 부두에서의 원호 환경을 정비해 갔다. 10월 13일 디쯔 중위는 새로 이전한 조선인 수용소를 청소하게 하고 부대원에게 수용소 앞을 배경으로 하여 영상을 촬영하게 했다.

패전직후 하카타 항구의 조선인

이날 디쯔는 후쿠오카 현청에 대해 다음과 같은 지시를 내렸다. ① 부두 내에 설립된 창고는 모두 조선인 귀환 대기자의 숙소를 쓸 것, ② 일본인 귀환자는 상륙 후 부두 외의 일정 장소까지 걷게 하고 부두역이 아니라 다른 역에서 열차에 승선시킬 것, ③ 부두 내 정리 정돈을 속히 완료할 것, ④ 조선인 귀환 대기자들에게 급식을 충분히 제공할 것. 이 뿐 아니라 11월 6일에 점령군은 인양사무소 하카타출장소를 설치하고 현장점검을 실시하기도 했다. 11월 15일에는 후쿠오카현의 임시인양민사무소가 설립되어 부두 입구의 쓰다津田산업 창고를 사무실로 사용했다. 이에 따라 처음으로 귀환자의 접수·송출·검역·배급·숙소알선·국내수송 등 귀환자 원호업무가 통합되었고, 관련 업무의 일원적 운영을 위한 절차가 시작되었다. 이에 따라 부두 내 암시장은 철거되었다. 암시장은 조선인에 대한 식량 배급이 실시되지 않는 상황에서 마구간 수용소 시절부터 자연스럽게 형성되어 조선인과 일본인들로 붐볐던 곳이다. 이어 11월 19일 점령군은 일본에 남을 조선인과 귀환해 갈 조선인을 철조망으로 분리시켰다. 이때 철조망은 처음으로 점령군의 지원을 받는 귀환조선인과 점령군의 지원을 받지 않는 재일조선인을 서로 분리시키는 경계선이 된 것이다. 조선인 귀환 대기자의 수용소가 부두 내부로 이전된 것에 맞추어, 민생과·지방경찰서·「귀국동포구호회」 등의 사무실도 부두 바깥으로 밀려났다.

더욱이 일본정부는 보다 강력한 귀환 통제의 필요성을 인식하고 11월 24일 후생성 고시告示 제127호에 따라 「인양원호국」을 두어, 종래 육해군과 지방정부에 분할되어 있던 원호업무를 모두 후생대신의 책임으로 통일시켰다. 다만 「인양원호국」의 설치와 동시에 업무 통일이 즉각 이뤄진 것은 아니다. 하카타의 경우, 후쿠오카현 임시인양민사무소가 그 후에도 지속되어 이원적으로 귀환자 원호업무를 담당했다. 1946년 1월 초에 「인양원호국」 직원의 발령과 함께 점차 이 조직으로 원호업무가 집중되다가 1월 말에 전면적으로 업무 이관을 완료하고 2월 1일부터 전면적으로 통합되기에 이르렀다.

마지막으로 조선인 귀환자 원호단체인 「귀국동포구호회」를 살펴보자. 이 단체는 후쿠오카 흥생회의 간부였던 남정우南正祐를 대표로 하여 1945년 10월 초에 결성된 것이었다. 남정우는 전쟁말기 고철회사 사장을 역임했고 협화회協和会 관련 활동에 개입하는 등 「전쟁협력자」임에 틀림없다. 그러나 그는 너그러운 인품으로 비교적 좋은 평가를 받았고 조선인 동포사회에 널리 알려진 인물이다. 일본의 패전과 더불어 후쿠오카현 민생과의 지도를 받으면서 조선인 귀환원호 업무에 관여했고, 「귀국동포구호회」를 설립한 이후로는 조선인 귀환 대기자와 후쿠오카현 행정당국을 적극 중재했다. 『국사』 가운데에서도 관계자들은 귀환자 원호체계의 정비 과정에서 이 단체의 역할을 대체로 높이 평가했다. 도쿄에서 10월 17일에 전국대회를 개최한 「재일본조선인연맹」 조련은 그날 제1회 중앙위원회 결정으로 하카타 항구에 출장소를 개설하기로 결정했으나, 활동 중인 「귀국동포구호회」와 대항할 조직을 만들 이유가 없었기 때문에 출장소를 따로 설립하지 않았다. 「재일본조선인연맹」의 후쿠오카현 지방본부가 결성된 것은 다른 지역에 비해 아주 늦은 12월 17일의 일이며, 이때 남정우는 지방본부 초대 위원장으로 선출되었다.[68]

---

68 『西日本新聞』, 1945年 12月 18日, 2면.

제2장

한국과 일본의 선거

_1_
2019년 일본 참의원 선거

2019년 7월 21일 일본에서는 전국적으로 제25회 참의원 선거가 치러졌다. 참의원 선거 결과, 연립여당이 71석을 획득하여 개헌 의석인 3분의 2에 미치지 못했으며, 이러한 결과는 난립한 야당이 후보자의 단일화를 꾀하고 연립여당과 싸운 것이 어느 정도 효과를 발휘했다. 결과적으로 자민당과 공명당에 의한 연립여당은 개선 의석의 과반수를 상회하는 71석을 획득함으로써 아베 신조安倍晋三 총리의 계속적인 안정적 정국운영을 가능하게 했다. 다만 연립여당과 '일본유신모임'을 합한 헌법 개정에 적극적인 세력을 합해도 총 85석에 미치지 못하여, 개헌 발의에 필요한 참의원 전체의 3분의 2에 미치지 못했다. 이에 대해 야당 측은 초점이 된 전국 32개의 1인 지역구에서 과거와 비슷한 10석을 차지했는데 이에 대해서는 후보자를 하나로 하여 연립여당과 싸운 결과가 크다고 평가했다.

이때 참의원 선거에서는 선거구와 비례대표를 포함한 124석 모두를 결정지었다. 각 정당의 의석수에 있어서, 자유민주당자민당은 선거구 38석과 비례대표 19석을 합하여 총 57석을 획득함으로써, 3년 전 선거에서 획득한 56석보다도 1의석을 웃돌았다. 제1야당 입헌민주당은 선거구 9석과 비례대표 8석을 합하여 총 17석을 획득함으로써, 개선 전의 9석보다 훨씬 많은 의석을 가지게 되었다. 국민민주당은 선거구 3석과 비례대표 3석을 합하여 총 6석을 획득했다. 공명당은 선거구 7석과 비례대표 7석을 합하여 총 14석을 획득하여 3년 전 선거 결과를 합하여 총 28석으로 역사상 가장 많은 의석을 확보하게 되었다. 일본공산당은 선거구 3석과 비례대표 4석을 합하여 총 7석을 획득했다. 일본유신회는 선거구 5석과 비례대표 5석을 합하여 총 10석을 획득하여 개선 전 7의석에서 3석 상회했다. 사회민주당은 비례대표 1의석을 차지했다. 이번에 처음으로 도전한 레이와 신선조는 비례대표 2의석을 차지했다. 그리고 NHK로부터 국민을 지키는 당은 비례대표 1석을 획득하는데 그쳤다. 끝으로 무소속은 선거구 9석을 차지했다. 선거 결과 의석수 획득 상황을 정리하면 다음과 같다.

> 자민당 57석 / 입헌민주당 17석 / 국민민주당 6석 / 공명당 14석 / 일본공산당 7석 / 일본유신회 10석 / 사회민주당 1석 / 레이와 신선조 2석 / NHK로부터 국민을 지키는 당 1석 / 무소속 9석 / 합계 124석

결과적으로 자민·공명 연립여당은 개선 전 의석의 과반수에 해당하는 63석 8석이나 상회하는 71석을 획득하여 이번 선거에서 승리했다고 말할 수 있다. 다만 연립여당과 '일본유신모임'을 합친 개헌에 적극적인 세력은 합계 81석으로 2022년에 만기가 도래하는 참의원 의석수인 79석을 합한다고 해도, 개헌 발의에 필요한 164석에는 미치지 못한다. 이러한 의석 획득 상황을 받아들여, 아베 총리는 NHK의 개표 속보 프로그램에서 "국민으로부터 안정된 정치 기반을 기본으로 하여 견실하게 정책을 추진하고 그것을 기반으로 하여 외교를 전개하고 국익을 지켜 달라는 메시지를 받은 것으로 생각한다"고 말했다. 또한 그는 개헌과 관련하여 "개헌에 필요한 3분의 2 다수는 이제부터 헌법심사회에서 논의를 통하여 형성해 갈 것이다"고 말했다.

한편 선거전에서 초점이 된 전국 32개 1인 선거구에서는 자민당이 22석을 차지했고, 야당 단일 후보가 10석을 획득했다. 야당 측은 동북지방이나 니가타新潟, 오이타大分 등에서 접전을 제압했으며 지난 3년 전과 같은 수준의 의석을 획득하여 자민당의 승리를 저지하는데 그쳤다. 이것은 후보 단일화에 따른 일정의 성과가 나타난 것으로 보고 있다. 또한 '일본유신모임'은 전국의 지역 정당 등과는 연대하여 지지를 끌어올린 결과, 도쿄東京와 가나가와神奈川 선거구에서 처음으로 의석을 획득하는 등, 지역 기반이 되는 관서 지방 이외에서도 지지를 넓혔다. 한편, 일본의 총무성이 정리한 바에 따르면, 선거구 투표율은 48.80%로 50%에 미치지 못한 것으로 나타났다. 이것은 국정선거의 투표율로서는 1995년의 44.52%에 이어 전후 두 번째로 낮은 것이었다.[1]

삼권분립을 기초로 하고 있는 일본에서도 한국에서와 같은 국회의 기능을 가지고 있으며, 국회의원들에게는 동일한 권한을 부여하고 있다. 위키 사전을 보면 국회는 헌법 41조에 근거하여 국가의 유일한 입법기관이며, 헌법 59조에 근거하여 법률안을 의결할 수 있다고 되어 있다. 따라서 헌법상 인권에 관한 조문 등에서 보이는 「법률이 정하는 바에 따라」라든지, 「법률이 정하는 절차에 따라서」 등의 경우에는, 국회만이 구체적인 조건이나 상세한 규정 등을 정할 수 있다. 그리고 입법부로서의 국회가 그 판단에 있어서 시행세칙이나 구체적인 기준 등에 대해서 행정부와 같은 내각 등에 위임할 수가 있다. 다만 이 경우에도 일정한 제약을 두어야 하는 필요가 생긴다.

헌법은 소정의 헌법 개정 절차에 따라 국회의 판단만으로 개정할

---

1   https://ja.wikipedia.org/wiki/第25回参議院議員通常選挙

수는 없지만, 그 헌법의 범위 내에서 입법을 할 수 있는 것은 국회뿐이며, 행정부 외 활동에 대해서는 법률에 따라야 한다고 되어 있기 때문에, 행정 활동은 당연히 국회의 의사에 속박 당하게 된다. 일본은 의원내각제를 취하고 있기 때문에 통상적으로 국회의 의사와 행정부를 지휘하는 내각의 의사와는 일치하는 경향을 띠고 있다. 헌법 76조 제3항에 따라 재판관은 법률에 구속되며, 만약 헌법에 위반되었을 경우에는 재판소가 위헌 입법 심사권을 행사하여 해당 법률을 무효화 할수 있지만, 법률을 제정하는 국회의 의사는 재판을 통하여 일본국 전체에 미친다고 할 수 있다.

국회가 입법권 외에 가지고 있는 권한을 열거하자면, 조약 승인권 (헌법 61조), 탄핵재판소 설치권 (헌법 64조), 총리의 지명권 (헌법 67조), 재정 감독권 (헌법 83조), 개헌 발의권 (헌법 96조) 등을 들 수 있다. 재정 감독권의 내용으로는 예산 승인권 (헌법 86조), 예비비의 승낙 (헌법 87조) 등을 행할 수 있다. 예산 부결이라는 강권에 대해서는 일본국 헌법에서는 사실상 중의원에만 인정하고 있지만, 참의원의 자연 성립 전에 예산이 집행될 경우에는 잠정 예산을 중의원과 참의원에서 의결할 필요가 있다.

오늘날 일본 정당과 각 회파의 의석 상황을 보면 다음과 같다. 국민들의 다양한 의견을 반영할 수 있다든지, 신중한 심의를 추진하기 위해서, 또는 안정적인 국정을 운영하기 위해서 등의 이유로, 한국과 달리 양원제를 취하고 있는 일본에서는 중의원이 더욱 중요하기 때문에, 오늘날 중의원의 의석 상황도 함께 소개하고자 한다.

참의원 의석수(https://www.sangiin.go.jp/)

회파명	의원수	2022년 임기만료			2025년 임기만료		
		비례	선거구	합계	비례	선거구	합계
자민당·국민의소리	114	20	39	59	18	37	55
입헌민주·사민	43	8	15	23	8	12	20
공명당	28	7	7	14	7	7	14
일본유신회	16	3	3	6	5	5	10
국민민주당·신록풍회	15	4	5	9	3	3	6
일본공산당	13	5	1	6	4	3	7
오키나와의 바람	2	0	1	1	0	1	1
레이와 신선조	2	0	0	0	2	0	2
벽수회	2	0	0	0	0	2	2
여러분의 당	2	1	0	1	1	0	1
무소속 의원	7	0	2	2	2	3	5
합계	244	48	73	121	50	73	123
결원	1	0	0	0	0	1	1
총정수	245	48	73	121	50	74	124

2021년 1월 7일 현재

중의원 의석수(http://www.shugiin.go.jp/)

회파명	약칭	의원수
자유민주당·무소속회	자민	282
입헌민주당·사민·무소속회	입민	113
공명당	공명	29
일본공산당	공산	12
일본유신회·무소속회	유신	11
국민민주당·무소속클럽	국민	10
무소속	무	7
결원		1
계		465

2021년 1월 7일 현재

_2_
2020년 한국 국회의원 선거

대한민국 제21대 국회의원 선거는 2020년 4월 15일에 실시되었다. 만 18세 이상의 유권자가 처음으로 참가한 선거이며, 준연동형 비례대표제가 적용되는 첫 선거이자 21세기에 태어난 사람이 처음으로 투표를 한 선거였다. 이 선거로 선출된 제21대 국회의원 수는 300인으로, 2020년 5월 30일부터 4년의 임기를 수행하게 되었다. 이 선거는 기본적으로 문재인 정부의 집권 3년차에 치러지는 선거로, 문재인 정권에 대한 '중간평가'인 동시에, 남은 임기 동안의 국정 운영에 영향을 끼칠 선거가 되었다. 뿐만 아니라 2022년 3월로 예정되어 있는 제20대 대통령 선거를 앞두고, 서울 종로 지역구에서는 여야의 유력 대권주자인 이낙연과 황교안의 「전초전」이 펼쳐지면서 향방을 가늠하는 선거로 간주되었다.[2]

과거 2017년 제19대 대선 이래 여당으로 올라선 더불어민주당이 2018년 지방선거를 정점으로 40%대의 높은 지지율을 이어갔지만, 2019년 조국 법무부장관 임명 논란과 최저임금 논란, 부동산 정책, 취업난 등 경제정책 성과 부진으로 문재인 정부의 국정 지지도에 대한 중도층, 청년층의 지지 이탈의 조짐이 보이면서 총선 승리에 대해 반드시 안심할 수는 없는 상황이 되었다. 반대로 2020년 2월부터 코

---

2   위키백과, https://ko.wikipedia.org/wiki/대한민국 제21대 국회의원 선거를 참고했다.

로나19가 국내에서 본격적으로 유행하자 정부가 공격적인 방역 정책에 나섰고 그 결과 비교적 성공을 거두게 되었다.

범야권의 경우 총선을 앞두고 대대적인 정계 개편이 이뤄졌는데, 특히 자유한국당을 포함하여 바른미래당 안의 구 바른정당 계열이 창당한 새로운보수당, 전진당 등의 합당으로 미래통합당이라는 보수 진영의 통합정당이 탄생하였으며, 바른미래당의 잔류 의원과 민주평화당, 대안신당 의원들이 모여 제3지대 야당인 민생당을 창당하였다. 한편으로 준연동형 비례대표제에 대응하기 위해 미래통합당 측은 비례대표 전용 정당인 미래한국당을 창당하였고, 더불어민주당 측 역시 당내 의원과 소수 진보 정당을 아울러 창당한 더불어시민당으로 맞섰다. 이 밖에도 민주당의 '효자'를 표방하는 열린민주당, 안철수 전 의원이 이끄는 국민의당, 분당으로 갈라진 우리공화당과 친박신당 등도 신생 야당이 되었다. 이로써 지난 총선에 참가했던 정당은 정의당을 제외하고 전부 정계 개편을 거쳤으며, 이로써 총선에 참여하는 원내 야당은 9개로 늘게 되었다. 4월 15일 본투표에 앞서 4월 10일과 4월 11일에 사전 투표가 이뤄졌다. 사전투표율은 4월 11일 오후 6시 기준으로 26.7%를 기록, 2014년 첫 시행 이래 최고치를 기록하였다. 당일 최종 투표율도 66.2%를 기록하여 28년 만에 최고 투표율을 기록했다.

입법권을 주요 권한으로 가지고 있는 국회는 입법부로서 삼권 분립의 한 축을 담당하고 있다. 국회의 권한 가운데 가장 중요한 것은 [I] 입법 권한이다. 이것은 ① 헌법개정안 제안·의결권, ② 법률 제정·개정권, ③ 조약 체결·비준동의권으로 이뤄져 있다. 그 다음에 국회는 [II] 재정 권한을 가지고 있다. 이것은 ① 예산안 심의권, ② 결산 심사권, ③ 기금심사권, ④ 재정입법권, ⑤ 기타 권한으로, 계속비 의

결권, 예비비지출 승인권, 국채동의권, 국가의 부담이 될 계약 체결에 의한 동의권 등으로 이뤄져 있다. 그리고 국회는 [Ⅲ] 일반국정에 관한 권한을 가지고 있어, ① 국정감사·조사권, ② 헌법기관구성권, ③ 탄핵소추권, ④ 기타 권한으로, 긴급명령·긴급재정경제처분에 관한 승인권, 계엄해제 요구권, 일반사면에 대한 동의권, 선전포고 및 국군의 해외파견 외국군대주류에 대한 동의권, 국무총리 국무위원 해임 건의권, 국무총리·국무위원 정부위원 출석요구권 및 질문권 등으로 이뤄져 있다. 또한 국회는 [Ⅳ] 의회 외교에 관한 권한을 가지고 있어, 초청외교활동, 방문외교활동, 국제회의 참석 등을 행할 수 있다.

2020년 4월 15일부터 실시한 개표 결과, 집권 여당인 더불어민주당의 대승으로 나타났다. 선거 전 여론조사에서부터 선두를 달리며 승리를 노렸던 더불어민주당은 더불어시민당과 합쳐 180석을 거두면서 총 300석 가운데 절반을 훨씬 넘긴 것이다. 이는 제6공화국 이후 단일 정당으로 가장 많은 의석을 차지했다. 이와 동시에 2016년 국회의원 선거에 이어 2017년 대통령선거, 2018년 지방자치단체장 선거까지 특정 정당의 전국단위 선거 4연속 승리라는 신기록을 세우게 되었다. 원내 과반수 151석 이상 획득과 원내 1당 지위를 유지한다는 목표를 세우고 선거전을 펼쳐 더불어민주당과 더불어시민당은 다양하게 인재를 영입했다. 총선 전 여론조사에서 민주당 지역구 후보들이 다른 지역구 후보들에게 압도하면서 일찍이 130석 이상을 얻어 승리한다는 전망이 나온 바 있다. 코로나19 사태를 오히려 좋은 기회로 삼아 국난을 극복한다는 선거전략을 세웠다. 총선 결과 지역구 121석이 걸린 수도권에서 103 곳에서 승리했다. 동북권, 서남권의 대부분 지역구에서 압도적으로 승리했다. 다만 제주도는 석권, 충청에서 압승, 지난 총선에서 1석에 그친 강원도에서는 3석을 얻었지만 대구와 경북에서 완패했다.

한편 제1야당인 미래통합당은 미래한국당과 합쳐 103석에 그치게 됐다. 이는 보수정당 역사상 가장 적은 의석수이기도 하다. 개헌 저지선인 100석을 방어하는 데에는 성공하였으나, 국회선진화법에 의한 신속 상정을 막을 수 있는 120석 확보에 실패하여, 여권의 법안 상정을 실질적으로 저지할 수단이 사라지게 되었다. 연동형 비례대표제 도입을 통한 비례대표 당선의원 다수 배출로 원내 입지 확대를 노렸던 정의당은 두 거대 정당의 위성정당 텃세에 밀려 6석을 거뒀다. 비례대표 선거에서는 5석을 확보하였으나 지역구 선거에서는 심상정 대표만 당선됨으로서 최종 의석수는 지난 총선 결과와 동률을 이루게 됐다. 안철수 대표를 중심으로 재결집을 노리며 비례대표 선거에만 집중했던 국민의당은 3석 확보에 그쳤고, 더불어민주당의 위성정당을 자처했던 열린민주당은 10%대의 여론조사 지지율이 무색하게 3석만 확보하였다. 20대 국회에서 20석을 차지하며 원내 제3당이자 교섭단체 지위를 누렸던 민생당은 지역구 선거 전패, 비례대표 득표율 2.7%에 그치면서, 원내 의석수 0석이라는 최악의 성적표를 받게 됨과 동시에 원외정당으로 물러나게 됐다. 이와 더불어 우리공화당, 친박신당, 한국경제당, 민중당 역시 0석을 기록하여 원외정당이 되었다.

제21대 국회의원 선거 결과, 정당별 의석수는 다음과 같다. 더불어민주당과 더불어시민당 지역구 163석 비례대표 17석 합계 180석 / 미래통합당과 미래한국당 지역구 84석 비례대표 19석 합계 103석 / 정의당 지역구 1석 비례대표 5석 합계 6석 / 국민의당 지역구 0석 비례대표 3석 합계 3석 / 열린민주당 지역구 0석 비례대표 3석 합계 3석 / 무소속 지역구 5석 합계 5석. 따라서 의석 총계는 지역구 253석 비례대표 47석 합계 300석으로 나타났다. 선거 이후 국회의원의 소속 변동에 따라 정당별 의석수에서 약간의 변화가 발생했으나, 별일이 없는 한 2024년 3월까지 전반적인 의석수에서는 큰 변동이 일어나지 않을 것이다.

의석수 현황(https://www.assembly.go.kr/)

	정당	지역구	비례대표	계	비율 (%)
교섭단체	더불어민주당	161	13	174	58
	국민의힘	83	19	102	34
비교섭단체	정의당	1	5	6	2
	국민의당	0	3	3	1
	열린민주당	0	3	3	1
	기본소득당	0	1	1	0.33
	시대전환	0	1	1	0.33
	무소속	8	2	10	3.33
계		253	47	300	100

2021년 1월 12일 현재

제3장

한국과 일본의 경제

_1_
2019년 한일 무역분쟁

2019년 7월 1일, 일본의 경제산업성은 4일부터 수출 관리 규정을 개정하여 반도체, 디스플레이 공정 과정에 이용되는 포토레지스트 Photo Resist·불화수소 Hydrogen Fluoride·플루오린 폴리이미드 Fluorinated Polyimides 등 3개 품목에 대한 수출 규제를 실시하겠다고 발표했다. 그리고 아시아지역에서 유일하게 한국이 향유해 온 수출심사 우대국, 즉 백색 국가 White Countries의 지위를 박탈하고 일본의 안보에 위협이 될 수 있는 첨단 기술과 전자 부품의 수출하는지 여부를 체크해 가겠다고 했다. 이것은 경제산업성이 한국의 대일 수입품에 대해서 품목별로 일일이 심사하겠다는 조치였다. 이러한 무역 분쟁이 일어난 직접적인 계기는 2018년 10월과 11월 한국 대법원이 조선인 피징용 피해자들의 일본제철과 미쓰비시중공업을 상대로 제기한 소송에서 잇따라 배상 확정판결을 내렸기 때문이다.[1]

반도체 제품을 주력으로 하는 2010년대 한국의 제조업 성장은 일본에서 소재와 부품을 수입하고 한국에서 완성품을 조립하여 세계시장으로 판매하는, 일종의 한일 간 분업체계 덕택이다. 이에 따라 2018년 한국의 대일무역 적자가 국가별로 최대치에 해당하는 240억 달러에 달했고, 2019년 전반기에도 대일적자 가운데 전자제품이 20억 달러를 넘었던 것이다. 그리고 전 세계 시장에 대한 2018년 한국의 총 수

---

1   최영호, 『한일관계의 흐름 2017-2018』, 논형, 2019년, pp. 50-57.

출 규모는 반도체 제품을 주축으로 하여 6천 억 달러에 달했고 그 해 무역수지도 +589억 달러를 기록했다. 한국무역협회에 따르면 2018년 포토레지스트와 순도 높은 불화수소, 플루오린 폴리이미드의 대일 수입 비중은 각각 93.2%, 41.9%, 84.5%에 달했다고 한다. 따라서 일본은 2019년 7월 4일부터 일본 정부는 상기 3개 품목에 대해 일정기간 포괄적으로 허가하는 방식에서, 계약할 때마다 개별적으로 심사하는 방식으로 전환했다. 개별적 허가를 위해서는 90일 정도의 기일이 소요되며 반도체 제품의 자재 조달이 어렵게 된다는 것을 뜻하는 것으로서 한국 경제에 악영향을 끼치고자 하는 조치였다.

이 조치가 시행될 때, 한국의 반도체 공정에 쓰이는 품목 가운데 EUV용 포토레지스트는 거의 모두를 일본에 의존하는 상황이었다. EUV용 포토레지스트에 대한 일본의 수출 제재가 길어지면 길어질수록, 삼성전자를 비롯한 한국 기업은 세계에서 가장 큰 업체로 알려진 대만의 반도체 공장 TSMC에 비해서 미세공정 경쟁에서 열세에 놓일 수밖에 없는 처지에 몰렸다. 삼성그룹은 우선 미국 오스틴Austin의 삼성전자 반도체 공장을 통하여 포토레지스트와 불화수소를 일본에서 대량 수입하고 난 후, 반도체 대부분을 한국으로 재수출하기로 했다. 청와대는 일본의 조치를 국제법을 위반한 보복적 성격의 조치라고 반발했다. 그리고 8월 2일 일본 정부는 각료 회의에서 한국을 백색 국가에서 제외하는 안건을 가결했으며, 같은 날 한국 정부도 일본을 수출 우대 국가에서 제외한다고 발표했다.

일본 정부는 한국 기업이 대량으로 수입한 일반 불화수소가 북한에 수출되었다고 주장했다. 일반 불화수소는 독가스 생산과 우라늄 농축에 사용되지만, 고순도 불화수소는 반도체 생산에 사용되고 있는 상황에서 한국의 불화수소 기업들은 일반적으로 일본에서 일반 불화수소를 수입해서 고순도 불화수소로 정제하여 삼성전자나 SK하이닉스 등에 납품해 왔다. 만약 일본의 주장대로 일반 불화수소가 북한으로 수출되었다고 한다면, 결과적으로 일본은 일반 불화수소에 대해서만 한국의 수출을 규제하고, 고순도 불화수소의 수출은 제재할 필요가 없다는 말이 된다. 북한의 독가스 생산이나 우라늄 농축에는 고순도 불화수소가 사용되지 않고 오로지 반도체 생산에만 고순도 불화수소가 사용되고 있기 때문이다. 일본 NHK는 불화수소의 수출 규제를 강화한 이유는 화학무기인 사린가스Sarin gas로 전용될 가능성이 있는 물자이기 때문이라고 방송했다. 그러나 일본산 불화수소는 99.999% 이상 고순도 제품인데 반하여, 사린가스를 만들기 위해서는 반드시 고순도 불화수소를 사용해야 하는 것은 아니다. 북한에 많은 일부 암석에서 불화수소의 원료를 채취할 수도 있고, 불화 나트륨을 이용해서도 만들 수 있기 때문에 고순도 불화수소의 수출을 규제해야 한다는 것이다. 따라서 일본 정부의 주장이 지나친 억측에서 제기된 것이라고 분석하는 전문가들의 견해가 많았다.[2]

결과적으로 이 문제는 한일관계 악화에 따른 무역 분쟁의 성격을 띠고 있었다. 일본은 안보상 이유를 들어 한국을 향한 반도체 소재의 수출관리를 강화했다고 주장하지만, 한국은 일본이 역사인식 문제를 계기로 하여 경제 보복에 나섰다고 한다. 결국 한국의 주장대로 경제 보복은 철회되지 않았고 양국은 무역 뿐 아니라 다른 영역에 이르기까지 대립을 심화해 갔다. 2019년 8월 2일부터 일본은 보완적 수출 규제Catch-all controls 조치에 따라 그룹A의 수출 우대국으로부터 한국을 제외했으며, 한국도 8월 12일 안보상 수출관리에서 우대조치국가

---

2   https://ko.wikipedia.org/wiki/2019년 한일 무역 분쟁

에서 일본을 제외하기로 하고 9월 8일부터 이를 시행하기 시작했다. 2018년 하반기 이후부터는 문재인 정부와 아베 신조安倍晋三 내각은 역사인식 문제와 방위 문제에서도 충돌을 일으키기 시작했다. 2015년 위안부 문제를 둘러싼 한일합의에 기초하여 성립한 화해·치유재단을 2018년 11월에 해산했으며, 2018년 12월 한국 해군함정이 자위대 항공기를 향해 화기 관제 레이더의 조준을 실시했고, 2019년 2월 문희상 국회의장은 일본군 위안부 문제에 대해 아키히토明仁 일왕이 사죄해야 한다고 주장하기에 이르렀다.

2019년 7월 24일 일본의 FNN 계열 온라인신문은 불화나트륨Sodium fluoride이나 밸브valve와 같은 전략물질이 유출되었다고 하며 한국의 수출관리체제를 의문시할 수 있는 자료들을 공개했다. 이 신문은 한국정부가 작성한 목록을 공개하며, 2015년부터 2019년 3월까지 4년 간 무기로 전용할 수 있는 전략 물질 156건이 이란 등으로 밀수출되었다고 한 것이다. 이때 2017년 2월에 말레이시아에서 발생한 김정남 암살 사건에 사용된 맹독성 신경제「VX」의 원료도 한국에서 밀수출된 것이 아닌가 하는 의심이 제기되었으며, 불화수소도 아랍에미리트 등에 밀수출되었다는 것을 들면서 더 이상 한국을 백색국가로 취급하기가 어려워졌다고 보도했다. 그리고 이렇게 밀수출을 다반사로 하는 한국이 일본과 맺은 과거의 협정을 쉽게 파기하고 있다고 보았다. 7월 18일 고노 다로河野太郎 외상은 남관표 주일대사를 초치하여 청구권협정에 근거하여 중재위원회 설치를 요구했지만 한국이 이를 무시했다고 하면서 '지극히 무례하다'고 말했다. 그리고 8월 2일 세코 히로시게世耕弘成 경제산업상은 인과관계를 부인하면서도, 피징용자 피해에 관한 한국 대법원의 판결 때문에 무역 분쟁이 발생했다는 것을 내비쳤다. 일본은 한국 대법원이 일방적으로 1965년 한일청구권협정을 무효로 했으며 한국 정부도 이를 방관하여 한일관계의 법적 기반을 근본적으로 뒤집었다고 본 것이다.

일본 정부는 수출 제재 조치가 어디까지나 일본 국내의 제도 운영에 따른 것이고, 한국과 협의하여 결정한 것이 아니라고 했다. 그리고 8월 8일부터 실질적인 수출 규제 조치로 3개 품목의 일부에 대해서 심사를 거쳐서 수출 허가를 했다고 발표했다. 판문점 한미일 3국 정상 회동 직후에 열린 일본 정부의 금수 조치는 한국 정부에게는 아닌 밤중의 홍두깨같이 들렸기 때문에 처음에는 일본 정부에 대해 해당 조치의 철회를 요청했다. 그러다가 일찍이 7월 3일 한국 정부는 매년 1조 원씩의 예산을 들여 반도체 재료와 장치의 국산화를 지원하겠다고 했다. 그리고 7월 24일 세계무역기구WTO 일반이사회에 이 문제를 제기하고 일본이 피징용자 문제에 대한 보복이라는 외교적 흑심이 있다고 하며, 일본이 WTO의 존재의의를 손상시키고 세계경제를 혼란스럽게 하고 있다고 호소했다. 나아가 9월 11일에 정식으로 WTO에 대해 일본을 제소하기에 이르렀고, 아세안지역포럼ARF이나 지역적포괄경제제휴RCEP 모임에서도 일본의 조치를 비난했다.

일본 정부의 주장에 따르면, 백색 국가에서 제외되는 것은 어디까지나 「절차의 수정」에 불과하고 「수출규제」는 아니라고 했다. 한국이 일본에서 수입할 것을 북한을 향하여 무허가로 물자를 제공하거나, 부정으로 유출시킨다는 우려가 일본에서 나온 것이다. 그와 함께 한국은 일본이 요구한 수출 관리에 관한 협의를 3년 동안 거절해 왔다고 한다. 8월 2일 스가 요시히데菅義偉 관방장관은 이번 조치는 경제보복이 아니라고 했으며, 일반적인 수출 절차에 복귀하는 것에 대해 한국 측은 마치 「금수조치」처럼 시끄럽게 하고 있다고 주장했다. 이에 반하여 그 날 오후 문 대통령은 국무회의를 주재하면서 TV 생중계를 통해서, 「지극히 무모한 결정」으로 상황을 악화시킨 책임은 모두 일본 정부에 있다. 앞으로 일어날 사태의 책임도 전면적으로 일본 정부에 있다는 것을 경고한다고 했으며, 일본의 부당한 경제보복 조치에 대해 상응하는 조치를 단호하게 취해 갈 것이라고 했다.

또한 홍남기 부총리는 WTO에 일본을 제소할 방침을 분명히 밝혔다. 나아가 8월 5일 한국 정부는 반도체·디스플레이·자동차·전기전자·기계금속·기초화학 등 6개 분야에 걸쳐 품목 100개로 전략 품목으로 지정하고, 주요 부품·소재의 국산화를 향해 7년간 7조 8000억 원을 충당하겠다고 발표했다. 특히 일본이 수출관리에 나선 반도체 소재 3품목을 포함하여 20개 품목에 대해 1년 이내에 공급을 안정화시키고, 「일본 의존」을 탈피하겠다고 했다. 9월 18일 한국 정부는 국제적 수출관리 체제의 기본원칙을 어긴 국가와는 협조하기가 어렵다고 했으며, 대응 조치로서 수출 절차를 간소화할 수 있는 우대국 명부에서 일본을 정식으로 제외하겠다고 하고 마찬가지로 대일 수출을 원칙적으로 포괄허가에서 개별허가로 바꾸겠다고도 했다. 2019년 한국의 반도체·디스플레이 업계에 사회적으로 이목이 집중된 것은 소재·부품·장비의 자급력을 높이자는 주장이 어느 정도 현실화되고 있는지에 관한 것이었다.

그리고 2016년부터 한일양국에 처음으로 방위협정을 담당해 온 GSOMIA비밀군사정보보호협정가 2019년 8월 24일에 자동 연장되는 것과 관련하여, 8월 1일 서훈 국정원장이나 8월 6일 노영민 비서실장이 파기에 대해 신중한 의견을 내놓았으나, 8월 22일 문 대통령은 국가안전보장회의NSC 상임위원회를 열고 GSOMIA 파기를 결정했다. 이에 따라 한일 양국의 GSOMIA는 11월 22일로 효력을 완전히 중단시켰다. GSOMIA가 일방적으로 파기되는 날 일본의 고노 외상은 남관표 주일대사를 초치하여 항의하는 모습을 보였다. 또한 미국 국무장관 마이크 폼페이오Mike Pompeo도 「우리는 한국의 결정에 실망했다」고 했다. 한편 이낙연 국무총리는 8월 26일 일본이 근거도 없이 한국을 안보상 믿지 못할 국가인 것처럼 일방적으로 평가했으며, 수출 우대국 리스트에서 한국을 제외시켰기 때문이라고 설명했다. 그는 일본의 부당한 경제적 조치가 철회되어야만 한국 정부도 GSOMIA를 재검토할 수 있다고 말했다.

무역 분쟁이 일본에 끼친 영향

무역 분쟁은 우선 한국 내 일본제품 불매운동으로 확산되어 일본기업에 큰 영향을 끼쳤다. 2019년 9월과 10월 한국에 대한 일본의 수출액이 각각 15.9%, 23.1% 떨어졌고, 2019년 8월 이후 일본 맥주와 청주의 판매가 급속도로 떨어졌으며 10월에 들어서 일본 맥주의 대한 수출액이 0으로 추락했다. 한국의 불매 운동이 주된 원인이 되어 「유니클로」 등을 운영하는 패스트 리테일링fastretailing 기업의 2019년 9월에서 11월까지의 결산에서, 해외의 영업이익이 전년과 비교하여 28% 감소한 378억 엔으로 떨어졌다. 또한 「무지양품無印良品」을 운영하는 료힌 게이카쿠良品計画의 상품을 보면, 2019년 3월부터 11월까지 매상고는 증가했음에도 불구하고 영업이익은 도리어 14.5% 떨어진 것으로 나타났다. 자동차 판매에서도 도요타Toyota 자동차를 예로 들면 2020년 1월 한국 판매대수는 전년에 비해 59.9% 떨어지는 등 직격탄을 맞았다. 결국 패스트 리테일링의 일부분인 「GU」나 닛산日産 자동차는 2020년 7월까지 한국 시장에서부터 철수하기로 하는 결정을 내렸다.

물론 한국에 대체할 제품이나 브랜드가 없어 불매운동의 영향을 덜 받은 다이소 산업大創産業·닌텐도任天堂·아식스ASICS·소니SONY 등의 일본기업은 건재한 모습을 보였다. 또한 앞의 료힌 게이카쿠良品計画를 비롯하여 일본기업이라는 이미지가 낮다는 이유 때문에, ABC마트나 DESCENTE 등은 불매운동 직후에는 약간 영향을 받았지만 시간이 지나면서 좋은 판매고를 회복한 일본 기업도 있다. 이러한 이유를 들어 『조선일보』 등은 한국의 불매운동을 「입으로만 떠드는 불매운동」 「선택적인 불매운동」 「보이는 반일운동」이라고 비판했다.

그런데 한국인의 일본 여행 취소가 잇따라 일어났고 쓰시마対馬 혹은 돗토리鳥取 등 한국인 관광객이 붐비던 지역에서는 불매운동의 영향으로 한국의 여행사에게 큰 타격을 입히는 결과를 낳았다. 한국인 관광객의 경우에 국한시켜보면, 2019년 방일 관광객은 전년보다 약 177만 명이 줄어든 5,584,597명으로 나타났다. 일본 여행을 계획했던 한국인 가운데 약 70%가 여행을 취소하거나 다른 국가로 행선지를 바꿨다고 한다. 다만 일본의 인기 애니메이션 『러브 라이브! 선샤인!!』의 무대가 된 누마즈시沼津市와 같이 2019년 한국인 단체 방문자 수는 줄었지만 개별 방문자 수는 전혀 변하지 않은 지역도 있다.

일본 사회 전반에 혐한嫌韓 분위기를 확산시키는 데에도 한일 양국의 무역 분쟁은 커다란 영향을 끼쳤다. 일본이 한국의 백색 국가 제외를 발표한 직후, 『아사히신문朝日新聞』은 당장 정부는 조치를 철회하라는 논조를 발표했고, 반면에 『산케이신문産経新聞』은 정부의 조치를 지지하는 논조를 발표했다. 이때 『산케이신문産経新聞』과 FNN이 공동으로 일본의 여론조사를 실시한 결과, 일본 정부의 조치를 지지하는 의견이 67.6%, 지지하지 않는 의견이 19.4%로 나왔다. 7월 22일과 23일에 실시한 『요미우리신문読売新聞』의 여론 조사에서는 지지하는 의견이 71%, 지지하지 않는 의견이 17%로 나타났다. 또한 2019년 12

월 24일 청두成都에서 한중일 셔틀회담과 한일 정상회담이 열렸는데, 그 회담을 보도하는 일본판 야후 뉴스는 혐한을 부추기는 답글들로 도배질을 했다. "이제 와서 한일 간격을 좁힐 필요는 없다. 더욱 더 거리를 넓혀 한국과 단교하는 방향으로 가라"와 같은 말이었다. 한국 관련 기사에는 신랄한 비난을 담은 답글만 쓰였으며, 이것을 읽은 일본인들로부터 「좋아요」라는 반응이 쇄도했다. 무역 분쟁 이후 자주 접하는 광경이었다. 이러한 현상은 일본 내각부内閣府가 매년 발표하는 「외교에 관한 여론조사」에서도 재현되었다. 2019년 10월의 경우 「한국에 친근감을 느끼지 않는다」라고 대답한 사람이, 2018년과 비교하여 13.5% 증가한 71.5%로 나타난 것이다. 이것은 1978년부터 한국에 대한 친근감을 조사한 이래 가장 최악의 결과였다.

무역 분쟁이 한국에 끼친 영향

마지막으로 무역 분쟁이 한국에 끼친 영향을 살펴보자. 먼저 해당 소재의 국산화 정도를 살펴보면, 한국의 자립화에 성공한 것은 고순도 불화수소이었으며 일본이 가장 마지막까지 수출허가를 내주지 않았던 품목이다. 그만큼 한국에서 자립화 의지가 높았다. 불화수소는 액체형과 기체형으로 나뉘는데, 액체형은 한국업체인 솔브레인 Soulbrain과 램RAM테크놀러지가 공장을 증설하여 생산량을 늘렸다. 기체형은 미국의 화학 기업 듀퐁Du Pont의 소재로 일부를 대체했다. 그 결과 2018년 7월~2019년 5월 6256만 달러였던 고순도 불화수소의 대일 수입액은 2019년 7월에서 2020년 5월까지 664만 달러로 89.4% 줄어들게 되었다. 게다가 2020년 6월부터 SK머티리얼즈는 한국 최초로 기체형 불화수소의 대량생산을 시작했다.

다만 포토레지스트와 플루오린 폴리이미드의 경우는 자립화와는 거리가 먼 모습을 보였다. 포토레지스트는 반도체 웨이퍼 표면에 회로 패턴을 그리는 데 쓰는 감광액을 말하는데, 2018년 대일 수입 비중이 93.2%에 달했을 정도로 일본 의존도가 높았다. 일본의 수출규제 이후 2019년 10월과 11월 70%대까지 떨어지면서 일본 의존도가 낮아지는 듯 했지만, 2020년에 들어 다시 80% 후반 대까지 치솟았다. 일본 수출규제 이후 2019년 7월부터 2020년 5월까지의 기간에 국한해 보면, 포토레지스트의 대일 수입 비중은 86.7%로 1년 전 같은 시기와 비교하여 6.1% 낮아졌다. 하지만 이것은 수입액을 기준으로 했을 때이며, 순수하게 수입 중량만으로 따져보면 규제 전의 93.1%보다 93.8%로 오히려 0.7% 늘어났다. 『연합뉴스』 2020년 1월 9일자에 삼성전자가 포토레지스트 생산을 위한 투자계획을 발표했다고 함으로써 미래에 기대를 걸어볼 수 있게 했다.

또한 플루오린 폴리이미드는 OLED 패널 제조공정에 들어가는 것인데, 이것도 자립화 움직임과는 거리가 멀고 오히려 일본에 대한 의존도가 높아진 것으로 볼 수 있다. 『더스쿠프』 2020년 6월 26일 기사에 따르면, 2018년 한 해에 84.5%였던 대일 수입 비중이 2019년에는 93.0%, 2020년 5월까지는 93.9%로 증가하는 모습을 보였다고 한다. 수입액을 기준으로 할 경우에는, 일본의 수출규제 이후 기간만을 살펴보아도 대일 수입 비중은 92.9%로 나타나 1년 전의 같은 시기와 비교하여 0.2%가 높아졌기 때문이다. 그러나 수입 중량의 측면에서 본다면, 86.5%에서 85.3%로 대일 수입 비중이 다소 줄어들었다고 말할 수 있다. 그렇지만 플루오린 폴리이미드의 경우에는 자립화에서 너무 먼 것으로 이해할 수 있다.

일본의 경제 보복 조치에 대항하여 한국 환경부가 일본산 석탄재 수입의 환경영향 검사를 강화했다. 그런데 이에 대해서 한국의 시멘트업계는 강하게 반대 의견을 제기하고 저항하는 움직임을 보였다. 『머니투데이』2019년 8월 8일 보도에 따르면, 그날 한국 정부가 일본의 경제보복에 대한 대응조치에 따라 석탄재를 수입할 때 환경 영향 검사를 강화하기로 결정을 내렸다고 한다. 그런데 이러한 결정이 사실상 석탄재 수입을 중단시키는 조치로 보고, 한국의 시멘트업계에서 일제히 비판하고 나선 것이다. 만약 이렇게 검사를 강화한다면 2018년 내수용 시멘트 5130만 톤 가운데 40% 정도에 해당하는 2000만 톤 이상의 생산을 못하게 될 것이라고 하고, 결과적으로 한국의 시멘트업계는 모두 문을 닫아야 한다고 했다. 한국 시멘트업계는 시멘트를 제조할 때는 채굴이 어려운 점토를 대신하여 화력발전소에서 발전에 쓰고 난 잔여물인 석탄재를 대체 원료로 활용해 왔는데, 연간 300만 톤의 사용량 중에서 40%를 차지하는 128만 톤을 일본으로부터 수입해서 사용했다. 따라서 주로 동해에 인접한 공장들이 일본산 석탄재를 수입하는데, 통관절차에 따라 선박의 정박 시간이 길어지면 길어질수록 시멘트업계의 비용 부담은 늘어날 것이라고 하며 불만을 터뜨린 것이다.

한국 환경부에 따르면, 2018년을 기준으로 한국 국내에서 재활용되지 않고 매립되는 물량이 일본에서 수입하는 양의 83% 수준인 107만 톤 정도라고 했다. 따라서 매립하는 석탄재를 곧 바로 시멘트업계에 공급하면, 일본으로부터 20만 톤 정도만 수입하면 될 것으로 계산했다. 그런데 화력발전사가 비용 부담을 무릅쓰고는 이에 응할 수 없다고 한 것이다. 지역마다 차이는 있지만 매립할 경우 발전사는 대체로 톤당 1만 원의 비용이 드는 반면, 시멘트업계에 넘기면 물류비·처리비 등으로 2만 원에서 2만 5000원의 비용이 발생한다. 따라서 한국에서는 매립해 치우는 편이 발전사 측에게 유리한 상황이 되어버린 것이다. 일본의 경우 매립할 때 톤당 약 20만 원이나 하는 환경 부담금을 내야 하기 때문에 일본과 한국의 시멘트업계에 대부분을 떠 넘기는 행태를 취했다. 결국 한국 정부가 석탄재 매립에 따른 환경 부 담금을 대폭 높이거나 석탄재 재활용 때 지원금을 보조해야만, 이제 까지 석탄재를 매립해 온 화력발전사로서는 시멘트 업계로 석탄재를 떠넘기기 어렵다고 본다. 그러려면 전기료를 올리거나 정부의 대폭 적인 지원금이 필수적이며, 발전사가 손해를 입지 않는 선에서 석탄 재 재활용 방법을 고심해야 하는 것이다.

게다가 여행객의 대폭 감소는 한국의 여행 관련 업계에 커다란 부 정적 영향을 끼쳤다. 일본 여행에 대한 대량 취소 사태에 따라서 한국 의 항공업계는 저렴한 항공회사LCC를 중심으로 한일 노선의 감소와 운행 중지로 이어졌으며, 특히 일본행 노선의 비중이 높은 LCC는 커 다란 타격을 입을 수밖에 없었다. 궁여지책으로 한국의 항공사들은 일본노선을 중국노선으로 변경했지만, 2020년 1월부터 시작된 코 로나19 영향도 겹쳐 LCC회사와 아시아나항공 측 경영에 현저한 악 영향을 끼치게 되었다. 2020년 3월부터 LCC회사 이스타항공은 모 든 노선의 운항이 중단하면서 정상적인 경영을 못했다. 운항증명AOC 도 중단됐으며 경영난이 심화되면서 9월에 600명 규모의 대규모 구 조조정을 실시하기에 이르렀다. 2021년 1월에는 법원에 기업회생을 신청했지만 대표이사는 경영난에 대한 책임을 지고 사임했다. 2021 년 벽두에 대한항공이 아시아나항공 주식취득 관련 기업결합 신고서 를 제출하여 사실상 아시아나항공이 대한항공에 합병될 것이 분명하 며, 저비용항공사LCC 경우에도 진에어·에어부산·에어서울이 통합 되어 거대 LCC 회사가 태어날 것이 예상되며 어떤 형태로든 재편될 가능성이 높다.

한국 사회 전반에 걸친 일본에 대한 여론을 악화시키는데 한일 양국의 무역 분쟁은 커다란 영향을 끼쳤다. 오뚜기식품은 자사의 쌀밥포장 용기가 일본산이라는 비판을 결국 받아들이게 되었고, CJ제일제당도「햇반」에 일본산 추출물이 들어있다는 인터넷 정보를 수긍하고 2019년 안으로 국산화를 이루겠다고 발표했다. 일본산 원료가 0.1%라도 포함된 제품은 불매운동 대상이 된다는 사회적 분위기가 확산되면서 한국의 모든 회사가 원재료를 확인하는 소동이 빚어졌다. 이마트와 코스트코는 일부 점포에서 행하고 있던 일본제품에 대한 사회적 비판을 받아들였고, 편의점 CU가 수입맥주에 대해 4세트에 만 원으로 할인 판매하는 행사로부터 일본 맥주를 제외하기 시작했다. GS25 · SEVEN ELEVEN · 이마트24 등도 이 운동에 동참하지 않을 수 없게 되었다. 서울에서는 일본 제품의 판매를 중지하는 불매운동이 그다지 보이지 않았는데, 판매 가격을 올려 소비자들을 국산품으로 유도하는 움직임이 활발해졌다.

일본산 제품의 불매운동은 한국의 지방자치단체로 확산되었다. 2019년 7월 말 서울 서대문형무소에서 지방자치단체 단체장들이 모여 일본의 조치에 대한 규탄대회를 가졌다. 여기에서 약 100개에 달하는 지방자치단체가 일본제품을 구입하지 말고 공무원의 일본 방문을 중단하자고 하는 결의를 내보였다. 그 결과 서울시 중구의 서양호 구청장이 8월 6일 1000개 이상의 불매운동 깃발을 내걸었는데, 이때 명동 등 관광객을 상대로 하여 장사하고 있는 상점 관계자들로부터 비판을 받았고, 「한국이 좋아서 방문한 일본인 손님에 대한 예절이 아니다」는 비판의견이 쇄도하자, 이날 불매운동 깃발을 철거하기로 했다. 서울시 강남구에서는 2018년 7월부터 「글로벌 도시, 강남」의 이미지 조성을 위해 테헤란로와 영동대로 일대에 태극기와 함께 해외의 깃발들을 게양해 왔는데, 그 가운데 일장기 14기만을 골라내어 철거하는 움직임을 보였다. 또한 서대문구와 수원시는 구청 안에 일본산 사무용품을 회수하는 상자를 설치했고, 부산시는 당분간 일본의 우호도시와 행정교류를 중단하겠다고 발표했다.

수원시는 엄태영 시장이 참가하기로 되어 있던 아사히카와시旭川市와의 자매도시 제휴 30주년 기념행사를 취소했고, 광명시는 야마토시大和市와 공동 주최하려고 했던 청소년 국제교류 행사를 수정했다. 목포시에 있는 각종 상점이나 서울시 지하철의 차량 안에는 불매운동 관련 스티커가 나붙었다. 한국 인터넷 상에 일본산 맥주와 유니클로 의류 등의 일본제품이나 한국이나 다른 국가의 제품을 소개하는 사이트가 등장했고, 이에 대한 클릭 수가 지속적으로 늘어났다. 화장품 회사 콜마Kolmar의 경우는 2019년 9월 초 한국의 자회사 사장이 문재인 대통령을 비난하는 동영상을 돌렸다가 일주일 후 사임했고, 건강식품 회사 DHC의 경우는 같은 시기에 한국 자회사가 제작·운영하는 프로그램에서 한 출연자가 「조선인은 한자를 문자화시키지 못하여 일본에서 만든 교과서로 한글을 통일시켜서 지금의 한글이 되었다」고 하는 이상한 발언을 함으로써, 「#사요나라DHC」 비판에 직면하게 되었고 결국 DHC코리아 대표가 이를 사과하는 해프닝이 벌어졌다.

　한국의 일반대중 가운데는 2020년 도쿄올림픽을 거부하자는 움직임을 보인 사람도 있다. 여당 더불어민주당 일부 의원 가운데 올림픽 선수에 대한 후쿠시마福島 수산물을 제공할 것이라는 이유 등을 들어 일본을 비난하는 인사도 있었다. 한국 사회에는 아베 정권에 의한 경제 침략이라는 시각이 강했는데, 서울시 중구의 명동 사건에서와 같이 일본이란 국가와 아베 내각에 의한 정권을 구별해야 한다는 의견도 있었고, 일본의 「양심적 시민」과 연대하기 위해 「NO JAPAN」이 아니라 「No 아베」라는 표어가 필요하다는 의견이 나오기도 했다. 2019년 7월 27일부터 서울 중심부 광장에서는 촛불집회가 열려 여기에 첫날 5000명 정도의 인원이 참가한 것으로 기록되었다. 이것은 친북 성향의 학생단체와 대학생진보연합이 주최했으며, 민주노총과 전교조 등 2년 반 전에 박근혜 대통령의 탄핵을 주도했던 596단체가 참가한 것으로 알려지고 있다.[3]

3　https://ja.wikipedia.org/wiki/日韓貿易紛争

_2_
2020년 코로나19와 한일 경제

　보건복지부의 코로나19 관련 공식 홈페이지는 2021년 1월 31일까지 알려지고 있는 코로나19의 정보에 대하여 다음과 같이 전했다. 코로나19의 정확한 정의는 「SARS-CoV-2 감염에 의한 호흡기 증후군」이다. 질병분류 체계에 따라 「제1급감염병 신종감염병증후군」으로 분류되며 질병코드는 「U07.1」이다. 병원체로는 「SARS-CoV-2에 속하는 RNA 바이러스」라고 하며, 현재까지는 기침이나 재채기를 할 때 발생하는 비말^{침방울}을 통해 전파되며 코로나19 바이러스에 오염된 물건을 만진 후 눈, 코, 입을 만짐으로써 발생하고 있다. 대체로 1일부터 14일 동안 몸속에 잠복되며 평균 잠복기간은 4일에서 7일까지인 것으로 알려지고 있다. 진단을 위한 검사 방식으로 검체에서 바이러스를 분리시키고 검체에서 특이한 유전자를 검출하고 있다. 감염 증상으로는 발열, 권태감, 기침, 호흡 곤란이나 폐렴 등, 경증에서 중증까지 다양한 호흡기 감영증세가 나타나고 있으며, 가래, 인후통, 두통, 객혈과 구역질, 설사 등도 나타난다.

　치료 방법으로는 수액을 보충하고 해열제를 투입하는 것 밖에 알려지고 있지 않으며, 아직도 항바이러스제는 발견되지 않고 있다. 질병관리청^{KDCA}는 예방 방법으로 흐르는 물에 비누로 30초 이상 꼼꼼하게 손 씻기, 특히 외출이나 배변 후에, 식사·기저귀 교체 전후에, 코를 풀거나 기침, 재채기 후에는 반드시 손 씻기를 실시하도록 권고하고 있다. 그리고 주의 사항으로 기침할 때는 휴지나 옷소매 위쪽으로 입과 코를 가릴 것, 호흡기 증상이 있는 경우 반드시 마스크를 착용할 것, 씻지 않은 손으로 눈, 코, 입을 만지지 말 것, 주위 환경을 자주 소독하고 환기할 것 등을 당부하고 있다.[4]

세계보건기구WHO의 발표에 따르면, 치명률이 전 세계에서 약 3.4%에 이르고 있으나 국가별·연령별로 매우 다르기 때문에 일률적인 수치로 나타내기는 어렵다고 한다. 코로나19에 대해 안전하다고 평가하고 있는 국가별 데이터로 가운데, Bloomberg 통신이 2020년 12월 21일 발표한 「COVID 내성 국가별 랭킹」을 보면 한국은 세계 8위로 치명률 0.13%라고 했으며, 반면에 일본은 세계 7위로 치명률 0.22%라고 했다.[5] 이처럼 한국의 치명률이 일본에 비해 낮은 이유로 한국의 K-방역 시스템을 들지 않을 수 없다. K-방역은 한국 정부의 방역 정책을 통칭하는 용어로 사용되고 있다. 한국에서 최초 확진자가 발생한 지 43일 만에 코로나19 확진자가 5000명에 달하여 확진자 수 국가 단위로 세계 2위를 차지한 바 있다. 그러나 질병관리본부의 노력과 유교사회 특유의 순종적인 민중들, 선진 방역 시스템 등으로 확진자 수를 감소시키는데 성공했다.

다만 K-방역의 문제점으로 낮은 검사율을 제시하는 비판 기사도 나타났다. 전 세계 218개국 가운데서 한국의 검사율을 130위에 속하는 6.7%밖에 안 되며 실제로 감염 상황을 알 수 없는 일이 많다는 것이다. 2020년에 한국에서 100명 중 코로나19 검사를 받은 사람이 7명 정도에 지나지 않는다고 한 것이다.[6] 이러한 비판에 따라 한국은 수도

---

4 http://ncov.mohw.go.kr/

5 『Bloomberg』2020年12月21日,「日本は順位5つ下げる - コロナ時代に最も安全な国ランキング」

6 『한국경제』2020년 12월 16일, 「'K방역' 냉정한 현주소…검사율·발생률·치명률 세계 중위권」

권을 중심으로 하여 2020년 12월 14일부터 유동인구가 많고 시민이 찾기 편한 주요 지하철역과 공공주차장 등 130여 곳에 임시선별검사소를 설치 운영했다. 그 결과 한 달 만에 총 540,000명^{하루 평균 16,759건}이 검사를 받았고, 이 가운데 1,671명의 확진자를 발견하여 격리치료에 들어갔다. 2021년 1월 29일 현재 서울 53개소, 인천 8개소, 경기도 70개소에 수도권 임시선별검사소 설치·운영하고 있다.[7]

코로나19 관련 가짜뉴스

코로나19 전염병은 2020년 한 해 세계 전체에 이제까지 겪어보지 못한 공포와 고통을 주었다. 한국의 방송통신심의위원회가 2021년 1월 10일 발표한 바에 따르면, 2020년 1월부터 12월까지 코로나19 관련 정보 총 4,624건을 심의하여 이 가운데 200건에 대해서 삭제 또는 접속차단 등 시정요구를 결정했다고 한다. 시정요구를 결정한 정보는 특정 지역의 허위 확진자 관련 게시글이나 국가방역체계에 대한 불신을 초래하는 허위사실, 정부 확진자 발표를 조작한 허위 사실, 특정 지역·인종 등에 대한 차별·비하 정보 등이었다. 시정요구 건수는 2020년 1월 4건, 2월 58건 이후 3월 101건까지 늘어났으나 4월 10건, 5월 1건, 6~7월 0건으로 점차 줄었다. 그러다가 8월 이후 다시 확진자가 급증하면서 8월 11건, 9월 11건 등으로 늘었고 이후 10월 1건, 11월 2건, 12월 1건 등으로 안정세를 보였다.

방송통신심의위원회는 2018년 1월 제4기 위원회 출범 이후 사회혼란 야기 정보와 관련된 심의규정을 적용해 시정요구를 결정한 것은

---

7 『한컷뉴스』 2021년 2월 14일, 「코로나19 〈수도권 임시선별검사소〉 설치·운영 현황」

코로나19 관련 정보가 처음이라고 했으며, 국민의 건강을 위협하는 정보는 적극적으로 심의할 필요성이 있다고 판단했다고 한다. 이 위원회는 일부 커뮤니티와 SNS 등에서 코로나19 치료제나 백신에 대해 사실이 아닌 자극적인 정보가 유통되는 사례가 있어 이용자들에게 주의를 당부하고, 코로나19 관련 공식 홈페이지에서 사실관계를 확인하도록 권고했다.[8] 2020년 한 해에 코로나19에 관하여 사회에 불안을 조장한 주요 거짓 정보로 다음 세 가지를 들 수 있다.

코로나19의 진원지는 우한?

처음 코로나19의 진원지로 지목된 곳은 중국 우한에 있는 수산시장이었다. 그러나 코로나 전염병의 초기 감염자를 대상으로 하여 분석한 논문은 뜬소문과는 다른 내용을 전달했다. 첫 발병자는 수산시장에 간 적이 없었고 감염자 41명 가운데 14명도 마찬가지라고 했다. 그러자 그 후에는 코로나19가 우한의 바이러스 연구소에서 유출되었다고 하여 중국의 음모였다는 소문이 확산되었다. 과학적 근거 없이 편견과 혐오를 조장하는 '정보 전염병', '인포데믹'의 전형으로 확대되어 갔다.

코로나19의 퇴치제?/토종 치료약?

눈만 마주쳐도 감염된다는 식의 코로나19 괴담이다. 신종 감염병에 대한 불안과 공포를 돈벌이 수단으로 악용하는 사람들도 나타났다. YTN은 돼지 코로나 바이러스로 실험한 제품을 마치 코로나19 퇴

---

8 『연합뉴스』 2021년 1월 10일, 「작년 코로나19 관련 정보 200건 시정요구…3월 101건 집중」

치제인 것처럼 판매한 업체를 고발했고, 코로나19 토종 치료제로 과장하여 주가 폭등과 신봉 현상을 일으킨 약품에 대해, 합리적 판단이 전혀 작용하지 않았다고 사실관계를 바로잡았다.

모범방역 아닌 방역농단?

국내 2차 유행의 원인으로 꼽힌 사랑제일교회와 8.15 광화문집회. 정부가 마녀사냥 하듯 자신들만 콕 집어서 검사를 하고, 결과도 양성으로 조작했다고 하면서 반발하는 모습을 보였다. 검사결과가 뒤바뀐 적이 전혀 없었던 것은 아니지만, 수많은 기관이 얽힌 방역체계 속에서 대규모 정보조작은 사실상 불가능하다. 이러한 왜곡된 정보 가운데, 10월 3일 진보진영의 집회만 허용한다고 하는 「차별방역」 주장이 제기되었는데, 이것도 가짜뉴스로 판명되었다.

2020년 한국 연예계의 부침

한국 방탄소년단의 활약은 2020년에 들어 가장 눈부신 한 해를 장식했다. 2020년 8월 미국 로스앤젤레스에서 열린 「2020 MTV 비디오 뮤직 어워즈」에서 방탄소년단은 베스트 팝, 베스트 K팝, 베스트 그룹, 베스트 안무상을 수상하며 4관왕이라는 영예를 안았다. 10월에 개최된 「2020 빌보드 뮤직 어워즈」에서 4년 연속 톱 소셜 아티스트를 수상했고, 11월에 열린 「2020 아메리칸 뮤직 어워즈」에서 팝/록 장르 favorite duo/group과 favorite social artist 상을 받았다. 한편 방탄소년단은 2020년 8월 발매한 'Dynamite'로 한국 가수 최초 빌보드 「hot 100」 차트 1위 기록을 달성했다. 12월에는 신곡 'Life Goes On'도 빌보드에서 1위를 차지했다. 특히 '다이너마이트'가 영어 곡이었던 것과 달리 한국어 가사로 이루어진 곡이라는 점에서 의미를 더했다. 비영어곡이 빌보드에서 1위를 차지한 건 '데스파시토Despacito' 이후 두 번째다. 2020년 11월 25일 미국 Recording Academy는 2021년 1월 31일에 열리게 되는 「제63회 그래미 어워드Grammy Award」 각 부문에서 후보를 선정했다. 7개 부문에 지원했던 방탄소년단은 '다이너마이트'로 「베스트 팝 듀오/그룹 퍼포먼스」 부문 후보자에 올랐다. 클래식 부문이 아닌 대중음악에서 「그래미 어워드」 후보에 오른 한국 가수는 방탄소년단이 처음이다. 이로써 방탄소년단은 미국 3대 음악시상식, 「빌보드 뮤직 어워즈」, 「아메리칸 뮤직 어워즈」, 「그래미 어워즈」에서 모두 후보에 오르는 기록을 세웠다.

아울러 2020년에 들어 영화 '기생충'은 세상을 놀라게 했다. 2020년 2월 10일 로스앤젤레스 할리우드의 돌비 극장에서 개최된 「제92회 아카데미 시상식」에서 '기생충'이 각본상, 국제 장편 영화상, 감독상에 이어 최우수 작품상까지 받았다. 한국 영화가 아카데미에서 수상한 건 101년 역사상 처음이다. 아시아계 작가가 각본상을 탄 것도 아카데미 역사상 '기생충'이 처음이었다. 외국어 영화로는 2003년 '그녀에게'의 스페인 페드로 알모도바르Pedro Almodovar 감독 이후 17년 만의 수상이다. 이에 앞서 '기생충'은 2019년 5월 25일 프랑스 칸 뤼미에르 대극장에서 열린 「제72회 칸 영화제」에서도 최고상인 황금종려상을 수상한 바 있다. 칸의 황금종려상과 아카데미 작품상을 동시에 수상한 작품이 탄생한 것은 1955년 영화 '마티' 이후 65년 만의 일이다. 이외에도 영화 '기생충'은 보스턴비평가협회에서 감독상과 외국어영화상을 받았다.

이 밖에도 세계적인 온라인 스트리밍 서비스 넷플릭스를 업은 K드라마한국드라마의 활약은 놀랄만한 일이었다. 넷플릭스가 지역별로 발표하는 「오늘의 톱 10」을 기반으로 순위를 집계하는 사이트 플릭스

패트롤에 따르면, 2020년 세계에서 가장 인기 있는 프로그램 100위 권 안에 K드라마 10편이 속했다고 한다. 17위 '사이코지만 괜찮아', 28위 '더 킹: 영원의 군주', 41위 '청춘기록', 55위 '사랑의 불시착', 61 위 '슬기로운 의사생활', 64위 '우리 사랑했을까', 65위 '스타트업', 80위 '쌍갑포차', 87위 '비밀의 숲', 97위 '이태원 클라쓰'였다. 특히 대만과 말레이시아에서 10위권 내 9편, 베트남에서 8편, 필리핀에서 7편, 타이와 홍콩에서 6편, 일본에서 5편이 K드라마였다. 특히 넷플 릭스 오리지널 시리즈 '스위트홈'의 활약은 대단했다. 온라인 동영상 서비스 순위 차트를 공개하는 플릭스패트롤에 따르면, 2020년 12월 21일 기준 넷플릭스 오리지널 시리즈에서 이응복 극본 연출의 '스위 트홈'이 TV프로그램 글로벌 스트리밍 3위를 차지했다. tvN '사이코 지만 괜찮아'가 글로벌 스트리밍 6위를 차지하여 최고 기록을 달리고 있었으나, '스위트홈'의 등장으로 최고 타이틀을 내려놓게 되었다. 또 한 '스위트홈'은 한국을 포함하여 대만, 싱가포르, 태국, 베트남, 필리 핀, 페루, 쿠웨이트, 카타르, 방글라데시, 말레이시아 등 총 11개국에 서 1위를 차지했다. 그리고 50여 개국 스트리밍 순위 톱10에 이름을 올렸으며 미국에서는 7위에 이름을 올렸다. 처음으로 한국 드라마가 미국 스트리밍 순위에 이름을 올린 것이다.

한편 2020년 한국의 연예계는 전반적으로 코로나19로 암흑기를 맞게 되었다. 방송, 영화, 가요계 모두 직격탄을 맞은 것이다. 우선 방 송가에서는 출연자, 스태프 등이 코로나19와 관련하여 모든 촬영을 중단하고 격리에 들어간다. 심지어 몇몇 프로그램은 자연스럽게 종 영되었고 결방되기도 했다. 코로나19 때문에 촬영 기간은 길어지고 제작비는 늘어나게 되었다. 영화계의 상황도 심각했다. 영화진흥위 원회의 2020년 영화산업 매출 추산액 발표에 따르면, 약 9132억 원이었다고 한다. 이것은 2019년 2조593억과 비교하여 무려 63.3% 감소한 수치였다. 코로나19로 영화 제작이 중단되고 개봉이 미뤄지면서 피해도 늘어났다. 실태조사에 따르면, 2020년 피해 규모는 329억56만원이었다고 한다. 이는 영화관 타격으로 이어졌다. 관객 감소에 이어 신작 공급 중단까지 겹치면서, CGV, 롯데시네마, 메가박스, 씨네큐 4개 계열 영화관 423개 중에서 3월 94개, 4월 106개가 휴관에 들어갔다. 직영, 위탁, 비계열 전체를 포함하여 폐관 10개, 영업 중단 18개, 영업 중단으로 추정되는 상영관도 6개에 달했다.

가요계도 코로나19 여파에서 피해갈 수 없었다. 쇼케이스, 공연, 콘서트 등의 일정이 줄줄이 취소되거나 앨범 발매도 연기되었다. 한국음악레이블산업협회에서 발표한 음악 산업계 피해 금액 집계에 따르면, 2020년 2월부터 7월 말까지 총 539건의 공연이 취소됐으며 약 1212억 6600만 원 상당의 손해를 입었다고 한다. 이렇게 수익이 막히다 보니 중소기획사는 경영난에 시달리고, 결국 그룹 해체로 이어졌다. 스펙트럼과 네온펀치가 코로나19 여파로 해체되었다. 연예인들도 코로나19 확진 판정을 받으며 업계는 긴장감에 휩싸였다. 가수 중에서는 업텐션 비토 고결 샤오, 에버글로우 이런 시현, 이찬원, 청하, 골든차일드 재현 등이 확진 판정을 받았다. 또한 영화배우 가운데서는 서성종, 허동원, 김원해 등이 코로나19 양성 판정을 받았다.[9]

한국의 경제적 곤란

일본의 「노동정책연구·연수기구」는 국제노동기구ILO가 2020년 12월 2일에 발표한 「세계임금보고 2020-21: 코로나19 시기의 임금

---

9 『스포츠투데이』 2020년 12월 28일, 「2020년 연예계 부침」

과 최저임금」을 번역하여 홈페이지에 공개했다.[10] 이 보고서는 세계의 평균임금 상승률에 대한 코로나19의 영향을 분석한 것이다. 코로나19 사태가 발생하기 이전인 2016년부터 2019년까지의 4년간에 걸쳐 세계의 실질 임금 상승률은 1.6~2.2%였다. 그 시기 G20 선진국에서는 연간 상승률이 0.4%에서 0.9%에 머물렀는데, 신흥국가에서는 3.5%에서 4.5% 수준으로 치솟았다. G20 국가 가운데서는 한국이 1.22%로 가장 높았으며, 독일 1.15%, 호주 1.11%, 미국 1.10%, 프랑스 1.08%, 캐나다 1.07%, 일본 0.99%, 영국 0.96, 이태리 0.95순이었다. 그런데 코로나19 사태 이후에는 임금 감소나 평균 임금상승의 둔화로 나타난 것이다.

특히 한국의 경우에는 코로나19가 고용경기에 끼친 부정적인 효과가 너무 컸다. 코로나19 이전에 임금상승률이 높았던 만큼, 한국은 고용경기에서 더욱 더 큰 고통을 겪어야 했다. 2020년 3월부터 11월까지 9개월 연속 취업자 감소세가 이어진 데다, 1~11월 월 평균 취업자 수는 2694만 명으로 2019년보다 18만1000명[0.7%]이나 줄었다. 게다가 2020년 11~12월 사회적 거리두기 단계 상향 등 방역조치가 강화된 점을 감안하면 더욱 더 고용 상황을 더욱 악화시킨 것이다.[11] 2021년 1월 11일의 문재인 대통령 신년사를 비판하는 보도는 장밋빛 희망을 담은 낙관론에 서서 정권의 미래 청사진을 설명하는데 치중했고, 코로나19의 어려운 상황에 대한 정부의 자세와 구체적인 수치를 통한 사

---

10 労働政策研究·研修機構, 2020年 12月 2日, 「新型コロナウイルスによる賃金の低下—ILO世界賃金報告」 https://www.jil.go.jp/foreign/jihou/2021/02/ilo_01.html

11 『한국경제』 2021년 1월 10일, 「[월요전망대] 코로나19 사태 1년…일자리 얼마나 줄었을까」

태 진단에 소홀히 했다고 한다. 주택 정책에 대한 실패만을 간접적으로 언급하는데 그쳤으며, 북한에 대한 응답 없는 평화공세와 「포용」 정책을 다시 강조했다는 것이다. 결과적으로 일자리 보존을 위해 정부가 재정을 쏟아 부은 정책의 효과는 미미했고, 코로나19로 인한 고용 충격은 외환위기를 넘어섰다. 고용노동부의 「2020년 12월 고용행정통계로 본 노동시장 동향」은 공공일자리 사업 효과로 실제 고용 현실을 반영하지 못하면서 '통계 분식'의 논란만을 증폭시키고 말았다.

2020년 12월 22일에 열린 제12차 부동산 시장 점검 관계 장관회의에서는 정부가 2021년 중에 아파트 319,000호를 포함하여 총 46만호의 주택을 공급할 예정이라고 했다. 계획이 차질 없이 이행된다는 가정 하에서 부동산 시장의 안정에 도움이 될 것이라는 희망을 제시했다. 홍남기 경제부총리 겸 기획재정부 장관은 「7·10, 8·4 대책 발표 이후 강보합세를 보여 왔던 주단 서울 매매시장은 최근 재건축 기대감이 고조된 단지 및 중저가 단지 등을 중심으로 소폭 상승추세를 보이고 있다」고 발표했다. 그러면서 주택공급 역량 추가 확충을 위해 중산층 대상 건설임대주택에 대한 세제 등 인센티브 제도를 2021년 상반기까지 조기에 정비할 것이라고 했으나, 그 실현 가능성을 비판적으로 바라보는 시각이 강했다. 다만 그는 「정부는 금년 중 투기수요 억제와 실수요자 보호의 정책기조 아래 수급대책과 거주안정대책을 적극 추진해 왔으나, 새로운 제도들이 정착해 나가는 과정에서 아직까지 시장안정세가 정착되지 못한 점에 대해 안타깝고 송구스러운 마음」이라고 하며, 결국 부동산 정책의 실패를 인정했다.[12]

---

12 『업다운뉴스』 2020년 12월 22일, 「정부, 내년 아파트 31.9만호 합쳐 주택 46만호 공급」

일본의 경제적 곤란

일본에서도 2020년을 통해 코로나19 사태가 수습되기는커녕, 2021년에 들어서도 사태는 계속되고 있다. 그러면서 2020년 5월부터 평균 임금은 급격하게 하락하고 있다. 무엇보다 코로나19의 영향으로 비정규직을 중심으로 하여 고용이 현격하게 줄어들었다. 2020년 7월의 고용 상황을 전년과 대비해 볼 때 131만 명이 감소했다고 한다.[13] 『마이니치신문每日新聞』은 2020년 12월 31일 릿쿄立教대학의 특임교수인 경제학자 가네코 마사루金子勝에게 스가 정권의 정책 운영 등에 관한 의견을 듣고 그 내용을 기사화했다. 기사 내용을 요약하자면 가네코는 스가 정권의 정책 운영 방향을 기존 아베노믹스의 부실이 코로나 사태 아래에서 버블을 발생시켰고, 이에 대해 스가 정권은 어쩔 수 없는 애로 상태에 빠진 것으로 보고 있다는 것이다. 이때 가네코와 대담을 나눈 것은 마이니치신문 경제 Premiere의 편집장인 가와구치 마사히로川口雅浩였다. 가와구치의 질문을 소제목으로 하여 인터뷰 내용을 소개하고자 한다.

[아베 정권에서 스가 정권이 되었는데 정부의 대응은 어떤가]

스가菅 총리는 수상이 되기 전에 각료로서 총무대신 밖에는 경험하지 않았기 때문에, 휴대폰 요금의 인하나 디지털청 창설 정도밖에는 정책을 내놓지 못하고 있다. 휴대폰 전화 요금의 인하 문제에 대해서는 NTT가 NTT DOCOMO를 완전 자회사로 하고 대주주인 정부가 정치적으로 요금을 인하시키면 어떨까 한다. 본래 NTT의 개발력

---

13 Diamond Online, 2020年 10月 15日, 「コロナ禍'失業率2.9%'の裏に, 職を失って救済されない100万人が存在」https://diamond.jp/articles/-/251127

이 왜 떨어졌는지에 대해서는 고민하지 않고 통화 요금이나 단말기 가격으로 이야기를 축소해 버린다.

[2050년까지 온실가스 배출량을 실질적으로 제로로 하겠다는 '탈 탄소' 정책은 어떤가]

고노 다로河野太郎 행정개혁 담당대신이 재생가능 에너지를 보급시키기 위해 규제완화 등에 대처하고 있는데, 스가 정권의 성장전략 실행계획을 보면, 「재생 에너지를 최대한 도입하겠다」고 적혀있을 뿐이다. 이 「최대한」이라는 표현은 조금만 늘리고도 최대한 늘렸다고 주장할 수 있는 것이다. 한편 성장전략에서 「원자력을 활용하겠다」고 했다. 실은 이쪽에 역점을 두고 있으며 구태의연한 전력산업의 이권을 지키는 것으로는 전혀 의미가 없다.

[GoTo 캠페인을 비롯한 코로나 대책은 어떤가]

2021년에는 중의원 선거를 치를 것이다. 선거자금으로 돈을 뿌린다면 선거의 소재가 될 것이다. 스가 정권은 근본적으로 코로나 대책에 적극적이지 않기 때문에, 「with Corona」라고 하는 이름으로 어느정도 감염을 확대시켜 놓고, 「모두 어때? 돈이 없으면 힘들잖아. 내 덕에 이만큼 구제받는 거야」하고, 위선적인 자작극과 같은 경제정책에 빠진 것이다. 결과적으로 자숙과 경제활동 재개의 반복이라는 진흙탕에 빠진 것이다. 지속화 지원금입네 무엇입네 하지만, 일본은행이 국채를 매입하여 재정을 떠받치는 정책에 의존하는 맹렬한 돈 뿌리기가 일어나고 있는 것이다. 그렇다고 해서 잘 되어가는 것도 아니다. 지원금을 받더라도 분명히 임금 가치는 떨어지고 있어, 사회적 격차는 갈수록 확대되어가고 있는 것이다.

[2020년 12월 추가경제대책으로 이미 2020년도 신규국채발행액은 100조 엔(円)을 초과]

일본은행은 이미 530조 엔 이상의 국채를 매입했을 뿐 아니라, 제2금융권을 포함하여 금융기관에 대한 제로 금리 대부금을 60조 엔이나 늘려놓았다. 이것은 미국 연방준비제도이사회FRB나 유럽중앙은행ECB도 동일한데, 코로나 가운데 버블을 만들어내고 있는 것이다.

[주가는 오르고 있는데 격차는 벌어지고 있다]

코로나 사태인데도 일본경제신문의 평균주가는 27,000엔 대를 형성하여, 버블붕괴 이후 최고치를 갱신했다. 이것은 버블이라고 생각한다. 수도권에서는 맨션 등 부동산 판매가 2019년을 웃돌고 있다. 제2금융권이 「얼마든지 빌려 쓰세요」라고 하고 있으니, 모두가 빌린다면 버블이 생긴다고 해도 이상하지 않다. 다른 한편에서 젊은 세대에게는 코로나 빙하기가 일어나려고 하고 있다. 바로 「코로나 속 버블」과 「코로나 빙하기」라는 이상 사태라고 할 수 있다. 스가 정권은 아베노믹스의 부실을 메우려고 애로상황에 빠진 것이다.

[코로나 감염확대를 저지하고 경제를 정상화할 수 있는 방안은 무엇인가]

GoTo 캠페인과 같이 보조금을 내서 무리하게 음식과 숙박을 진작시키지 말고, 감염 그 자체를 막아내지 않으면 안 된다. 무증상자에 대한 검사가 목숨을 지키는데 더욱 중요해지고 있다. 종래의 산업이 쇠퇴하고 임금이 인하되면 격차사회가 심해진다. 그것을 극복하기 위한 시나리오가 필요한 시점인데, 현 스가 정권에서는 이것을 찾아볼 수 없다.[14]

---

14 『毎日新聞』 2021年 12月 31日, 「経済プレミアインタビュ-, 金子勝氏 "コロナでバブルと氷河期が同居の異常事態"」

일본 정부에 대한 일본 국민들의 불신은 그대로 여론조사에서도 나타났다. 요미우리신문이 2021년 1월 15일에서 17일 사이에 일본 전국을 대상으로 하여 실시한 여론조사에서 스가 내각에 대해 지지한다는 비율이 39%로 나타났고, 반면에 지지하지 않는다고 응답한 비율은 49%로 떨어져서, 스가 내각 출범 후 처음으로 지지하지 않는다는 비율이 지지한다는 비율을 웃돌았다. 응답자들이 스가 내각의 코로나19 대책에 대한 강한 불만을 표시한 것이다. 요미우리신문의 지지율은 지난번 2020년 12월 26일과 27일에 실시한 조사에서 45%를 나타낸 적이 있다. 이처럼 내각을 지지한다고 응답한 비율이 6% 떨어졌고 반대로 지지하지 않는다고 응답한 비율은 지난번 43%에서 6% 올랐다. 정당 지지율에서는 집권 여당인 자민당이 지난번 조사에서 38% 지지를 받았으나 이번 조사에서 37%를 보였고, 제1야당인 입헌민주당은 지난번 조사 결과인 3%에서 이번에 5%로 조금 상승하는데 그쳤다. 반면에 무당파 지지율에서는 지난번 47%에서 이번 46%로 나타남으로써 지속적인 정치적 무관심을 표출했다.[15]

---

15 『読売新聞』 2021年 1月 18日, 「菅内閣 '不支持' 49%・'支持' 39%で初の逆転, コロナ対策に強い不満か…読売世論調査」

제4장

한국과 일본의 외교

_1_
외교 관련 예산

한국의 경우

1955년에 출생한 강경화 외교장관은 2017년 문재인 정부의 출범과 함께 안정적인 외교과제를 수행했다. 2020년 한국 외교정책의 목표와 주요 과제에 관하여, 한국 외교부 홈페이지는 「국민의 나라, 정의로운 대한민국」이라는 국가비전 아래 「평화와 번영의 한반도」라는 국정목표를 충실히 이행하기 위하여, 다음과 같은 외교적 과제를 설정하고 있다고 설명했다.

첫째 과제로 「북핵문제의 평화적 해결 및 평화체제 구축」을 설정하고, 완전한 비핵화 및 한반도의 항구적 평화정착을 위한 다양한 외교적 노력을 기울이겠다고 했다. 이를 통해서 비핵화의 실질적 진전을 이루고, 항구적이고 공고한 한반도 평화체제를 구축하겠다고 했다.

둘째 과제로 「국민외교 및 공공외교를 통한 국익 증진」을 성정하고, 외교정책에 대한 대국민 소통·참여 강화, 국민외교 역량 결집 등을 통해 통합적인 국민외교 체계를 구축하겠다고 했다. 아울러 전략적인 공공외교 추진을 통해, 한국에 대한 올바른 인식을 제고하고 한국 외교정책에 대한 지지와 공감을 확보해 나가겠다고 했다.

셋째 과제로 「주변 4국과의 당당한 협력외교 추진」을 설정하고, 한미 동맹을 중심으로 중국, 일본, 러시아와의 공조를 강화해 나가겠다고 했다. 주변 4국과 당당하면서도 활발한 협력 외교를 전개하여, 북핵 문제 해결을 비롯한 한반도 평화안정을 도모해 나가고, 유라시아

공동번영에 기여하도록 하겠다고 했다.

넷째 과제로「동북아플러스 책임공동체 형성」을 설정하고, 동북아의 지정학적 긴장과 경쟁구도 속에서 장기적으로 한국의 생존 및 번영에 우호적인 평화·협력의 환경을 조성하겠다고 했다. '평화의 축'으로서 동북아 평화협력 플랫폼을 구축하고, 동북아를 넘어서는 남방·북방 지역을 '번영의 축'으로 삼겠다고 했다.

다섯째 과제로「국익을 증진하는 경제외교 및 개발협력 강화」를 설정하고, 개방적 대외 경제 환경을 조성하며 신흥경제권 국가와의 협력의 지평을 확대하는 한편, 기후변화에도 적극 대응하겠다고 했다. 효율적인 원조사업 수행 등을 통해 국제사회 기여를 강화하고, 국익을 제고해 나가겠다고 했다.

여섯째 과제로「해외 체류 국민 보호 강화 및 재외동포 지원 확대」를 설정하고, 체계적인 재외국민 보호시스템을 구축하여 해외 체류 우리 국민들의 신분 보호와 편익 증진에 힘쓰겠다고 했다. 아울러 한민족 글로벌 네트워크 활성화 등 재외동포의 역량을 강화하겠다고 했다.

이러한 과제들을 수행하기 위해 2020년도 한국 외교부의 예산을 편성했는데, 총 예산규모는 세입예산 2,837억 원, 세출예산 2조 6,172억 원이었다. 세출예산으로서는 인건비 3,527억 원, 기본경비 2,321억 원, 주요 사업비 2조 254억 원이었다. 아울러 보전지출 주요 사업비로 69억 원이 책정되었다. 이를 분야별로 나눠보면, ⑴ 한반도 평화조성 239억 2700만 원, ⑵ 정상외교 211억 9100만 원, ⑶ 국제기구분담금 5074억 5800만 원, ⑷ 지역외교 138억 5800만 원, ⑸ 다자관계협력 174억 5300만 원, ⑹ ODA 국제개발협력 9119억 7000만 원, ⑺ 문화외교 및 국제교류 315억 8800만 원, ⑻ 재외동포

보호 및 지원 906억 5900만 원, (9) 여권업무 선진화 998억 9400만 원, (10) 경제외교 79억 8700만 원, (11) 에너지 및 글로벌 이슈 대응 외교 91억 3400만 원, (12) 외교정책연구 및 교육 149억 7700만 원, (13) 재외공관 운영 6479억 9100만 원, (14) 외교 행정지원 2121억 6700만 원, (15) 차입금원금 상환 69억 4500만 원이었다. 가장 많은 예산으로 (6) ODA 국제개발협력 지출 예산 9119억 7000만 원이 책정되었는데, 이 항목의 예산은 당분간 늘어날 것으로 보인다.[1]

일본의 경우

1955년에 출생한 일본 외무대신 모테기 도시미쓰茂木敏充는 2012년 제2차 아베安倍 내각에서 경제산업대신 겸 내각부 특명담당대신으로 각료에 임명된 후, 2014년 자민당 선대위원장, 2016년 자민당 정조회장, 2017년 9선 의원으로 경제재생 담당대신 등을 거쳐, 2019년 외무대신이 되었으며, 2020년 9월 스가菅 내각의 출범에도 유임되어 일본의 외교정책을 주관하고 있다. 2021년 1월 8일 코로나19 사태에도 불구하고 브라질을 방문하고 거기서 신년사를 낭독했다. 외무성 홈페이지에 실린 그의 신년사 모두 발언을 인용하면서 일본 외교의 당면 과제를 소개하고자 한다.

「외무대신에 취임하고 나서 가능한 이른 시기에 방문하겠다고 생각했었는데, 이번에 중남미 지역의 멕시코, 우루과이, 아르헨티나, 파라과이, 브라질 5개국을 방문함으로써 자신의 생각을 실현하게 되었다. 중남미 국가에서는 일계인 사회를 통한 인연을 포함하여 일본과

---

1   http://www.mofa.go.kr/

오랜 기간 우호관계를 유지하면서, 기본적인 가치를 공유하고 있는 파트너이다. 이번 방문으로 각국과의 사이에 법의 지배에 기초를 둔 자유롭고 열린 국제질서를 유지하고 강화하며, 양국 간 관계의 강화와 국제적인 장에서 연계하고, 일본 기업의 비즈니스 환경 개선, 나아가 일계인 사회와의 연계에 관하여 심도 있게 의견 교환을 할 수 있었다.

멕시코에서는 외교장관과 경제장관과 회담을 갖고, 합의·발효로 연계한 'TPP 11 협정' 등 다자간 틀에서 연계해야 하는 중요성에 대해 의견을 교환함과 동시에, 2021년부터 멕시코가 유엔 안전보장이사회의 비상임 이사국이 되는 것을 기초로 하여, 북한에 대한 대응 등에서 연계해 가기로 확인했다. 또한 일본계 기업 수가 중남미에서 가장 많은 것을 기초로 하여 일본계 기업의 비즈니스 환경 정비가 중요하다는 것에 대해서도 의논했다.

우루과이에서는 라카제 포우Lacalle Pou 대통령을 표경 방문하고 외교장관과 따로 회담을 가졌다. 이 회담에서 2021년에 외교관계 수립 100주년을 축하하고, 기념사업을 통하여 양국 관계를 강화시키자는데 의견 일치를 보았다. 또한 이번 방문을 통하여 무역의 원활화를 촉진하는 관세에 관한 상호지원협정에 서명했다.

3개국 째인 아르헨티나에서는 페르난데스Fernández 대통령을 표경 방문하고 외교장관과 회담을 가졌다. 회담에서는 2020년에 발족한 아르헨티나 신 정권과의 관계 강화를 논의하고, 2018년과 2019년에 아르헨티나와 일본이 각각 의장국을 역임했던 G20에서 연계 강화 방안을 협의했다. 또한 2021년 전반부에 메르코수르MERCOSUR의 의장국이 되는 아르헨티나로부터 메르코수르의 중요성에 관한 이야기를 많이 듣게 되었다.

이어 국제회의에 대한 동참 이외에는 일본의 외무대신으로서 처음 방문한 파라과이에서는 아브도 베니테스Abdo Benítez 대통령을 표경 방문하고 외교장관과 회담을 가졌다. 회담에서는 법의 지배 등의 가치를 특히 중시하는 파라과이와의 관계 강화에 대해서 의논했다.

중남미 마지막 방문국인 브라질에서는 볼소나로Bolsonaro 대통령을 표경 방문하고 외교장관과 회담을 가졌다. 회담에서는 2020년 11월에 열린 제1회 일본·미국·브라질 협의를 제도화 하는 등, 일본과 미국과의 협조를 중시하면서 새로운 외교를 추진하고자 하는 브라질과 전략적인 연계의 강화에 대해서 논의했다. 또한 구체적 성과로서 생물다양성 협력각서 및 희토류 니오브niobium·그라펜graphene의 활용 촉진에 관한 협력각서에 서명했다. 나아가 2021년 하반기에 브라질은 메르코수르의 의장국이 되기 때문에 브라질로부터 메르코수르의 중요성에 관한 이야기가 많이 나왔다.

2021년 1월 20일에는 미국에서 바이든 정부가 출범하면서 미일 동맹에서도 약간의 변화 움직임이 나올 것으로 예견되며, 또한 포스트코로나 시기에 국제질서의 존재 양식 등, 일본 정부의 외교가 국제사회의 기대에 잘 부합해 가야 할 필요가 있다. 그런 가운데 중남미 국가들은 일본에서 본다면 지구 반대편에 위치하지만, 바이든 정부와 깊은 관계를 유지하면서 또한 북한에 대한 대응이나 국제질서 등에 대하여 유엔과 국제적인 장에서 긴밀하게 연계해 갈 필요가 있다. 이번 중남미 방문을 통하여 법의 지배를 기초로 하는 자유롭고 열린 국제질서의 유지와 강화를 향해, '포용력과 강인함을 겸비한 외교'를 역동적으로 스타트할 수 있게 되었고 생각한다.

중남미에 이어 아프리카의 세네갈과 케냐 2개국을 방문할 예정이다. 이 방문을 통하여 TICAD-8를 기초로 하는 연계와 함께 '자유롭고 열린 인도·태평양'에 관한 연계를 재확인하고, 포스트코로나의 국제질서를 구축하기 위해 일본이 리더십을 발휘해 갈 것을 어필하고자 한다. 이어 애초에는 나이지리아 방문을 예정했지만, 일본정부가 2021년 1월 6일에 나이지리아를 검역 강화 대상국으로 지정한데다가 신형 코로나에 관한 국내외의 엄중한 상황을 종합적으로 검토하고 방문을 취소하기로 했다.

마지막으로 한국에서 과거 위안부 등에 의한 일본정부에 대한 손해 배상 청구 소송에 대해서 말씀 드린다. 이번 판결에 대해서는 국제법상으로도 양국관계상으로도 도저히 생각할 수 없는, 이상한 사태가 일어난 것을 대단히 유감으로 여긴다. 일본으로서는 국제법상 주권면제의 원칙에 따라, 일본 정부가 한국의 재판권에 복종할 이유를 인정할 수가 없고, 본 건 소송은 각하되어야만 한다는 입장을 누차에 걸쳐 표명하고 전달해 왔다. 나아가 위안부 문제를 포함하여 한일 간의 재산·청구권 문제는 1965년 청구권 협정에서 완전히 그리고 최종적으로 해결된 것이다. 또한 위안부 문제에 대해서는 2015년 한일 합의에서, 「최종적이고 불가역적인 해결」을 양국 정부 사이에서 확인된 것이다. 그럼에도 불구하고 국제법상의 주권 면제 원칙을 부정하고 원고의 제소를 인정한 판결이 나온 것은 지극히 유감이며, 일본정부로서는 단연코 받아들일 수 없다. 나의 지시 아래, 어제 1월 8일 도쿄에서 아키바 다케오秋葉剛男 차관이 남관표 주일한국대사를 초치하고, 방금 전에 내가 강경화 외교장관에게 직접 전화를 걸어서, 강력하게 항의하고 한국이 국가로서 국제법 위반을 시정하기 위한 적절한 조치를 조속히 강구하도록 강하게 요청했다.」[2]

---

2 「茂木外務大臣臨時会見記録」 2021年 1月 8日. https://www.mofa.go.jp/

그리고 2020년 12월 재무성에 올라간 일본의 2021년도 정부예산안에 따르면, 2021년 외교적 과제로서 ① 2021년도 ODA 예산은 코로나19의 국제적 수습을 위한 보건 분야 ODA 확충에 따라서 사업금액이나 예산액에서 2020년 5,610억 엔에서 5,680억 엔으로 69억 엔의 증가를 보였다. ② 외무성 예산은 보건 분야의 ODA와 디지털화의 진전에 중점적으로 배치하고, 총액에서 2년 연속 감소하게 되었으며 특수 요인을 제외하고는 4년 만에 감소했다. 또한 2021년도 외무성 예산은 ① 코로나19에 대한 대응, ② 국제질서의 강화, 외교·영사 실시체제의 강화, ③ 국경을 넘는 과제에 대한 대응, 전략적 대외 발신에 중점을 두었다.[3]

외무성은 도쿄 본부와 재외공관으로 구성되어 있다. 도쿄 본부는 외무성 전체의 관리를 담당하는 종합외교정책국 외 5개의 지역국과 경제국 등 4개의 사항 관련국이 있고, 군축비확산과학부, 남부아시아부, 아프리카부 등 3개부가 설치되어 있다. 일본의 재외공관은 2020년 3월 기준 대사관 152개, 총영사관 65개, 정부대표부 10개 등 총 227개이다. 2020년 3월 기준 외무성 본부 직원은 특별직 8명과 일반직 2,790명, 재외공관 특별직 168명과 일반직 3,353명 등 총 6,358명이다. 2020년 3월 발표된 일본 외무성 예산 총액은 7,120억 엔이다. 2020년 일본 12개 정부 부처의 ODA 예산은 5,610억 엔이며, 이 중 외무성 소관 ODA 예산은 4,429억 엔으로 전년 대비 1.2%가 증가하였다. 일본의 ODA는 버블경제 붕괴에 따른 경기침체가 지속되면서 1997년 1조 1,687억 엔을 정점으로 하여 점차 감소하였으나, 2015년부터 다시 증가하여 2020년 5,610억 엔이 된 것이다. 이 가운

---

3   https://www.mof.go.jp/budget/

데 외무성의 ODA 예산은 4,429억 엔으로서, 외무성의 ODA 예산은 10년 연속 증가추세에 있다.

지난 2020년 3월 27일, 2020년도 일본 정부의 예산안이 참의원 본회의를 통과했는데, 그 중에서 외무성의 총 예산은 7120억 엔이었다. 한국과 일본의 외교부 예산을 상호 비교해 보자. 한국의 2020년 외교부 예산 규모는 총 2조 254억 원이며, 외교 인력은 2045명이다. 이에 비해 일본의 2020년 외무성 예산은 한국 돈으로 약 7조 8320억 원이었고, 외교 인력은 6358명이다. 일본이 한국에 비해서 약 3배 정도 큰 것을 알 수 있다. 다만 이러한 수치만으로 한 국가의 외교역량을 판단하기에는 한계가 있고 다양한 요소가 고려되어야 한다. 다만 최근 국가 간 경쟁이 치열해 지고 있는 외교환경을 감안할 때, 예산과 인력 보강을 통해서 한국의 외교 역량을 강화하는 노력이 좀 더 필요하다고 생각된다.[4]

---

4   박명흠, 「일본의 외교 조직 현황 및 예산 변동추이와 시사점」, 『의회외교 동향과 분석』 제52호, 2020년 6월 9일, pp. 2-4.

_2_
일본군 '위안부' 판결

일본 정부는 기본적으로 일본군 '위안부' 문제와 관련해 2차 세계
대전 종전 후 체결한 샌프란시스코 강화조약의 「외교적 보호권 포기
설」에 따라서 국가가 보상할 의무가 없으며 1965년 한일 청구권 협
정에 따라 일본군 '위안부' 개인에 대한 배상책임도 소멸됐다는 입장
을 고수하고 있다. 또한 위안부 피해 여성들과 각국 정부, 국제사회가
일본 정부의 범죄 사실 인정, 정당한 배상과 사죄를 촉구하고 있으나
일본 정부는 이를 계속 거부하고 있다. 나아가 일본 극우파 세력들은
2012년 미국 일간지에 자극적인 제목과 함께 일본군 '위안부'의 존
재를 부정하는 광고를 싣기도 했으며, 일각에서는 당시 '위안부' 모집
이 군이 아니라 민간차원에서 행한 일이라며 증거가 없다는 입장을
고수하고 있다.

일본의 사법부도 이와 마찬가지 법리를 제시했다. 1998년 일본 야
마구치山口 지방재판소 시모노세키下關 지부가 김덕순 씨 등 일본군
'위안부' 출신 한국인 여성들이 제기한 손해배상 소송에서 전후 보상
재판과 관련해 처음으로 국가의 책임을 인정해 원고 3명에게 총 90만
엔을 지급하라고 위자료 지급판결을 내렸다. 이는 일본의 사법의 역
사 처음으로 군대 '위안부'에 대한 손해배상 청구를 일부 인정한 것이
다. 그러나 2001년 열린 2심 재판에서 히로시마広島 고등법원은 「보
상은 입법부의 재량적 판단에 맡겨진 것」이라며 1심 판결을 뒤집었
고, 결국 2003년 3월에 일본 최고재판소는 원고 패소 판결을 확정했

다. 마지막으로 일본의 최고재판소가 피해자 패소 판결을 내림으로써 조선인 피해자에 관한 일본 사법부의 법리는 분명해졌다.

일본의 사법부 판결이 나오자 조선인 피해자들은 이제 한국의 사법부에 판결을 맡기게 된 것이다. 2021년 1월 8일 오전 서울 서초구 중앙지법에 고故 배춘희 할머니 등 조선인 '위안부' 피해자 12명이 일본 정부를 상대로 제기한 손해배상 청구 소송에서 1심 선고가 이루어졌다. 여기에서 서울중앙지법 민사합의34부의 김정곤 부장판사는 고故 배춘희 할머니 등 '위안부' 피해자에게 1인당 1억 원을 지급하라고 하는 원고 승소 판결을 내렸다. 결국 일본 정부는 항소를 제기하지 않았기 때문에 1심 판결이 그대로 한국 사법부의 법리로 확정되었다. '위안부' 피해자들이 일본 정부를 공식적으로 상대로 한국 법원에 낸 손해배상 청구 소송은 여러 건 있으나, 이 가운데 사법부 판결이 나온 것은 이것이 처음이다. 일본 정부의 배상 책임 인정은 피해자와 다수 국민 입장에서 보면 정의로운 판결로 보이지만, 이미 강제징용 배상 판결 문제 등으로 갈등이 깊어진 한일관계에서 볼 때에는 더욱 더 양국 관계를 악화시키는 판결이었다. 그나마 강제징용 배상 판결은 일본 기업이 피고이기 때문에 우회로를 찾으려는 양국 정부의 노력이 있었지만, '위안부' 판결은 피고가 일본 정부이었기 때문에 논의의 첫발을 떼기조차 어렵다는 지적이 나오고 있다. 한국의 행정부가 사법부의 판결에 개입하지 않는다는 원칙을 내세우고 있지만, 적극적인 한일관계의 회복에 나서지 않는 입장에서 '위안부' 문제를 둘러싸고 외교적으로 해소할 마땅한 방법이 없는 상황을 맞이한 것이다.

2013년 8월 13일	배춘희 할머니 등 위안부 피해자 12명, 서울중앙지법에 일본 정부 상대로 1인당 1억원씩 총 12억원의 손해배상 청구하는 조정 신청 일본 정부 조정신청서 수령 거부
2015년 6월 15일	첫 조정 기일. 일본 정부 측 불출석으로 공전
7월 13일	2회 조정 기일
10월 23일	원고 측, 법원에 '조정을 하지 않는 결정 신청' 제출과 함께 본안 소송 의사 표명
12월 30일	법원, '조정을 하지 않는 결정'으로 사건 마무리. 손해배상 청구는 정식 소송 절차로 이관
2016년 1월 28일	법원, 정식 손해배상 청구 소송 개시
2020년 1월 30일	법원, 일본 정부 측에 공시송달 결정
4월 24일	정식 소송 제기 4년 만에 첫 변론 기일
10월 30일	4회 변론 기일
2021년 1월 8일	법원, 원고 승소 판결. 일본 정부가 "원고들에게 1인당 1억원을 지급하라"고 판결

핵심 쟁점 : 국가면제(주권면제)* 원칙 적용 여부
*한 국가의 법원이 다른 국가를 소송 당사자로 삼아 재판할 수 없다

위안부 피해 할머니 측	법원 판단	일본 정부 측
"중대한 인권침해 사안에 주권면제를 적용할 수 없다."	반인도적 범죄행위로 국제 강행규범 위반. 주권면제 원칙 적용 불가	"국제법상 원칙인 주권면제가 적용돼 소송이 각하돼야 한다."

일본 정부는 한국 사법부의 판결 직후 남관표 주일한국대사를 초치하며 즉각 항의했다. 일본 정부는 국제법상 국가는 다른 나라의 재판에서 피고가 되지 않는다는 「주권 면제」 원칙을 내세워 소송 참여를 거부한 채 원고 측 주장을 각하해야 한다는 입장을 고수했다. 게다가 일본은 박근혜 정부가 2015년 12월에 발표한 「한일 위안부 합의」로 양국 간 '위안부' 문제가 최종적으로 해결되었다는 입장이다. 그러나 이 합의는 문재인 정부 들어 피해자들의 의견을 제대로 반영하지 못했다는 이유 등으로 사실상 무효가 되었으며, 이후 일본 정부는 한국의

약속 위반을 주장하며 합의 이행을 촉구해왔다. 반면에 한국 정부는 위안부 합의 폐기를 선언하지는 않았지만, 이 합의가 문제의 진정한 해결이 될 수 없으며 일본 정부가 스스로 표명했던 책임 통감과 사죄·반성의 정신에 부응하는 행보를 해야 한다는 입장을 견지해왔다.[5]

2021년 1월 13일 일본의 시민단체 가운데 하나인 「일본군위안부문제해결전국행동」日本軍「慰安婦」問題解決全国行動은 다음과 같은 성명서를 발표하고 일본정부의 반성과 사죄를 촉구했다. 이 시민단체의 공동대표는 양징자梁澄子와 시바 요코柴洋子가 맡고 있다. 성명서의 제목은 「일본정부 및 일본 미디어는 일본군 '위안부' 소송 판결을 바르게 받아들여라」이었다. 이 성명서는 2021년 1월 8일, 한국의 서울중앙지방법원은 일본군 '위안부' 피해자 12명이 일본국 정부를 상대로 제기한 손해배상 청구소송에서 원고의 청구를 모두 인정하고 피고인인 일본정부에게 피해자 1인당 1억 원 약950만 엔의 지불을 명하는 판결을 언도했다고 하며, 판결 직후부터 일본 정부 및 미디어에 의하여 이 판결을 깎아내리는 코멘트와 보도가 이뤄지고 있는데 대해 다음과 같은 의견을 제시했다.

시민단체성명(1): 「국제법적으로도 상식적으로도 있을 수 없는 판결」인가

일본 정부가 이번 판결을 「국제법적으로도 상식적으로도 있을 수 없는 판결」이라고 하는 근거는 「주권면제」라고 하는 국제관습법에 기인한다고 한다. 그러나 「주권면제」론에 대해서는 이미 19세기부터 예외를 인정하는 상대적 「주권면제」론이 대두하고 있으며, 국제

---

5   『연합뉴스』 2021년 1월 8일, 「강제징용 문제로 골 깊은 한일관계, 위안부 판결로 악화일로」

질서의 변동에 따라서 끊임없이 수정되고 있고, 예외가 확대되어가고 있다. 「국제법상 주권국가는 타국의 재판에 복종하지 않는다는 것이 원칙」이라는 스가菅 수상의 인식은 21세기에 있어서 국제법적으로 결코 상식이 아니다. 이번 판결은 「피고가 되는 국가가 국제공동체의 보편적 가치를 파괴하고 반인권적 행위에 의해 피해자에게 심각한 피해를 가했을 경우에까지 최종적 수단으로서 선택된 민사소송에서 재판권이 면제되는 것」으로 해석할 수 있다는, 불합리하고 부당한 결과를 낳게 된다.

일본이나 미국 등의 재판소에 민사소송을 제기했지만 모두 기각되거나 각하되어, 1965년 청구권 협정과 2015년 한일합의도 피해를 입은 개인의 피해를 포괄할 수가 없었기 때문에 피해자들은 마지막 수단으로 한국 국내법원에 제소한 것이다. 일본군 '위안부'라고 하는 중대한 인권침해를 입은 피해자가 일본의 재판소에 제소했을 경우에는 「국가 무답책」 법리나 「제척기간」 법리를 들어 물리쳤다가, 마지막 수단으로 한국 국내법원에 제소하니까 이제는 「주권면제」를 주장한다. 이런 구연의연하고 비인권적인 일본 정부나 일본 사법부와는 달리, 피해자들이 마지막 수단으로 제소한 것으로 눈을 돌리지 않고 인권 중시 판단을 내보인 한국 사법부는 칭찬을 받아 마땅하다. 이러한 판단은 국제인권의 신장에 반드시 기여할 것이며, 이것은 결국 일본 시민에게도 돌아올 것이다.

시민단체成明(2): 「반일판결」인가

2021년 1월 8일 『요미우리読売 온라인 신문』 등에서 「반일감정에 치우친 판단」이라고 논평한 것은, 이번 한국 사법부의 인권 중시 판단이 일본정부에 대해서 뿐 아니라 한국 정부에 대해서도 적용되고 있다는 사실을 무시한 논평이다. 실례로 미군 기지촌의 여성이 한국 정부를 상대로 2014년에 제기한 손해배상 청구소송에서, 서울고등법원은 2018년 2월 8일 원고 117명 전원에게 반인권적 불법행위에 대해서 위자료를 지불하라고 한국 정부에게 명하는 판결을 내린 바 있다. 이 판결은 「국가가 기지촌 위안부의 성적 자기결정권, 나아가 성에 의해 표상되는 원고들의 인격 자체를 국가적 목적 달성을 위한 수단으로 간주하고 인권존중 의무를 위반했다」고 판시했다. 당시 행정문서에는 기지촌 위안부를 「미군 위안부」라고 했다. 또한 기지촌 여성들이 「자발적으로」 성매매를 시작했다는 주장에 대해서는, 「국가가 이것을 기화로 하여 기지촌 위안부의 성 내지 인간적 존엄성을 군사동맹의 강화 또는 외화 획득의 수단으로 한 이상, 그에 따른 정신적 피해를 입었다고 보아야 한다」고 했으며, 국가에 의한 중대한 인권 침해 피해자로 인정하고 「자발」이냐 「강제」냐 하는 프레임이 무의미하다는 것을 명시했다. 현재의 일본에서는 상상도 할 수 없는 선진적인 인권 중시 판결이 한국 사법부에서 나왔다는 사실을 우선 인식해야 한다.

시민단체성명(3): 「이 판결로 한일관계는 더욱 악화된 것」인가

또 다시 「한일관계 악화」의 원인을 한국 측에서 찾으려는 논조로 일본의 미디어는 온통 도배되고 있다. 원래 가해국 일본이 피해자들의 요구에 불응한 것이 「한일관계 악화」의 원인임에도 불구하고, 근본 원인을 지적하고 근본적으로 문제를 해결해야 한다는 주장은 거의 보이지 않는다. 1월 8일자 『중앙일보』 기사에 따르면, 승소했다는 소식을 전달받은 원고 중 한 사람 이옥선 씨는 「기쁘지 않다」고 했다고 한다. 그 의미를 일본 정부와 시민은 깊이 받아들여야 한다. 이 씨

는 「온전히 해결된 것은 아무 것도 없다. 우리들이 무언가 죄를 범하여 이처럼 살아야 했나」라고 했으며, 「우리의 기분이 환해져야 비로소 참된 해결이 된다」, 「일본이 사죄해야 한다, 돈으로 해결하려고 해서는 안 된다」라고 한 것이다. 피해자들이 요구하고 있는 것은 일본이 과거의 잘못을 솔직하게 인정하면서 진지하게 반성하고 사죄하는 모습을 보이는 일이다. 피해자들의 「기분이 환해질 때」까지 가해국 일본은 사죄하고 **계**속 반**성**을 표**명**해야 한다, 피해국이나 피해자에게 양보와 포기를 강요하는 자세는 역사를 반성하지 않는 자세와 함께, 한일**관계**를 도리어 「**악화**」시킬 수 있다는 것을 마음에 깊이 새겨야 한다.

_3_

일본 정부의 전후처리 입장

여기에서는 한국인 강제동원 피해자에 대한 일본 정부와 일본 기업의 입장을 살펴보고, 1965년의 청구권 협정과 관련하여 한국 정부가 국내 피해자 지원을 위해 실시해 온 점을 설명하고자 한다.[6] 1990년대에 들어서부터 일본 정부를 상대로 전후보상을 요구하는 소송이 제기되기 시작했다. 소송에서 원고로 나선 피해자 가운데는 대만, 필리핀, 인도네시아, 네덜란드 등의 국민들도 있지만 한국인 피해자들이 압도적으로 많다. 일본 정부는 민간피해 청구권자들의 「보상」 요구에 대해서 1965년 한일 청구권 협정의 조항을 들어 이 문제가 모두 해결된 것으로 주장하고 있으며, 이러한 일본정부의 입장은 당분간 변하지 않을 것으로 보인다. 여기에다가 일본 사법부는 조선인 피해자의 「보상」 소송에 있어서 기본적으로 일본 정부의 손을 들어주고 있다. 일본 정부의 입장에 대해서는 다년간 관련 재판에서 피해자 변호를 위해 활동해 오고 있는 야마모토 세이타山本晴太 변호사가 정리 발표한 글은 주목할 만하다.[7] 그는 전후 「보상」 관련 소송 전반에 걸쳐 원고 측 주장이 실현되기에는 일본 정부가 주장하고 있는 「국가 무답

---

6 최영호, 「주요 선진국 피해자지원재단의 활동과 시사점」 『일제피해자지원재단 학술대회 발표집』 2019년 4월 7일을 참고할 것.

7 山本晴太. 「法律的論点からみた戦後責任裁判小史」 『우키시마호 사건 관련 한일 전문가 포럼』 (일제강점하강제동원피해진상규명위원회 조사3과, 2008년 5월 16일) 발표문집을 참고할 것.

책」·「시효 및 제척 기간」·「청구권 포기」라고 하는 법리를 들어 피해자들의 승소가 어렵다는 점을 지적한 바 있다.

먼저, 「국가 무답책」이라고 하는 것은, 국가배상이 현행 일본국 헌법에 의해 나중에 창설된 제도이기 때문에 과거 제국헌법 하에서 발생한 국가의 불법행위에 대해 배상책임을 지지 않는다는 일본 사법부의 판례 이론이다. 이 이론을 회피하기 위해 당초 원고 측은 국내법의 불법행위라는 주장을 피하고 헤이그 조약 등 국제법상 직접 배상을 청구하는 주장을 하거나, 전쟁피해를 방치한 것이 현행 일본 헌법의 전문前文과 인권 조항에 비추어 안전배려 의무 등의 계약책임을 위반한 불법행위라고 주장해 왔다. 이에 대해 일본 정부는 「개인은 국제법의 주체가 될 수 없다」고 주장하는가 하면, 궁극적으로 국내법적으로 「국가 무답책」법리에 의해 국가가 책임을 지지 않는다고 주장해 왔다.

이어 「시효 및 제척 기간」이라고 하는 것은, 민사상 혹은 형사상 불법행위의 경우 시효는 3년, 원용援用이 필요 없는 제척기간이 20년, 채무불이행이라고 해도 시효 10년을 말한다. 따라서 오늘날의 시점에서 볼 때 70년을 훨씬 지나버린 문제가 되었으며, 적어도 1990년대의 시점까지를 본다고 하더라도 45년이나 지나 버린 문제에 대해서, 이제 와서 일본 정부로서 보상해야 할 의무가 없다는 논리이다. 그러나 원고 측이 일본정부를 상대로 하여 국제법에 의한 보상을 청구한 것은 「국가 무답책」과 함께 「시효 및 제척 기간」 주장을 회피하기 위한 방책이었다. 그런데 이때 일본 정부는 「시효 및 제척 기간」 적용을 강력하게 주장하고 나서지 않았다. 그것은 「국가 무답책」 주장으로도 충분히 승소할 수 있다는 판단과 함께, 「시효 및 제척 기간」을 적용한다는 것이 일단 성립한 배상청구권이 소멸되었다는 것을 의미한다고 판단했기 때문이다. 그 결과 사법부가 나서서 제척 기간을 적용하고 원고 측 청구를 기각시킨 지방법원 판결 1~2건을 제외하고는, 「시효 및 제척 기간」은 소송에 있어서 거론조차 되지 않았다.

또한 「청구권 포기」 주장은 샌프란시스코 강화조약이나 일소공동 성명, 한일 청구권 협정 등에 의해 배상청구권은 포기된 것으로 보아야 한다는 의견이다. 이에 따라 1980년대까지 한국인 피해자 문제가 언론에 떠오르게 되면, 일본 정부는 입을 모아 「한일 청구권 협정으로 이미 해결되었다」고 하는 해석을 반복해 온 것이다. 이 때문에 재판에서 한국인 피해자들이 패소하는 주된 원인이 1965년의 한일 청구권 협정에 있는 것으로 보도되는 일이 많았다. 그러나 실제로 1990년대까지 관련 재판에서 일본 정부가 나서서 협정으로 인한 청구권 포기를 주장한 일은 없다고 야마모토 변호사는 말했다. 그것은 시베리아 억류 일본인 군인 문제로 인한 소련과의 관계, 원폭피해자 문제로 인한 미국과의 관계 등에 있어서, 일본 정부가 일본 국민에 대해 「조약이나 협정을 통해 포기한 것은 외교적 보호권뿐이고 개인의 청구권까지 포기한 것은 아니다」라고 하며 자국민에 대한 「보상」의무를 부인하는 입장에서 볼 때, 논리적 정합성에 문제가 생기기 때문이었다.

1990년대 관련 소송에서 피해자가 일본 정부에 대해 대부분 전면 패소하는 가운데 일부 재판에서 원고 측 청구를 부분적으로 인정하는 판결이 나왔다. 우키시마호浮島丸 소송의 일심 판결이 그 대표적인 사례가 되고 있다. 「국가 무답책」 논점에 대한 정면적인 판단을 회피하면서 원고 측의 예비적 주장인 계약 책임을 다른 부분에서 인정하는 판결을 내린 것이다. 즉, 우키시마호 침몰 사건과 관련하여 「여객운송 계약과 유사한 계약」이 성립했다고 함으로써, 안전배려 의무 위반 내용이 원고 측에게 입증 책임이 있다고 하는 계약책임론의 난점을 해소하고자 한 것이다.

    2000년대에 들어 일본 사회가 전반적으로 급격하게 보수화 되어가는 상황에서, 전쟁 피해자들은 관련 재판에서 종래와는 다르게 정면으로 「국가 무답책」 주장에 대해 반론과 추궁을 펼치게 되었다. 여기에다가 중국인 피해자들이 대거 일본 국내에 입국하여 소송을 제기하면서 일본 정부의 불법행위를 정면으로 주장하는 움직임을 보였다. 여기에 일본 사법부 하급심에서 「국가 무답책」 주장에 대한 재고再考와 원고 승소 판결이 나오게 되자, 일본 정부는 2001년 즈음부터 「시효 및 제척 기간」 주장을 내세우게 됐다. 나아가 재판부가 「국가 무답책」을 부정하는 판결을 내놓기 시작하자, 이제 일본 정부는 한국인 피해자 관련 소송에서 「청구권 포기」를 주장하게 됐다. 때마침 한국인 피해자가 미국의 법정에 제기한 소송에서 일본 정부와 미국 정부는 공통적으로 이 문제가 한일 청구권 협정을 통해 해결되었다고 하는 일치된 견해를 보였다. 이때부터 한국인 피해자의 청구 소송에 대해 일본 정부는 청구권 협정에 의해 「재산, 권리 및 이익」뿐 아니라 나아가 「청구권」 피해에 대해서도 청구할 수 없게 되었다고 주장하기 시작했다.

    그런데 일본 정부의 「청구권 포기」 주장에는 외국에 대한 자국민의 청구에 관한 설명과 일본 정부에 대한 외국 국민의 청구에 관한 설명이 다르다고 하는 논리적 모순이 존재한다. 결국 이러한 이율배반적 해석과 적용은 일본 정부가 전후처리 문제에 지극히 반동적 입장을 유지하고 있다는 것을 잘 보여준다. 2000년대에 들어 일부 재판에서 일본 정부의 「시효 및 제척 기간」 주장이나 「청구권 포기」 주장에 반하는 판결을 내놓는 적이 있다. 예를 들어 2004년 3월 니가타新潟 지방법원은 중국인 강제연행 피해자의 청구를 전면적으로 인정하고 국가와 기업에게 손해배상을 하도록 합의를 유도한 것이다.

그러면서도 한편으로 2007년 4월 일본 최고재판소는 중국인 「위안부」 소송과 강제연행 피해 소송에서 「청구권 포기」 주장을 인정하고, 원고 측 청구를 기각하는 판결을 내렸다. 일본사회의 보수화 경향에 결과적으로 일본 사법부가 영합하는 반反 역사적인 입장을 취한 것이다. 2007년 11월 1일 일본 최고재판소는 한국인 피해자의 개인 청구권에 대해서 최종적으로 패소 판결을 내렸다. 그 후로 한국인 피해자에 의한 전후 「보상」 청구 소송에서 일본 사법부는 일률적으로 기각 판결을 내리고 있다. 또한 일본 정부는 일본 기업에 대해 한국 사법부의 어떠한 판결에도 굴하지 말 것을 주장하고 있다. 따라서 일본 정부나 일본 기업 그리고 일본 사법부로부터 전후처리에 대한 전향적 변화를 기대하기는 어렵다.

_4_
국내 피해자 보상

1965년 한일 청구권 협상

일본군 '위안부' 판결은 양국의 국교정상화에 따른 1965년의 한일 청구권 협상을 어떻게 이해할 것인가에 관한 것이었다. 1965년 6월 22일 한국 정부가 한일회담을 통하여 일본 정부에 대해 정신적 물질적 피해를 일괄 보상 청구함에 따라, 한국 국민이 1945년 이전 일본 정부와 일본인에 대해 가지고 있던 개별적 청구권이 소멸된 것을 말한다. 오늘날 한국과 일본 정부는 이 협정의 해석을 두고 서로 다른 견해를 내보이고 있다. 마찬가지로 그 해석을 둘러싸고 지식인들의 견해도 나뉘고 있다. 필자의 견해를 먼저 말하자면, 청구권 협정은 한국인 피해자의 모든 청구권을 소멸시키지는 않았지만, 양국 정부의 외교적 노력을 선언한 것으로 보아야 한다고 생각한다. 일본 정부는 끊임없이 과거사에 대해 사죄하는 마음으로 한국과의 외교적 노력을 보여야 하며, 반면에 한국 정부도 일본에 비해서 상대적으로 너무도 경제적으로 열세에 놓여있던 1965년 국교정상화 시기를 기억하고 국내 피해자에 대한 보상에 적극 나서야 한다고 본다.

1978년 한국의 재무부에서 발간한 『대일민간청구권보상종결보고서』에 따르면 청구권협정의 성격으로 다음 세 가지를 들고 있다.[8] 첫째는 국교정상화를 위한 정치적 타결이었다. 식민지시기에 걸쳐

---

8   재무부, 『대일민간청구권보상종결보고서』, 재무부, 1978년, pp. 13-14.

일본 제국이 한반도와 한국 국민으로부터 수거한 재산적 가치 일체와 식민지 정책으로 인한 정신적 피해에 대한 배상의 성격을 가진 것이었다. 국제법적으로는 전승국으로서의 재산 청구권이 아니라, 주권을 회복한 한국이 국민을 위한 주권 행사로 일본 정부에 대한 피해보상 일체를 청구하기 위한 특별 협정에 따른 것이었다. 사실 '청구권'이란 용어는 한국 대표단의 요청에 협정 이름 속에 삽입된 것이며, 일본 정부는 '축하금'이라는 명목 아래 경제협력을 의미한 것으로 결과적으로 협정 이름에 병기된 것이다.[9]

둘째는 일본이 한국에 대해 지원한 경제협력이었다. 한국과 일본의 양국 정부와 국민 사이에 복합적으로 얽혀 있는 청구권을 해결하기 위하여, 이 청구권 협정을 통해 얻은 청구권 자금 가운데, 무상자금의 일부로서 한국정부가 한국 국민 중 피해자에 대해서 보상한 것이다. 그리고 이 협정을 통하여 향후 양국 사이의 경제협정을 추진하기로 한 것이다. 셋째는 실질적인 보상을 위해 대일민간청구권 보상에 관한 법률에 의해 실현된 것이다. 즉 한국 정부가 후속 법률을 제정하여 피해자 가운데 한국 국민에게 일시 보상하게 된 것이다. 따라서 한국 국민이 향유하는 피해 보상은 헌법상 기본권으로 당연히 취할 수 있는 것이 아니라, 후속 법률에 의해서 비로소 국가^{한국 정부}의 보상 의무가 창설되는 것이다.

한국의 전후처리

일본으로부터 청구권 자금을 받은 한국 정부는 1974년 12월 「보

---

9   청구권협정의 정식 명칭은, 「재산 및 청구권에 관한 문제의 해결과 경제협력에 관한 대한민국과 일본국 간의 협정」이다. 1965년 12월 18일 발효되었으며, 협정문은 한국어·일본어·영어로 작성되었다.

법」을 제정하여 과거 청구권 피해자의 재산 피해와 인명 피해를 보상했다. 이 「보상법」은 1971년 1월에 통과된 재무부 제출 법안 「대일민간청구권 신고법」_{1982년 12월 폐지}에 근거한 것이다. 「보상법」의 골자는 다음 세 가지로 요약할 수 있다. 첫째, 보상 대상을 이미 민간 청구권 신고 접수가 결정된 것으로 한정하고 금융기관과 현존하지 않는 법인 등이 신고한 금액은 보상 대상에서 제외시켰다. 둘째, 보상금 지급방법으로서 현금과 청구권 보상증권을 지급하기로 하고 피징용 사망자에 대한 보상금과 재산권 가운데 30만 원까지의 금액은 현금으로 지급했다. 셋째, 보상금액 및 보상비율로 피징용 사망자 1인당 30만 원을 보상했고, 재산권으로는 일본국 통화 1엔 당 한국 통화 30원의 비율로 보상했다. 다만 100엔 미만의 재산청구권은 100엔으로 신고한 것으로 간주하여 3000원 씩 보상했다. 「보상법」에 따라 1975년 7월 1일부터 1977년 6월 30일까지 2년에 걸쳐서 보상금이 지급되었다. 재무부가 총 103,324건의 신고 접수를 받은 가운데, 103,278건 95억 1964만 원 가량의 지급결정을 내렸다. 결과적으로 총 83,515건에 대해서 91억 8255만원이 지급된 가운데, 인명 피해 보상금으로서는 사망자 8552명에 대해 각각 30만원씩 도합 25억 6560만 원^{28%}을 지급했고, 나머지는 재산 피해자들에게 지급되었다.[10]

---

10 재무부, 『대일민간청구권보상종결보고서』, pp. 28-33.

1970년대 한국 정부의 민간청구권 보상결과

		총신고	신고수리	보상제외	지급결정	지급	청구권소멸
계	건수	109,540	103,324	46	103,278	83,515	19,743
	보상액(천원)				9,519,645	9,182,551	334,615
재산	건수		94,414	46	94,368	74,963	19,391
	보상액(천원)				6,846,645	6,616,951	227,215
인명	건수		8,910	-	8,910	8,552	352
	보상액(천원)				2,673,000	2,565,600	107,400

이처럼 1970년대 「보상」이 미흡했다고 하는 점이 사회적으로 알려지자, 한국정부는 국무총리 산하에 2004년 강제동원피해진상규명위원회와 2008년 지원위원회를 설치하고 그 보완책을 마련하게 되었다. 그런데 이 위원회는 6개월에서 1년 6개월마다 시한을 연장하는 형태로 가까스로 명맥을 유지해 왔다. 제1차 2012년 12월 31일까지 1년 연장, 제2차 2013년 6월 30일까지 6개월 연장, 제3차 2013년 12월 31일까지 6개월 연장, 제4차 2015년 6월 30일까지 1년 6개월 연장, 제5차 2015년 12월 31일까지 6개월 연장한 것이다. 급기야 2015년 12월 업무를 종결하고 6개월간에 걸친 이관 및 정리 작업을 끝으로 하여 2016년 6월 역사에서 사라지고 말았다.

이 위원회는 강제동원 역사의 진상조사 작업과 함께 「보상」 보완 작업의 일환으로 일제강점하 국외강제동원 피해 관련 당사자와 유족으로부터 피해신고를 접수하고 이를 심사하여 위로금과 지원금을 지급했다. 사망자 혹은 행방불명 피해자에 대해서는 1인당 2000만원씩, 부상자 피해자의 경우 피해 등급을 5단계로 나누어 200만원에서 2000만원씩 위로금을 각각 지급했다. 또한 생존자 피해자의 경우 한 사람당 80만원씩의 의료지원금을 지급했으며, 미수금 피해의 경우, 피해액 1엔당 2000원씩의 배율로 지원금을 지급했다. 2016년 6월 최종 정리 단계에서 해당 위원회 관계자로부터 제공받은 자료에 따르면, 4차례에 걸쳐 총 112,556건이 접수되어 처리 완료되었으며, 이 가운데 지급 결정된 것은 72,631건으로 지급 결정 비율이 64.5%에 달했다고 한다.[11]

2000년대 한국 정부의 위로금 지급결과 (단위 : 건, 백만 원)

구분	계	위로금		지원금	
		사망·행불	부상장해	미수금	의료지원금
지급	72,631	17,880	13,993	16,228	24,530
기각	31,186	1,852	17,775	10,903	656
각하	8,739	950	1,509	6,198	82
결정금액	618,430	360,073	102,185	52,182	103,990

독일의 전후처리

일본의 전후처리 방식을 독일의 방식과 비교하고 있는데, 여기서는 독일의 전후처리 방식을 언급하고자 한다. 1945년 연합국에 의한 점령 시기부터 나치스 독일에 대한 전후처리 법안이 마련되었다. 우선 1945년 8월 2일에 체결된 「포츠담 협정」에서는 독일의 전후처리 배상에 대해 다음과 같이 규정했다. ⑴ 소련에 대한 배상은 소련 점령 지역에서 징수한다. 그리고 소련의 징수분에서 폴란드에 대한 배상도 함께 행한다. 따라서 소련과 폴란드는 1945년 8월 16일에 배상에

---

11 최영호, 『한일관계의 흐름 2015-2016』, 논형, pp. 226-229..

관한 협정을 체결했다. (2) 미국과 영국을 포함한 다른 청구 국가에 대한 배상은 서쪽 점령 지구에서 징수한다. 징수량은 6개월 이내에 정한다. (3) 소련은 서쪽 점령 지구에서 징수한 것으로부터 분배를 받아야 한다. 서쪽 점령지구의 사용 가능한 산업자본설비 가운데 평상시 필요 없는 것을 징수한다. 이 가운데 10%를 소련이 취하며 나아가 15%는 식량, 석탄, 금속 등 물자와 교환하여 소련이 입수할 수 있다. (4) 미국과 영국은 불가리아, 핀란드, 루마니아, 오스트리아 동부, 소련 점령 지구의 동부 독일에 존재하는 독일 자산과 그 지역에 존재하는 기업에 대한 청구권을 포기한다. 소련은 그 이외의 지역에서 청구권을 포기한다.[12]

이와 함께 1946년 1월 14일에 체결된 파리 배상협정에서는 소련과 폴란드를 제외한 「연합국간 배상기관」Inter-Allied Reparation Agency이 설립되었으나, 1949년 서독과 동독이 분리되면서 배상문제 해결은 독일 통일 후에 결정하기로 했다.[13] 한편 유태인 보상 문제와 관련하여 1947년부터 미국을 비롯한 서쪽 점령 지구에서 「반환법」이 계속 성립되어 박해에 의해 몰수된 재산은 원래 주인에게 돌려주기로 했으며, 해당자가 발견되지 않을 경우, 「유태인배상상속단체」 등에게 반환하게 되었다. 그러나 소련의 점령 지구와 동유럽에 있던 유태인 재산은 공산권의 사상에 따라 국고로 편입되고 개별적으로 반환되지 않았다.[14] 소련의 점령 지구에서 행하여진 산업시설의 몰수는 가혹하게

---

12 ライナー・ホフマン, 『戦争被害者に対する補償: 1949年以降のドイツの実行と現在の展開』, 立命館法学, 2005年, p. 299.

13 같은 책, pp. 299-300.

14 武井彩佳, 「第二次世界大戦後のヨーロッパにおけるユダヤ人財産の返還: 近年の返還訴訟の歴史的起源」, 『比較法学』 39(3), 2006年, p. 103.

실행되었다. 특히 철강 산업에서 생산 능력의 80% 이상을 소련이 몰수해 갔으며 1948년 봄까지 이러한 몰수가 이뤄졌기 때문이다.[15]

1951년 9월 21일 서독의 아데나워^{Adenauer} 수상은 나치스 정권 하에서 행한 유태인 박해에 대한 책임을 인정하고 서독 정부가 일정 금액의 「보상」을 이스라엘에 지급하겠다고 발표했다. 이에 따라 1952년 9월 10일 이스라엘과 서독 간의 외교 협정인 「룩셈부르크 협정」이 체결되었으며, 협정 체결로부터 15년간에 걸쳐 34억 5000만 달러를 현물로 지급하기로 했다.[16] 1956년 6월, 벨기에·네덜란드·룩셈부르크·덴마크·노르웨이·그리스·프랑스·영국 등이 독일에 「보상」을 요구해 오자, 서독은 8개국에 이탈리아·스웨덴·스위스를 포함시킨 11개국과 개별적으로 협정을 체결하고, 9억 7100만 마르크에 달하는 보상금을 지불했다. 1955년 오스트리아 정부로부터도 「보상」 청구권 주장이 나오자, 외교적 협의에 들어가 1961년 11월 「크로이츠나흐^{Kreuznach} 조약」을 체결하고 9600만 마르크에 해당하는 자금을 제공했다.[17] 이 밖에도 서독 정부는 1956년 6월 인종·종교·정치적 신조에 기초한 나치스의 박해에 의한 피해자 보상을 규정한 「연방보상법」을 제정했다. 이 법률의 적용 범위가 서독과 외교관계를 맺고 있는 국가에 국한되었기 때문에, 1961년부터 1976년까지 유고슬라비아·체

---

15 白川欽哉,「ドイツ民主共和国における国家的工業管理と巨大企業体制の展開: 社会主義における生産と管理の組織化とその生産力的限界」, 北海道大学経済学博士学位, 2015年, p. 39.

16 高津ドロテー,「ドイツの戦後補償」『清泉女学院短期大学研究紀要』14巻, 1996年, pp. 171-172.

17 仲正昌樹,「「連邦補償法」から「補償財団」へ: ドイツの戦後補償の法的枠組みの変化をめぐって」『金沢法学』43(3), 2001年, pp. 103-104.

코슬로바키아·헝가리·폴란드와 일괄 지불협정이 체결되었다.[18]

전술한 바와 같이, 1948년 봄에 소련에 의한 산업시설 몰수조치가 중단되자, 동독은 소련에 대해 현물에 의한 배상을 실시했다. 또한 동독은 독일제국·바이마르 공화국·나치독일을 계승하지 않는 국가라는 이유로 일체의 법적 배상이나 「보상」 요구에 응하지 않았다. 소련은 1953년 8월 동독과의 협정을 통해 독일에 대한 배상청구권을 모두 포기한다고 선언했다. 폴란드는 이 협정에도 동의했고 1970년 바르샤바 조약을 통해서 배상포기 원칙을 재확인했다. 동독에 거주하는 나치 정권의 박해 피해자에 대해서 동독 정부가 실질적으로 「보상」한 사례는 없으며 대신 복지·교육 등에서 약간의 우대 조치를 실시하는데 그쳤다.[19]

「기억·책임 그리고 미래」재단

1990년 동독과 서독이 통일한 이후에는, 재단기금을 통한 「보상」 작업이 활발하게 이루어졌다. 과거 나치 정권 아래에서 독일 기업들은 유태인이나 전쟁포로에게 강제로 노역을 부과하여 막대한 이익을 거두었음에도 불구하고, 통일독일 정부는 애초에 민간 피해자들에 대한 「보상」이 아니라 「국가 간 배상」이라는 종래의 방식을 고집했다. 다만 서독의 다임러 벤츠와 같은 일부 기업 중에 피해자의 요구에 부응하여 개별적으로 「보상」을 실시한 일이 있지만, 통일 독일이 실현되자 동독에 거주하는 피해자에게 전혀 「보상」이 이루어지지 않은 것이 동서 불균형 문제 또는 사회 문제로 대두되기에 이르렀다. 또한 미국에서는 외국인 불법행위 청구권법에 기초하여 독일 기업에 대한 「보

---

18   ライナー·ホフマン, 2005, p. 302.

19   白川欽哉 2015, p. 61.

상」청구 요구 움직임이 활발해졌다. 1996년부터 독일 기업과 스위스 은행에 대한 소송이 계속 제기되고 재판과정에서 사회 이슈가 되는 상황에 직면하여, 독일 기업은 일정 금액을 지불함으로써 소송을 취하시키는 현실적인 전략을 택하게 되었다. 무엇보다도 피해자 10명 중에 아홉 명이 이미 사망했다고 하는, 시간이 얼마 남지 않았다고 하는 사실로 인해 독일정부가 피해자「보상」에 나선 측면도 있다.[20] 여기에 독일에서 게아하르트 쉬뢰더Gerhard Schröder가 이끄는 사회민주당이 집권하면서 민간「보상」을 향한 움직임은 더욱 활발해졌다.[21]

2000년 7월 미국과 독일은 협정을 체결하고, 독일 기업에 대한 소송을 차단하는 재단을 설립하기로 합의했다. 같은 시기에 독일 연방하원과 연방상원은 재단 설립법을 가결했다. 재단은 7개의 협력 조직의 청구에 기초하여 협력조직에 금전을 지불하고 2001년 말까지 청구를 행한 자에 대해서「보상」을 실시하게 되었다. 이것은 어디까지나 도의적·정치적 책임에 따른 것으로 법적인 의무를 인정하지 않고 있으며, 따라서 공식적인 표현에서「배상」이란 용어를 절대 사용하지 않았다. 또한 강제노동이라고 하는 것은 나치 정권의 부정적인 행위의 일환으로서 강제노동 자체가「전쟁범죄」는 아니라고 보았다.[22] 독일 경제계는 더 이상 배상이나 보상 청구가 일어나지 않는「법적 안정성」을 요구하고 나섰으며, 여기에 미국과의 교섭이 결착을 본 것이다. 미국 정부는 이 협정의 교섭 과정에서 금후 미국으로서는 절대로

---

20 한겨레21(1096호), 2016년 1월 26일,「독일은 일본처럼 하지 않았다」, p. 57.

21 矢野久,「ドイツ戦後補償と強制労働補償基金の意義」『三田学会雑誌』 95(4), 2003年, pp. 43-44.

22 矢野久,「戦争責任論から植民地責任論へ: 永原陽子編,『「植民地責任」論: 脱植民地化の比較史』, (青木書店, 2009年)に寄せて」,『三田学会雑誌』 102(3), 2009年, p. 192.

독일에게 배상 청구를 행하지 않을 것이라고 표명했다.[23]

재단 설립법에 따라, 독일정부가 50억 마르크, 독일기업이 50억 마르크를 각각 출연하여, 총 100억 마르크의 「기억·책임 그리고 미래」Erinnerung, Verantwortung und Zukunft 재단을 2000년 8월 베를린에 설립했다. 100억 마르크는 당시 약 6조 원에 해당하는 금액이다. 이 재단은 2001년부터 동유럽에 거주하는 생존자 피해자들을 중심으로 하여 피해자 「보상」 작업에 착수하기 시작했으며, 피해자들에 대해 지불하기로 되어 있던 금액, 100억 마르크 약 6조원에 해당하는 43억 7300만 유로를 2007년 6월 11일까지 모두 지급 완료했다고 발표했다.[24] 보상금을 지급받은 생존자와 사망자 피해자는 98개 국가에 걸쳐 176만 5000명에 달했다. 지불 대상이 되는 강제노동 피해자는 강제수용소에서 노역한 노동자, 이주되어 강제노동에 종사한 자, 그리고 이에 준하는 자로 되어 있다. 전쟁 포로나 위안부, 이탈리아 항복 후에 발생한 이탈리아 왕국 군인 포로, 서유럽 출신자 가운데 강제수용소 수용과 이주를 강제당하지 않은 자는 대상에서 제외되었다. 또한 재단 설립 후에도 미국에서 독일 기업에 대해 「보상」을 청구하는 사례가 있는데, 이 사례에 대해서도 협정에 따라서 「보상」을 하고 있지 않다.[25]

이 재단이 실시한 「보상」은 법적인 손해배상이 아니라 어디까지나 도의적·정치적 책임에 따른 것이다. 나치스는 2차 대전 중에 폴란드와 옛 소련 지역 등에서 젊은이와 여성 약 1000만 명을 징집하여 공

---

23 葛谷彩, 「ナチス時代の強制労働者補償問題:『終わることのない責任』?」, 『社会科学論集』49巻, 愛知教育大学地域社会システム講座, 2011年, p. 133.

24 毎日新聞, 2007年 6月 12日.

25 葛谷彩, 2011, pp. 146-150.

장·농지·병원 등에서 노역하게 했다. 재단의 1인당 「보상」 금액은 피해 정도에 따라 2556~7670 유로 (약 330만~1000만 원)에 달한다. 강제수용소에 억류된 피해자에게는 7670 유로 (약 1000만 원)씩 지급되었으며, 강제노역자 피해자에게는 2560 유로 (약 330만 원) 가량이 지급되었다.[26] 「보상」 금액의 국제적인 비교를 위해 아시아여성기금이 지급한 사례를 참고해 보면, 「보상금償い金」으로서 피해자 1인당 200만 엔円 씩을 지급했으며, 국가나 지역별로 상이하기는 하지만, 「의료지원금」으로서 피해자 1인당 대체로 120만 엔~300만 엔 씩 지급되었다.[27]

　다만 독일의 경우, 피해자에게 보상금을 직접 전달하지 않고 유태인보상청구위원회Jewish Claims Conference·국제이주기관International Organization for Migration 등 인도주의적 단체를 통하여 전달되었다. 1990년대 후반에 강제노동 피해자들이 독일 기업에 대한 집단 소송을 연이어 제기한 것이 계기가 되어, 「보상」 금액의 절반은 독일 정부가 부담하고 나머지는 피해자를 노역시킨 폭스바겐volkswagen이나 바이에른Bayern 등 약 6,500개 독일 기업들이 이를 부담했다. 2007년 「보상」 지급 완료를 기념하는 식전에서 호르스트 쾰러Horst Köhler 독일 대통령은 「보상은 평화와 화해를 향한 여정의 출발에 불과하다. 범죄행위 피해자에게 금전을 통하여 진정으로 변상할 수는 없다. 강제노동으로부터 최종적으로 많은 독일인들이 이익을 얻었다」고 고백한 것은 유명하다.[28]

---

26 동아일보, 2018년 10월 31일.

27 アジア女性基金, 『アジア女性基金設立 5 周年活動報告』(2000年 9月 1日), www.awf.or.jp/デジタル記念館「慰安婦問題とアジア女性基金」.

28 産經新聞, 2007年 6月 14日; 時事通信, 2007年 6月 16日.

오늘날 「기억·책임 그리고 미래」 재단은 여전히 조사사업과 지원 사업을 실시하고 있다. 재단 자본 3억 5800만 유로는 매년 800만 유로를 사용하는 기금으로 활용되고 있다. 이 기금은 주로 국제적인 프로그램을 운영하는데 사용되고 있으며, 역사 문제에 대한 조사, 인권 활동 지원, 과거사 피해자에 대한 지원 등에 활용되고 있다. 해당 재단의 홈페이지에 따르면, 역사 문제에 대한 조사 사업을 통하여 미래 세대를 위한 피해자들의 목소리를 전달함과 동시에, 독일 이민 사회에 대한 기억의 문화를 개발하고 있다고 한다. 또한 인권 활동 지원 사업을 통하여 중앙 및 동부 유럽에서 국가 사회주의와 제2차 세계대전에 대한 범죄의 역사를 교육하고, 유태주의·집시주의·소수인종혐오 등에 반대하는 교육을 확산하고 있다고 한다. 그리고 과거사 피해자에 대한 지원 사업을 통하여 유럽과 이스라엘에서 고령화 되고 소외되고 있는 옛 피해자들에 대해 지역적·국제적으로 지원을 계속하고 있으며, 사회·의료 치료 활동과 함께 전후 세대와의 대화를 지원하고 있다.[29]

또한 세계적인 인터넷 사전 「위키피디아」가 소개하고 있는 바에 따르면, 2008년 1월 현재, 이 재단은 3430만 유로를 사용하여 1300개에 이르는 국제적 사업을 지원했으며, 철도를 이용하여 홀로코스트 지역을 탐방하게 하는 프로그램 「기억의 열차 Train of Remembrance」이나 교육기관에서 독일어 사용 유태인들의 지적·문화적 유산을 체험하게 하는 「레오백 프로그램 Leo Baeck-programme」 등을 운영한 것으로 알려지고 있다.[30]

이 재단은 독일 정부의 지속적인 사죄와 반성 가운데 설립된 것이

---

29 https://www.stiftung-evz.de/eng/the-foundation.html

30 https://en.wikipedia.org/wiki/Foundation_Remembrance,_Responsibility_ and_Future

지만, 현실적으로는 1990년대 미국 내 사회적 여론이 독일 기업에게 불리하게 작용함에 따라, 독일 정부가 미국과 외교적인 타협을 거쳐 독일 기업의 대외 활동을 지원하고자 하는 의도 아래에서 설립되었다고 하는 점을 밝혔다. 따라서 이 재단이 설립된 이후 미국 안에서 독일 기업으로부터의 과거사 피해를 주장하는 제소 움직임이 사라졌다. 이 점은 한국에서 활동하는 일본 기업들이 참고해야 할 사항이라고 생각한다. 또한 이 재단이 피해자 보상으로 지급한 금액은 2000년대 한국 정부위원회가 지급한 사례와 비교하더라도 그다지 차이가 없다. 개별적인 피해「보상」금액만을 가지고 본다고 하면, 2016년 이후 「화해·치유재단」이 일본군위안부 피해「보상」으로 지급한 금액에 훨씬 못 미치고 있다. 이것은 정부의 지속적인 사죄와 반성 없이 금전으로만「보상」하겠다고 하는 발상이 얼마나 비합리적인 것인지를 잘 말해주고 있다.

「일제강제동원피해자지원재단」은 태평양전쟁 시기 강제동원으로 인하여 사망한 자를 추도하고 역사적 의미를 되새기며 평화와 인권을 신장하기 위하여 2014년 6월에 설립된 한국 행정안전부 산하의 공공기관이다. 주요 사업으로는 「추도비 건립 사업」, 「위령제 사업」, 「추도 순례 사업」, 「문화학술 사업」, 「유해발굴 및 봉환 사업」, 「역사관운영 사업」 등이 있다. 재단의 활동 자금이 되는 기금은 정부 예산 30억 3000만 원과 포스코의 출연금 100억 원, 그리고 지속되고 있는 기부금으로 이루어져 있다. 여기에는 포스코와 마찬가지로 한국도로공사나 한국전력공사 등 1965년 한일 청구권 협정으로 경제협력자금 혜택을 받은 기업을 비롯하여 앞으로는 일본 정부와 일본 기업들도 기금 출연에 동참할 것으로 기대하고 있다.

한일 청구권 협정에도 불구하고 한국인 피해자의 민간청구권이 살아있다고 하는, 한국사법부의 견해를 존중하는 한국 정부는 독일의 사례에 비추어 다음과 같은 전후처리 방안과 재단의 발전 방안을 모색해야 한다. 첫째는, 독일의 사례와 같이, 일본 정부의 끝없는 사죄와 반성을 이끌어내야 한다. 현재와 같이 지난 전쟁의 「침략성」·「강제성」·「가해성」을 부인하고자 하는 일본 정부의 정치적 움직임이 한일 양국의 사회에 표출되어서는 결코 안 된다. 둘째는, 독일의 사례와 같이, 일본 정부 스스로에게 전후처리에 앞장 서는 모습을 보이도록 해야 한다. 가장 바람직한 재단의 운영방식은 일본이 전쟁책임을 인정하고 기금을 창출하고 재단을 운영하는 것이다. 현재는 비록 청구권 자금을 받은 한국 정부가 피해자지원재단의 설립과 운영을 주도하는 형국을 취하고 있지만, 여기에 대해서는 일본 정부와 일본 기업이 다양한 형태로 기금 출연에 나서는 행태를 보여야 한다. 셋째는, 재단은 우후죽순처럼 다양하게 전개되고 있는 한국인 민간단체를 아우를 수 있는 정부의 기관이 되어야 한다. 아무리 일본 정부의 역사인식에 문제가 있다고 하더라도, 한국인 피해의 상징인 「강제징용노동자상」이나 「소녀상」을 재단의 공공시설이나 일반 공원에 세우지 않고 외교공관 시설 앞에 둠으로써 무모한 외교적 마찰을 초래하는 것은 결코 바람직하지 않다고 생각한다.

스가내각의 전후처리 방침

한국정부에게 있어서 언제나 대일 역사인식 문제와 현실적인 남북 문제가 도마 위에 올랐다. 역사인식 문제에 대해서는 한국은 '강한' 입장에서 일본을 압박하는 외교수단으로 활용해 왔다. 문재인 정부는 그동안 1965년 청구권협정 체제에 대한 수정 입장을 내세우며, 한국 사법부의 현금화 정책에 대해서도 이를 옹호하는 입장을 취해 왔다.

반면에 일본의 아베 정부는 한국의 수정 입장에 대해서는 반응하지 않았지만, 2020년 6월 16일 남북공동연락사무소가 폭파되면서 한반도 정세가 급격하게 악화되자, 일본의 방위를 우려하는 입장을 내보였다. 아베 총리에 이어 스가 요시히데菅義偉가 새로운 총리가 되었지만 한일관계의 경색국면은 쉽사리 풀리지 않았다. 일본 총리에 누가 앉는다고 하더라도 일본의 국익을 위해서는 한일관계에서 1965년 체제를 고수하는 것이 당연할 것으로 여기기 때문이다. 이와 관련하여 지난 2020년 6월 17일, 한국의 인터넷 신문 중『뉴시스』는 다음과 같이 일본의 동향을 보도했다.

일본 정부는 2020년 6월 17일 북한이 개성에 있는 남북 공동연락사무소를 폭파하면서 남북한 긴장관계에 높아지는데 대해서, 한미일은 연대하여 경계 감시에 만전을 기하겠다고 밝혔다.『산케이신문』産經新聞과『요미우리신문』讀賣新聞 등에 따르면, 당시 스가 요시히데 관방장관은 그날 정례 기자회견에서「정부로서 어떤 사태에도 최선을 다해 필요한 경계체제를 유지하고 있다」고 말했다. 또한 스가는 남북관계를 포함한 북한 동향에 대해 평소에도 중대한 관심을 두고 있다고 설명했다. 그리고 모든 사태에 대비해 만전을 기하기 위한 대책으로서 항공자위대의 지대공 요격 미사일 패트리어트3PAC3를 도쿄 이치가야市ヶ谷 방위성 영내에 배치하고 있다고 발표했다.

다만 스가는 PAC3의 구체적인 배치 목적을 묻는 질문에 대해서는「항공자위대의 운용에 관련되어 있기 때문에 언급을 자제하겠다」고 말하고, 북한 정세와 관련이 있다고 분명히 언급하지 않았다. 그 대신 그는 북한의 동향에 대해서는 그 의도와 속셈에 대해 예단을 갖고 접근하지는 않겠다면서 정세 분석에 노력하고 있다고 전했다. 이어「미국, 한국, 한미일이 긴밀히 연대하여 경계감시에 힘을 기울이겠다」고 밝혔다. 그는 북일 정상회담의 전망에 대해서는 아베 총리가 아무런 조건을 달지 않은 채 김정은 국무위원장과 만나겠다는 의향을 누차 표명했다고 하면서, 일본인 납치피해자의 고령화도 감안하여 하루빨리 서둘러 해결하도록 하고 확실하게 대응하겠다고 부연 설명했다.[31]

한국정부로서는 이번 판결로 예상되는 한일관계 악화를 막기 위한 마땅한 방법을 갖고 있지 않다. 정부는 강제징용 배상 판결 때처럼 사법부 판결을 존중한다는 입장을 취할 것으로 보이는데 이 원칙을 유지하면서 아베 내각에서 스가 내각이 되어서도 일본정부가 받아들일 만한 해법을 찾기가 어렵기 때문이다. 공교롭게도 위안부 문제에 관한 한국 대법원의 판결은 한일 양국이 2021년 벽두에 서로 대사를 교체하기로 발표한 그날에 나왔다. 한국 정부는 주일대사로 강창일 전 의원을 임명했고, 일본 정부는 아이보시 고이치相星孝一 주 이스라엘 대사를 주한대사로 발령했기 때문이다. 일본 정부가 이번 판결에 항의하는 차원에서 한국에 있는 도미타 고지冨田浩司 주한대사를 소환하거나 새로운 대사의 부임을 늦출 수도 있다는 예상이 제기되었는데 이것은 현실화 되지 않았다. 하지만 한국 사법부의 판결은 새로운 바이든 행정부 출범 이후 한미일 관계에 영향을 미칠 것으로 보인다. 동맹외교를 중시하는 바이든 행정부 입장으로서는 '위안부' 문제로 인하여 한일관계에서 갈등이 임계상황을 넘었다고 판단될 경우에는 양국 관계의 개선을 압박하고 나올 것으로 보이기 때문이다.

---

31 『뉴시스』 2020년 6월 17일, 「북한의 연락소 파괴에, 일본은 도쿄 방위성 영내 PAC3 배치」

_5_
미쓰비시 한국 자산의 매각 문제

일제강점기 조선인에 대해 강제노역 피해 배상을 외면해 온 일본 미쓰비시중공업의 한국 내 자산 매각이 2020년 12월 29일부터 가능해졌다. 법조계에 따르면 양금덕 할머니 등 강제노역 피해자 4명이 미쓰비시중공업을 상대로 낸 상표·특허권 특별현금화 신청사건의 처리를 위하여, 대전지법이 공시 송달한 압류명령 결정문 4건 중 2건(원고 박해옥·김성주의 신청사건)의 효력이 이날 발생한 것이다. 나머지 2건(원고 이동련·양금덕의 신청사건)의 공시송달은 12월 30일 0시를 기하여 발효되었다.

'강제노역 피해 배상' 미쓰비시 관련 주요 일지

1999.3.1 양금덕 할머니 외 7명, 일본 정부와 미쓰비시중공업 상대 손해배상 소송 시작

2008.11.11 도쿄 최고재판소 기각 판결

2012.5.24 대법원, 강제동원 피해자 개인 청구권 인정 취지 판결

　　　　10.24 양금덕 할머니 등 원고 5명 광주지법에 손해배상 1차 소송 청구

2015.6.24 광주고법, 1차 소송 피해자 일부에 위자료 5억 6,208만원 지급 판결

　　　　7.13 미쓰비시, 1차 소송 항소심 판결에 불복해 대법원 상고

2017.8.8 광주지법, 3차 소송 피해자 2명에게 위자료 1억 2,325만6천여원 지급 판결

　　　　8.11 광주지법, 2차 소송 피해자 4명에게 위자료 4억 7천만원 지급 판결

2018.9.10 1차 소송 대법원 전원합의체 회부

　　　　11.29 대법원, 근로정신 대 피해자 5명이 미쓰비시를 상대로 낸 손해배상 청구 소송 상고심에서 원심판결 확정

2019.3.22 법원, 미쓰비시 측이 배상 미이행하자 자산 압류 강제절차 결정 (한국 내 상표권 2건, 특허권 6건)

2020.11.10 미쓰비시 국내 자산 강제 매각 위한 법원의 심문서 공시송달 절차 효력 발생

　　　　12.30 미쓰비시 압류명령결정문 공시송달 효력 발생 예정

이로써 대법원의 일제 강제노역 피해자 손해배상 판결에 별다른 반응을 보이지 않았던 미쓰비시중공업의 한국 내 자산 매각 절차는 법적 요건을 갖추게 되었다. 피해자들을 대리하는 김정희 변호사는 「원래는 압류명령 이후 매각명령이 떨어져야 하나, 순서가 조금 바뀌어 절차가 진행되었다」고 했으며, 공시 송달과 관련하여 미쓰비시중공업 측으로부터 별다른 의견을 듣지 못했다고 말했다. 매각이 결정되면, 감정평가·경매·매각대금 지급·배당 등으로 이어지는 과정을 밟게 된다.

강제노역 피해자와 유족 5명은 2012년 10월 광주지법에 미쓰비시중공업을 상대로 손해배상 소송을 제기하여, 지난 2018년 11월 「피고는 원고에게 1인당 1억~1억 5천만 원의 위자료를 지급하라」는 대법원 확정 판결을 받았다. 그 이후 피해자들은 2019년 3월 22일 대전지법을 통하여 판결 이행을 미루는 미쓰비시중공업을 상대로 한국 내 상표권 2건과 특허권 6건 등을 압류하는 절차를 밟은 데 이어 매각 명령 신청을 내놓았다. 채권액은 재판과정에서 작고한 원고 1명을 제외한 4명분 8억 400만 원어치이다. 대법원에서 배상 판결을 받았던 원고 가운데 김중곤 할아버지가 2019년 1월에 사망했기 때문이다.

2020년 11월 10일 이미 특별현금화명령에 따른 심문서 전달 공시송달 효력이 발생한데 이어, 11월 29일부터는 압류명령서 공시송달 효력이 발생함에 따라, 법원이 미쓰비시중공업 압류자산에 대해 매각을 결정할 수 있는 절차적 요건은 모두 마무리되었다. 「나고야 미쓰비시·조선여자근로정신대 소송지원 모임」 등 한국인과 일본인으로 구성된 시민단체 회원 20여 명이 2020년 10월 30일 오전 도쿄 마루노우치丸の内에 있는 미쓰비시중공업 본사 건물 앞에서 징용 피해자들에 대한 사죄와 배상을 촉구하는 시위를 벌인 바 있다. 강제징용

피해자를 돕는 시민단체는 미쓰비시중공업 사죄와 배상을 재차 촉구했다. 근로정신대 할머니와 함께하는 시민모임은 이날 성명을 내고, 「강제집행은 법치국가에서 민사소송법상 채무를 이행하지 않는 자에 대해 이뤄지는 지극히 정상적인 절차」라고 했으며, 그것은 한국 사법부의 배상 명령을 2년 넘게 따르지 않는 미쓰비시중공업과 일본 정부가 자초한 일이라고 했다. 이어 시민단체는 「원고들은 현재 90세가 넘는 고령으로 언제까지 기다릴 수 없는 처지다. 실제로 피고 기업들이 판결 이행을 지체하는 사이 원고 5명 중 2명이 사망했다」고 했으며, 10대의 어린 나이에 끌려간 피해자들이 사죄 한마디 못 듣고 세상을 등지는 현실에서, 미쓰비시의 사죄와 배상 외에 강제매각을 중단할 방법은 없다고 강조했다.[32]

그러나 미쓰비시중공업 측은 즉시 항고를 통해 법적 다툼을 이어가겠다는 뜻을 보였다. 교도共同통신과 NHK 등에 따르면, 미쓰비시중공업 측은 한일 양국 간 및 국민 간 청구권에 관한 문제는 한일 청구권 협정에 의해 완전하고 최종적으로 해결되었기 때문에 어떠한 주장도 할 수 없는 것으로 이해하고 있다고 했다. 그리고 정부 간의 의견 교환 상황 등을 근거로 하여 압류 명령에 대해서 즉시 항고할 예정이라고 밝혔다. 이러한 일본 기업의 움직임에 고무를 받아 모테기 도시미쓰茂木敏充 외상은 2019년 10월 29일 기자회견을 통하여, 일본기업의 한국 내 자산을 현금화하려는 원고 측 움직임에 대해서 「결코 있어서는 안 된다. 그럴 경우에 양국관계는 더욱 심각한 상황이 될 것」이라고 언급했다.

---

32 『연합뉴스』 2020년 12월 29일, 「'강제노역 배상 외면' 미쓰비시 자산 매각 가능해졌다」

2020년 11월 20일 『니혼게이자이 日本経済 신문』에 따르면, 새로운 바이든 행정부의 출범을 앞두고 한국 정부는 주변국 외교의 교착 상황을 우려하여 한일관계 개선을 위한 추파를 던지고 있다고 보도했다. 이 신문은 「한국, 대일 관계 개선 추파」라는 제목의 기사를 내보내고, 박지원 국가정보원장과 김진표 한일의원연맹 회장 등이 일본을 방문하여 스가 총리와 회담한 사실을 지적하면서 이같이 주장했다. 그리고 문재인 정부가 적극적으로 한일관계 개선에 나서기 시작한 배경에는 조 바이든 미국 민주당 후보의 대선 승리에 따른 것이라고 했다. 트럼프 행정부에 앞서 버락 오바마 행정부 때 부통령으로 재직한 바이든 당선인은 2015년 한일 '위안부' 합의를 중재하기도 했다. 바이든 당선인은 도널드 트럼프 행정부에 비해 동맹 중시 외교를 펼 것으로 보이며, 당분간 한국 정부에 대해 과거사 문제로 한일관계를 더욱 악화시키는 일이 일어나지 않도록 주문할 것으로 보인다.

이러한 예상을 기초로 하여 『니혼게이자이신문』은 한국 측이 한일 관계의 악화를 방치할 경우에는 바이든 행정부에 좋지 않은 인상을 줄 수 있다는 우려를 하고 있다고 했다. 아울러 북미 관계 전망도 불투명하며 시진핑 중국 국가주석의 방한 시기도 불확실한 상황이라는 점 등을 들며 한국의 주변국 외교가 교착 상태에 빠질 것이라고 했다. 그리고 이 신문은 서울의 외교 소식통을 인용하면서 「문 정부는 외교 고립을 우려하고 있다」고 보도했다. 이와 함께 한국정부가 도쿄올림픽을 계기로 북한을 대화에 끌어들이겠다는 의도도 내비치고 있다고 분석했다. 2021년 7월 도쿄올림픽 때까지 한일 갈등 현안인 일제 징용 노동자 문제를 봉합하자는 김진표 회장의 제안도 그런 맥락이라는 것이다. 다만 이 신문은 「일본으로서는 징용 노동자 문제의 단순한 보류는 논외」라고 보도했으며 징용 문제를 도쿄올림픽 때까지 동결하자는 한국 측 방안에 대해서도 일본 정부로서 간단히 응할 수 있는 문제가 아니라고 전했다. 이러한 논의 가운데 한국 법원에서 징용 배상 소송과 관련한 일본 기업 자산 매각 절차가 진행되고 있다는 것을 거론한 것이다.[33]

수요집회의 변화

수요 집회는 서울 일본대사관 앞에서 공휴일을 제외하고 매주 수요일에 열리고 있는 일본군 '위안부' 관련 시위 모임이다. 「정대협^{한국정신대문제대책협의회}」이 주최하고, 여성단체와 시민사회단체, 학생들, 풀뿌리 모임, 평화단체, 종교계 등 시민들이 참여하고 있다. 지난 1992년 1월 8일, 미야자와 기이치宮澤喜一 일본 총리의 한국 방문을 앞두고 시작되었으며 그 후로 정기적인 시위로 발전했다. 일본 정부가 일본군 '위안부' 범죄를 인정하고, '위안부' 진상을 규명하고, 일본 국회가 이에 대해 사죄해야 한다고 주장하고 있다. 또한 '위안부' 범죄에 대한 법적 배상과 역사교과서 기록, 위령탑 및 사료관 건립, 책임자 처벌 등을 요구하고 있다. 다만, 1995년 고베神戸 대지진과 2011년 동일본 대지진 때에는 지진 희생자들에게 위로를 전하는 것으로 시위를 대신하기도 했다. 2011년 12월 14일에 1000번째 수요 집회가 열려, 여기에 피해자·「정대협」 구성원·정치가 그리고 3000여 명의 시민들이 참여했다. 이때 일본 정부의 반발이 있었지만, 일본군 '위안부' 피해자 소녀를 형상화한 「평화비」 제막식도 거행되었다. 또한 1000회 집회를 기념하여 한국 내외의 지역에서 연대 행동이 이어졌으며 오늘날

---

33 『서울경제』 2020년 11월 21일, 「韓, 주변국 외교 교착 우려...日에 관계개선 추파」

에도 국제적 움직임이 계속되고 있다.[34]

2015년 12월의 「한일 위안부 합의」 무효화를 위하여 여러 단체와 시민들이 기금을 모아서 2016년 6월에 「정의기억재단」을 설립했다. 나아가 2018년 7월에는 「정대협」과 「정의기억재단」이 통합하여 「정의기억연대」를 출범시켰다. 이 단체는 일본군 '위안부' 문제의 정의로운 해결을 목표로 하여 피해자 지원과 진상 규명을 위한 연구와 조사, 교육과 장학사업, 기림사업과 국제적 연대 등을 추진하고 있다. 그 밖에도 일본 정부의 활동을 비판하면서 수요 집회를 주관하고 있다. 2020년 12월 현재, 전국의 피해자 할머니 17명 가운데. 조계종 계열 「나눔의 집」에 5명이 수용되어 있는데 반하여, 이 단체는 단 1명의 '위안부' 피해자에게만 생활비를 지원하고 있는 것으로 알려졌다. 전임 이사장 윤미향이 2020년 4월의 21대 총선에서 더불어민주당 비례대표로 당선되면서, 이 단체의 문제점이 사회적으로 부각되기 시작했다. 윤미향에 이어 2020년 4월 28일에는 중앙대 여성학 교수인 이나영이 새로운 이사장으로 선출되었다.

그런데 2020년 5월 7일 수요 집회에 참석한 '위안부' 피해자 이용수 할머니는 「정의기억연대」가 이제까지 자신들의 금전적 정치적 이익을 위해서 피해자들을 이용했다고 폭로하고, 기부금의 용도도 불명확하고 일본에 대한 증오만을 불러일으키는 수요 집회를 없애야 한다고 하면서 자신은 앞으로 절대 이 집회에 참가하지 않겠다고 선언했다. 따라서 한편에서는 그 후에도 예정대로 수요 집회가 비대면으로 열렸고, 다른 한편에서는 수요 집회에 반대하는 보수단체들이 그 주변에서 「정의기억연대」의 해산을 요구하며 항의를 계속했다. 6월

---

34 https://terms.naver.com/수요집회

24일 수요 집회에 반대하는 「자유연대」가 먼저 같은 장소에서 집회를 열겠다고 신고했기 때문에 처음으로 「정의기억연대」는 평화의 소녀상 앞에서 수요 집회를 열지 못했다. 현장에서는 「정의기억연대」 대신 학생단체인 「반아베 반일 청년학생공동행동」이 평화의 소녀상과 자신들의 몸을 한데 줄로 묶고 농성에 들어갔다. 그런데 7월 3일에는 종로구청이 코로나19 감염 방지를 이유로 하여 수요 집회를 전면 금지했기 때문에 집회 찬성파 또는 반대파가 모두 집회를 열 수 없게 되었다.

일본의 우파단체는 물론 한국에서도 수요 집회에 반발하는 움직임이 있었다. 피해자 측의 반대 움직임만을 살펴보자. 과거 2008년에 사망한 '위안부' 피해자 고故 심미자 할머니가 남긴 노트 두 권 분량의 일기장에는, 1993년 1월 당시 윤미향 「정대협」 간사가 자신을 포함한 위안부 피해 할머니들의 증언 사례금 100만 원 가운데 80만 원을 가로챘다고 쓰여 있다. 그리고 2003년 12월에는 정부가 지급한 발열 조끼를 「정대협」에 맞선 「세계평화 무궁화」 단체에 소속된 할머니 21명에게 분배하지 않았다고 하며, 「정대협」에 대해서 「할머니들의 피를 빨아먹는 거머리」라고 표현했다. 「세계평화 무궁화」 단체는 피해자 할머니들이 2004년 법인체를 구성하여 「정대협」과 다른 방향에서 피해자 보상운동을 실시하려고 결성한 것이다. 심 할머니의 일기장에 따르면, 수요 집회는 「정대협이 먹고 살기 위해 하는 것」이라고 표현되어 있다. 2021년 1월 시점에서도 윤미향 의원이나 「정의기억연대」는 이 일기장의 내용에 대해서 아무런 해명을 하지 않고 있다.[35]

문재인 대통령은 실질적으로 「정의기억연대」의 입장에서 수요 집

---

[35] https://ja.wikipedia.org/wiki/日本軍『慰安婦』問題解決全国行動

회를 지지해 왔는데, 2021년에 들어서 갑자기 입장 변화를 보였고, 대통령의 태도 변화에 대해 그 이유를 두고 갖가지 추측이 난무했다. 대체로 4년째에 들어선 문재인 정부의 레임덕 현상에 따른 것, 그리고 바이든 행정부의 출현에 따른 국제적 압박에 따른 것이라는 시각이 강하다. 그래서 문 대통령이 2021년 신년 기자회견에서 「한일 위안부 합의」를 공식적인 합의였다고 하며, 법원의 '위안부' 피해자 배상 판결에 곤혹스럽다고 언급한 것에 대해 「당혹스럽고 실망스럽다」고 언급한 것이다. 2021년 1월 20일 수요 집회에서 이나영 「정의기억연대」 이사장은 왜 한국 정부가 일본 정부에게 비굴하다고 할 만큼 수세적 대응이나 완전한 침묵으로 일관하는 태도를 보이고 있는지 의문시했다. 그리고 반인도적인 범죄행위에 대한 책임을 없애려는 일본 정부의 비열한 행태에 대해서 한국 정부는 구체적으로 어떤 대응을 하고 있는지 물었다. 그러면서 한국의 사법부가 열어젖힌 마지막 기회의 문이 한국 정부에 의해 허무하게 닫히지 않기를 바란다고 했다.

한편 2021년 1월 22일 일본에 부임하는 강창일 신임 주일대사는 부임에 앞서, 일본군 '위안부' 피해자인 이용수 할머니 등이 일본 정부를 상대로 낸 손해배상청구소송 문제에 대해서, 「일본이 사실을 인정하고 사죄한다면 소송을 취하할 것」이라고 말했다. 그러면서 그는 피해자들이 이 소송을 통해 얻으려 하는 것은 돈 문제가 아니라 「명예의 문제」라고 언급했다. 서울중앙지방법원은 1월 8일, 고故 배춘희 할머니 등 위안부 피해자 12명이 일본 정부를 상대로 낸 소송의 제1심 선고에서, 일본 정부는 피해자에게 1인당 1억 원의 배상금을 지급하라고 판결한 바 있다. 이에 대해 일본 정부는 한국 사법부의 판결이 국제법상 「주권면제의 원칙」을 어겼다고 하며, 이를 절대 받아들일 수 없다고 했다. 이에 반하여 한국 사법부는 일본의 '위안부' 강제동원과 같은「반인도적 범죄」에는「주권면제의 원칙」이 적용되지 않는다고 판단하고 있다. 한편 강창일 대사는 한일관계가 1965년 국교정상화 이후 최악의 상황이라고 말하고, 역사인식의 문제로부터 경제·안보분야에 이르기까지 분쟁 중이라고 하면서, 특히 한국 사법부의 강제징용 피해배상 판결과 그에 따른 일본 정부의 수출규제 강화조치 등을 언급했다.

그러나 강 대사는 조선왕조가 임진왜란 뒤에도 일본에「조선통신사」를 파견하고 일본 에도시대 유학자 아메노모리 호슈雨森芳洲는 조선과의「성신誠信외교」를 강조했던 점 등을 들어, 한일관계가 지금은 추운 겨울의 한가운데 있지만 봄을 맞이할 준비를 하지 않으면 안 된다고 말했다. 그리고 그는 경제와 안보협력, 코로나19 대응, 도쿄올림픽 개최 성공, 저출산 문제와 인구감소 문제 등, 양국이 함께 대응해야 할 문제가 산적해 있다고 했고,「문 대통령은 한일관계 정상화와 협력 강화에 강한 의지를 갖고 있다」고 덧붙였다. 이와 관련하여 강 대사는 1월 14일 청와대에서 가진 신임장 수여식에서, 문 대통령으로부터 도쿄올림픽의 성공을 위해서 할 수 있는 일은 최대한 하겠다는 말을 들었다. 문 대통령은 한일 간 협력이 북한의 미사일 발사 방지에도 기여할 것이라고 말했다고 한다.[36]

---

36 『NEWS1』 2021년 1월 18일,「강창일 "이용수 할머니, 일본이 사죄하면 소송 취하"」

제5장

한일관계 관련 이슈

_1_
볼턴 회고록에 나타난 한일 안보 갈등

    2020년 6월 존 볼턴_{John Bolton, 1948~}은 자신의 백악관 생활을 회고하는 저서를 출간했다. 그의 메모인 『A White House Memoir: The Room Where It Happened』이 세상에 나온 것이다. 이 책은 내부자의 시각에서 트럼프 행정부를 비판적으로 바라본 것으로, 종합적이고도 풍부한 내용의 회고록이라는 평가를 받았다. 볼턴은 레이건 대통령의 행정부에서는 물론 부시 대통령 부자의 행정부에서도 업무를 치른 경험이 있다. 그는 자신의 행정 경험을 살리고 보수적인 이념을 강조하며 2년간의 백악관 집무실 안팎의 업무 상황을 메모했다. 그는 트럼프 행정부 전반부에서 국가안보보좌관으로 453일 동안 일하면서, 외교적인 움직임 가운데 2018년 북미 정상회담의 위장된 모습을 폭로하여 세계적인 유명인사가 되었다. 볼턴은 북한 이 외에도 중국, 러시아, 이란 등과의 관계에서 미국이 점점 깊어가는 위협에서 대처할 기회를 놓침으로써 오히려 약자의 처지에 놓이게 되었다고 외교적 퍼포먼스의 문제점을 상세하게 기록했다. 베네수엘라의 격변 사태, G7 정상회담에서의 마지막 승부, 이란의 계산된 전쟁 도발, 탈레반을 캠프 데이비드에 데려오겠다는 터무니없는 계획, 그리고 중국을 달래다가 전 세계가 중국의 거짓말에 노출되어버리는 과정 등을 폭로한 것이다.[1]

---

1   John Bolton, The Room Where It Happened: A White House Memoir, Simon & Schuster Audio, 2020.

　무엇보다 볼턴은 자신의 회고록에서 일본이 북미접근을 반대해 왔다는 점을 밝혔다. 회고록에 따르면, 아베 총리는 판문점 남북정상회담을 열흘 앞둔 2018년 4월 18일 플로리다의 리조트에서 열린 미일 정상회담에서 트럼프에게 북한에 대한 최고의 협상무기는 군사적 압박이라고 했으며, 미국의 시리아 공습이 북한에 대한 강력한 협상카드가 되었다는 말을 전했다. 그러면서 북한에게 중단거리 미사일, 생화학무기의 개발을 포기하도록 해야 한다고 했다. 그 해 5월 4일 판문점 남북정상회담 결과를 설명하기 위해 정의용 안보실장이 비공개로 백악관을 방문한 직후, 야치 쇼타로谷内正太郎, 1944~ 일본 국가안전보장국장은 곧 바로 백악관으로 볼턴을 방문하고 북핵 폐기에 대한 미국의 낙관론에 관하여 우려를 표명했다. 싱가포르 북미정상회담을 바로 앞둔 2018년 5월 27일 트럼프 대통령과 미국 대표단이 도쿄를 방문했을 때, 아베 총리는 납북 피해자 유가족을 만나게 하여 납북자 송환과 북한의 비인도성을 고발하게 했다. 싱가포르 북미정상회담을 바로 앞둔 6월 7일에도 아베 총리는 캐나다에서 열리는 G7 정상회의에 하루 앞서 일부러 워싱턴에 들러 트럼프와 단독 회담을 갖고 북한

에 대한 지나친 양보를 하지 않도록 요청했다. 그리고 아베 총리는 하노이 회담이 성과 없이 끝나자 이에 대해 긍정적인 평가를 내렸다. 그리고 6월 하순 오사카 G20 참가를 위해 일본을 방문한 트럼프 대통령이 북한의 미사일 발사 위협을 낮게 평가한 것에 반하여, 아베 총리는 유엔 안보리결의 위반임을 강조하고 지속적인 제재를 통한 대북 압박을 요구했다.[2]

볼턴 회고록에는 수출규제조치를 실행한 일본이 미국을 통해 한국 압박의 끈을 더욱 동여매고 있었다는 사실이 담겨 있다. 2019년 7월 중순, 미일 방위비 분담금 문제로 일본을 방문한 볼턴 보좌관에게 야치 국장은 협상의 상당 부분을 의제도 아닌 한일관계에 할애해서 설명했다고 한다. 이 자리에서 야치 국장은 문재인 대통령이 1965년 한일기본조약을 흔들고 있다고 주장하고, 한일기본조약은 강제동원과 위안부 문제를 포함하여 한국에 대한 모든 보상 문제를 마무리한 조약이라고 설명했다. 이에 대해 볼턴은 일본이 한일기본조약 방식으로 북한과 관계 정상화를 추진할 것이며, 한국과의 1965년 조약이 부정된다면 북일 수교를 위한 조약 체결이 어려울 것이라고 했다.[3]

볼턴에게 있어서 역사문제를 꺼내는 쪽은 일본이 아니라 그것을 자신의 정치적 목적에 이용하려는 문재인 정부라고 보았다. 그는 문재인 대통령이 국내 문제의 어려움을 한일관계 이슈를 통해 돌파하려 한다고 보았고 그의 견해에 대해 동의하는 한국인 정치가도 많았다고 기록했다. 볼턴은 이 시기에 일어난 한일무역분쟁과 한일군사정보보호협정GSOMIA 파기를 언급하며, 일련의 사태가 동아시아의 한미일

---

2   존 볼턴, 『존 볼턴의 백악관 회고록: 그 일이 일어난 방』, 시사저널사, 2020년, pp. 464-507.

3   같은 책, pp. 514-518.

공동방위체제에 부정적인 영향을 미쳤다고 평가했다. 도쿄에 이어 서울을 방문한 볼턴에 대해 정의용 실장은 일본과는 다른 시각에서 1965년 기본조약에 대해 설명했다. 한국은 조약을 훼손하고 있지 않고 대법원 판결을 존중한다고 했으며, 오히려 일본이 한국을 백색국가에서 제외하겠다고 협박함으로써 양국 간 신뢰가 훼손되었다고 강조한 것이다.[4]

---

4   평화재단, 「일본의 수출규제 1년, 한일관계의 본질을 재확인하다」, 『현안진단』 237호, 2020년 7월 7일.

_2_
한일 EEZ 선박 대치

한국과 일본이 제주도 동남쪽 한국 측 배타적경제수역EEZ에서 벌어진 일본 해양보안청 선박의 측량 활동을 둘러싸고 대치하는 상황이 발생했다. 서귀포해경 경비함은 2021년 1월 10일 오후 11시 55분경 서귀포 남동쪽 129km 해역에서 해상 조사활동을 하고 있는 일본 해상보안청 소속 측량선을 발견했다. 해경 경비함은 일본 선박에 접근하여 무선으로 「이곳은 한국 측 관할 해역이다. 해양과학 조사를 하려면 한국 정부의 사전 동의가 필요하다」고 했으며 약 9시간에 거쳐 조사 활동을 멈출 것을 요구했다. 그러나 일본 선박은 「일본의 EEZ 내에서 실시한 정당한 조사 활동」이었다고 하여 한국 측 해경의 요구를 거부했다. 결국 일본 선박은 1월 12일 이 해역을 일단 나갔으나 일본 정부는 다음 달까지 측량 조사를 진행하겠다고 했다. 한일 간 해역의 관할권을 둘러싸고 상호마찰이 발생한 것은 2020년 8월 이후 5개월 만의 일이다.

이 사건을 보다 구체적으로 살펴보면 다음과 같다. 일본 해상보안청 소속 측량선 3000톤급 쇼요마루昭洋丸가 1월 12일 제주지방해양경찰청 소속 경비함정의 중단 요구에도 불구하고 제주도 동남쪽 해상 한국 배타적경제수역EEZ에서 조사를 진행했다. 이날 정례브리핑에서 외교부 최영삼 대변인은 「국제법 및 관련 법령에 따라 한국 정부의 관할수역에서 정당한 법 집행 활동을 상시적으로 수행하고 있다」고 했다. 그리고 「관계 기관에 따르면 일본 측 선박의 조사 활동 수행 위치는 한국 측 EEZ에 해당하는 것으로 파악하고 있다」고 언급했다. 해양경찰청 관계자는 「일본이 한국 EEZ로 인정하지 않는 해역에서 벌어진 상황」이라고 말했다. 2020년 8월에도 일본의 측량선 헤이요마루平洋丸가 이 해역에서 조사 활동을 실시하자, 한국 해경의 선박이 조사 활동 중단을 요구한 바 있다.

일본 정부는 「일본 EEZ에서 실시한 정당한 조사 활동」이라고 밝혔다. 1월 12일의 기자회견에서 가토 가쓰노부加藤勝信 관방장관은 외교 경로를 통해서 「해당 조사는 일본 EEZ에서 이뤄지는 것으로, 한국의 중단 요구는 받아들일 수 없다」고 전달한 사실을 발표했다. 그리고 예정대로 조사를 계속하고 있다고 말하기도 했다. 일본은 한 달간 조사를 실시할 예정이었다. 배타적경제수역은 자국 연안에서 200해리까지 자원의 독점적 권리를 행사할 수 있는 해양법상 자국의 관할 수역이다. 인접국 간 수역이 겹칠 경우에는 상호 협의를 통해 경계를 정할 수 있다. 양국이 대치한 해상은 한국과 일본의 양쪽 연안에서 200해리 범위에 있어 두 나라의 EEZ가 겹치는 소위 「중첩 수역」이다. 이경우 인접국 간 상호 협의로 수역을 정하게 되어 있지만, 한국과 일본은 독도 영유권 등의 문제로 인하여 합의에 이르지 못하고 있는 상황이다. EEZ 중첩수역을 둘러싼 한일 양국의 마찰은 그만큼 오래된 것이다. 다만 2018년 10월 대법원의 일제강점기 강제징용 피해자 배상 판결에 이어 2021년 1월 서울중앙지법의 일본군 '위안부' 피해자 배상 판결로 인하여 한일관계가 첨예하게 악화된 시기에 발생했다는 것이 문제였다. 이미 경색된 양국 관계에 또 다른 대형 악재로 확산될 소지가 있다.[5]

---

5   『뉴스핌』 2021년 1월 13일, 「강제징용·위안부 판결 이어 EEZ 해상대치까지…한일관계 '악화일로'」

_3_
일본의 새로운 연호 레이와令和

「황실의 퇴위 등에 관한 황실전범 특례법」2007년 법률 제63호의 규정에 따라서 5월 1일 오전 0시를 기해서, 제125대 아키히토明仁 일왕이 퇴위하고 아키히토의 장남인 나루히토德仁 일왕이 즉위했다. 이 황위의 계승과 함께 「원호법元号法 및 원호 개정에 관한 정령」2009년 정령 제143호에 따라서, 종래의 헤이세이平成에서 레이와令和로 연호가 변경되었다. 일왕이 생존한 상황에서 황위와 연호를 바꾸는 것은 메이지明治 이후 헌정사상 처음이며, 역사적으로 202년만의 일이다.

일본 정부는 2019년에 한하여 일련의 의식이 행해지는 날을 「축일祝日」로 하는 한시법을 제출하고, 2018년 12월 8일에 참의원에서 법률안을 가결하여 성립시켰다. 이 법에 따라서 2019년 일본의 골든

위크는 4월 27일부터 5월 6일까지 10일간으로 설정되었다. 그리고 2019년에는 두 개의 연호를 가지게 되었다. 연호 안에 한자로 「영令」 자가 사용되는 것은 역사상 처음 있는 일이다. 또한 「레이」라는 소리가 처음으로 나는 연호로서는 710년부터 794년이 이르는 나라奈良 시대 초기에 있었던 레이키霊亀 이래 1300년 만에 두 번째로 알려지고 있다. 레이와의 근거는 나라시대 말기에 만들어진 것으로 알려진 「만요슈万葉集」에서 따온 것이라고 하며, 사상 처음으로 중국 고전이 아니라 일본의 고전에서 인용되었다고 한다.

일본 정부는 2019년 4월 1일 새로운 연호를 발표하기에 앞서 극비리에 전문가들에게 연호안을 선정하게 했다. 이러한 절차에 따라 1929년 생으로 일본문학 전공자인 나카니시 스스무中西進가 제시한 연호안을 최종적으로 채택했다. 그리고 그날 일본의 관방장관 스가 요시히데菅義偉가 "앞서 각료회의에서 원호를 개정하는 정령 및 원호 호칭에 관한 내각 고시가 결정되었습니다. 새로운 원호는 「레이와」입니다"라고 발표했다. 그는 일본의 모든 미디어가 바라보는 가운데, 사진에 나타나는 바와 같이 모즈미 오사미茂住修身가 붓글씨로 「레이와」라고 쓴 종이를 들었다. 이와 같은 연호 변경 절차는 모두 1989년 쇼와昭和에서 헤이세이로 바뀔 때와 동일하게 진행되었다.

새로운 연호를 발표하는 날, 낮에 아베 총리는 기자회견을 열고 총리 담화를 발표했다. 담화를 통하여 그는 「사람들이 아름답고 마음을 서로 기대며 살아가는 가운데 문화가 생겨난다」는 뜻을 담았다고 설명했다. 일본 총리가 스스로 발신하는 기회가 늘어남에 따라 헤이세이 연호 개정 때와는 다르게 레이와 연호에 관한 총리 담화는 아베 총리 자신에 의해 발표되었다. 그날 「관보 특별 호외 제9호」에 의해 공포되어 2019년 5월 1일부터 시행되기에 이르렀다. 읽는 방법을 「레이와」로 한 것은 「원호의 읽는 법에 관한 내각 고시」 2019년 내각고시 제1호에 따른 것이다. 또한 로마자 표기로 「Reiwa」가 된 것은 일본이 국가 승인을 하고 있는 195개 국가의 정부와 국제기관에, 그리고 중화민국에 대한 일본의 창구기관인 「일본대만교류협회」를 통하여 중화민국의 「타이페이 주일경제문화대표처」에 각각 알려졌다.

발표 직후부터 각국 보도진은 속보로 새로운 연호를 독자적인 방법으로 보도했다. 그러나 각국이 통일성을 결여하고 있다거나 본래의 의미와는 달리 해석하여 오해를 불러올 수도 있다는 견해에 따라, 일본 외무성은 각국 재외공관에 대해서 「레이와」는 아름다운 조화를 뜻한다고 하며 Beautiful Harmony로 영어 번역을 통일하도록 지시했다. 중국 사상사를 전공하는 1962년 출생의 도쿄대학 교수 고지마 쓰요시小島毅는 로마자 표기를 『Leiwa』로 하는 것이 적합하다는 의견을 표명한 바 있다. 또한 일본 고전에서 취했다고 하지만, 일본 고전 자체가 중국 고전에서 많은 것을 인용하고 있기 때문에 결국은 중국 고전을 재인용한 것이 아닌가 하는 지적도 있었다. 이 가운데 중국 고전학 전문가이며 1962년에 출생한 와세다대학 교수 와타나베 요시히로渡辺義浩는 동아시아 지식인은 만요슈万葉集를 읽고 있었다는 전제 아래, 유럽 사람들이 그리스·로마 고전을 자신들의 고전이라고 생각하는 것처럼 넓은 의미에서 일본의 고전에서 온 것이라는 논리를 전개했다.

일본이 새로운 원호 레이와를 발표한 것과 관련하여, 한국의 외교부는 앞으로 한일관계가 미래지향적으로 발전해 나가기를 기대한다는 기본적인 입장을 발표했다. 김인철 외교부 대변인은 2019년 4월 2일 정례브리핑을 통하여 이와 같은 정부의 입장을 발표한 것이다. 같은 해 10월 22일 새로운 일왕의 즉위식이 열렸고 일본 정부는 국가로 승인하고 있는 195개국에 대해서 초청장을 발부하고 축하 사절단을 맞아들였다. 한국에서는 이낙연 국무총리가 참석하여 한국 정부와 국민을 대표하며 축하 인사를 전했다. 이 총리는 이날 오후 1시부터 30분가량 일왕 거처인 고쿄皇居에서 열린 즉위식 행사에 남관표 주일 한국대사와 함께 자리했다. 한국의 국무총리실은 「일본의 거국적 행사에 이웃국가의 국민과 정부를 대표해 축하의 뜻을 전달하는 것」이라고 했으며, 과거사 문제 등 갈등 요인이 산재해 있지만 이와 별도로 양국 간 미래지향적 우호·협력관계 발전을 위해서 필요하다고 말했다.

나루히토 일왕은 자신의 즉위를 대내외에 알리는 가운데, 전 세계 축하사절을 포함한 내외 인사 2000여명이 참석시켜 의식을 거행했다. 왕실이 있는 벨기에, 스페인, 요르단, 캄보디아 등에서는 국왕이 참석했고 영국에서는 찰스Charles 왕세자가 참석했다. 이와 함께 왕치산王岐山 중국 국가부주석, 일레인 차오Elaine Chao 미국 교통부 장관, 두테르테Duterte 필리핀 대통령, 아웅산 수치Aung San Suu Kyi 미얀마 국가고문 등이 자리를 같이 했다. 이날 저녁의 궁정연회에서는 이 총리가 나루히토 일왕과 악수하고 짧은 인사를 나눴다. 10월 24일 도쿄 총리 관저에서 아베 총리와 개별면담을 하면서 문재인 대통령의 친서를 전달했다. 이때 이 총리는 1990년 11월 동아일보 특파원 재직 시절을 회고하면서, 당시 아키히토明仁 일왕의 즉위식을 취재한 사실이 알려져 화제를 모았다. 이 총리는 출국 전 나가미네 야스마사長嶺安政 주한 일본대사를 만나서, 「상왕의 즉위식에 특파원으로서 취재했고 이번에는 정부대표로서 직접 참석하게 됐다」고 말했으며, 귀중한 인연이라고 생각한다는 말을 전했다.[6]

---

6   『중앙일보』 2019년 10월 22일, 「이낙연, 나루히토 일왕 즉위식 참석…'한국 정부 축하 뜻' 전달」

_4_
2020 도쿄 하계올림픽

2020년 3월 30일 모리 요시로森喜朗 도쿄올림픽·패럴림픽 조직위원장은 '2020 도쿄올림픽'은 2021년 7월 23일 개막하여 8월 8일에 폐막하고, 패럴림픽은 2021년 8월 24일에 개막하겠다고 밝혔다. 이때 국제올림픽위원회IOC는 2021년에 올림픽이 열리더라도 대회 명칭은 「2020 도쿄올림픽」으로 할 것이라고 발표했다. 애초에 2020년 7월 24일부터 8월 9일까지 열릴 예정이던 제32회 하계올림픽이 코로나19의 전 세계 확산으로 개최 일정을 연기하면서 생긴 일이다. 국제올림픽위원회IOC는 2020년 3월 25일 일본과의 공동 성명을 통해 도쿄올림픽 연기를 발표했는데, 하계 올림픽이 감염병으로 연기된 것은 처음 있는 일이다. 지금까지 3차례에 걸쳐 1916년 베를린, 1940년 도쿄, 1944년 런던에서 올림픽이 열리지 않았지만, 이것은 모두 세계대전 때문에 취소된 것이다. 이번 올림픽 연기 결정으로 4년 주기로 짝수 해에 열리던 전통도 처음으로 깨지게 되었다. 「2020 도쿄올림픽」의 모토는 「내일을 발견하자」Discover Tomorrow, あしたをつかもう로 정해졌다.

일본 도쿄는 2013년 9월 7일 아르헨티나 부에노스아이레스에서 열린 국제올림픽위원회 제125차 총회에서 2020년 하계 올림픽 개최지로 선정되었다. 도쿄는 1차 투표에서 42표를 기록하여 각각 26표를 얻은 터키의 이스탄불과 스페인의 마드리드를 제치고 2차 투표로 올라갔다. 이후 이스탄불과 마드리드의 재투표 결과 이스탄불이 2

차 투표로 진출했으며, 도쿄가 2차 투표에서 60표를 얻어 36표를 받은 이스탄불을 제치고 승리를 차지했다. 이리하여 도쿄는 1964년에 이어 56년 만에 다시 하계 올림픽을 유치하는 도시가 되었다. 1964년 올림픽은 기시 노부스케岸信介가 총리로 재임하던 1959년에 결정된 바 있다. 이에 따라 도쿄는 런던, 로스앤젤레스, 아테네, 파리에 이어 다섯 번째이자 아시아 지역에서는 처음으로 하계 올림픽을 2회 이상 개최하는 도시가 되었다.

도쿄 올림픽에서 실시될 경기 종목은 33개 종목과 339개 세부 종목으로 이뤄져 있다. 국제올림픽위원회IOC는 2017년 6월 9일 스위스에서 열린 집행위원회에서, 「2020 도쿄올림픽」의 개최 종목을 최종 확정했다. 「2020 도쿄올림픽」부터는 2016년 리우 올림픽에서 치러진 기존의 28개 정식종목 외에도 개최지 조직위원회가 5개 종목을 추가할 수 있도록 허용되어 총 33개 종목이 결정된 것이다. 도쿄 올림픽 조직위원회의 추천으로 추가된 5개 종목은 야구·소프트볼, 가라테, 스케이트보드, 스포츠클라이밍, 서핑 등이다. 특히 야구는 야구 강국인 일본의 강력한 의지로 12년 만에 올림픽 정식 종목으로 복귀했다. 야구는 1992년 바르셀로나 올림픽에서 정식 종목으로 채택된 뒤 2008년 베이징 올림픽을 마지막으로 올림픽 무대에서 내려온 바 있다. 야구를 제외한 서핑, 스케이트보드, 스포츠클라이밍, 가라테 등 4개 종목은 도쿄 올림픽에서 처음 선보이는 신규 종목이다. 「2020 도쿄올림픽」의 총 금메달 수는 33종목 339개로, 28개 종목 306개였던 2016년 대회보다 33개가 증가되었다.

　「2020 도쿄올림픽」의 공식 마스코트로는 다니구치 료谷口亮가 구상한 것이 최종 선정되었다. 다니구치는 후쿠오카福岡을 중심으로 활동하는 디자이너로 유명하다. 2019년에는 주식회사 Takara Tomy의 오리지널 캐릭터인 Japanda를 디자인하는 등, 대체로 어린이들이 좋아할 스타일로 디자인하고 있다. 2017년부터 2018년 초까지 도쿄 조직위원회가 주관하여 공모 과정을 진행했다. 2017년 5월 22일 조직위는 마스코트 공모전을 실시하기로 발표했으며, 마스코트 후보군에서 일본 전국의 초등학교와 해외 거주 일본인 초등학교의 결선투표를 거쳐 최종 확정되었다. 마스코트 선정위원회에서 마스코트 이름 후보군에 대한 투표를 진행하였으며, 상표권 조회 절차를 거쳐 공식 이름으로 「미라이토와Miraitowa」와 「소메이티Someity」로 하기로 최종 결정했고 2018년 7월 22일 기자회견을 통해 발표되었다.

　「미라이토와」는 일본어로 「미라이未来, 미래」와 「도와永遠, 영원」을 합친 말이다. 「미라이토와」는 순간 이동을 비롯한 초능력을 가진 미래 로봇으로, 머리와 몸통이 푸른색 체크 패턴으로 구성되어 올림픽 엠블럼의 격자무늬를 형상화했다. 그리고 「2020 도쿄 패럴림픽」의 공식 마스코트 「소메이티」는 벚꽃의 일종인 왕벚나무 꽃을 뜻하는 일본어 「소메이요시노染井吉野」에서 나왔으며, 영어의 「소 마이티so mighty」와 유사하다는 느낌에서 이 이름이 채택되었다. 「소메이티」의 분홍색 체크 패턴은 벚꽃 모습을 연상시킨다. 2020년 3월에 「미라이토와」와 「소메이티」가 디스플레이 프라모델 상품으로 출시되기도 했다.

도쿄는 2017년 5월 올림픽 행사를 위한 비용으로 약 1.3조 엔 소요될 것으로 발표했다. 2008년의 베이징 올림픽에서는 총 3.4조 엔의 비용이 들었으며, 2012년의 런던 올림픽에서 경기 관련 비용만으로 총 140억 달러 약 1.5조 엔 정도 들었고, 2016년의 브라질 올림픽에서 총 120억 달러 약 1.3조 엔 정도 들었다고 한다. 따라서 도쿄는 런던이나 베이징에 비해 상대적으로 낮은 비용을 들여 올림픽을 개최할 수 있다고 주장하지만, 도쿄의 추산을 믿을 수 없다고 하며 코로나19로 인한 비용이 얼마나 들지 모른다는 부정적 전망을 내세우며 도쿄 올림픽 취소를 요구하는 움직임이 계속 일어나고 있다.

이러한 비관론에 대해서 일본 정부와 관련 기업은 이미 2016년에 마라톤·경보·자전거 코스를 새로운 특수 기술로 노면 온도를 4.8도 낮추는 기술개발에 성공했다고 하면서, 메인 스타디움과 선수촌을 연결하는 도로 사이에 존재하는 도라노몬虎ノ門 일대를 재개발함으로써 4000억 엔의 출자를 유치할 수 있다고 하며 올림픽 개최를 찬성하고 있다. 찬성론자들은 도쿄 올림픽의 경제적 효과가 32조 엔을 능가할 것으로 추산하고 190만 명의 새로운 고용을 창출할 것이라고 긍정적인 전망을 제시하고 있다.[7]

---

7   https://tokyo2020.org; https://ja.wikipedia.org/wiki/2020東京オリンピック

한편 「2020 도쿄올림픽」의 개최와 관련하여, 한국정부는 남북 단일팀 구성에 힘을 쏟았다. 2019년 2월 15일 IOC와 협의를 거쳐 도쿄 올림픽에서 남북 단일팀을 구성하겠다는 의견과 2032년 하계 올림픽을 남북 공동으로 유치하겠다는 의향을 밝힌 바 있다. 이미 2018년 9월부터 도쿄 올림픽 조직위는 남북한 단일팀 출전에 대해 공식 환영한다는 뜻을 표명했고, 2019년 3월 국제올림픽위원회의 이사회에서도 남북한 선수의 개막식 합동입장과 4경기에서 단일팀을 이루는 것을 승인한 바 있다. 이렇게 하여 여자농구와 여자하키, 유도, 조정 등 4개 종목에서 남북한 단일팀을 구성하기로 했다. 다만 2018 평창 동계 올림픽 여자아이스하키 단일팀의 경우에는 개최국 자동 출전권을 획득한 후 한국 팀에 북한 선수들을 합류시켜 단일팀을 구성할 수 있었으나, 「2020 도쿄올림픽」에서는 예선전부터 단일팀을 구성하여 본선 진출을 해야만 출전이 가능하다.

2018년은 특히 남북 단일팀이 많이 이뤄진 해였다. 2월에는 평창 동계올림픽에서 여자 아이스하키 단일팀이 이뤄졌고, 5월에는 스웨덴 할름스타드Halmstad 세계탁구 여자단체전에서더 남북 단일팀이 4강에 오르는 쾌거를 보였다. 이어 7월에는 평양에서 통일농구가 이뤄졌고 9월에는 자카르타·팔렘방Palembang 아시안게임에서 여자농구·조정·카누 종목에서 남북단일팀으로 출전했다. 2018년과 같이 남북한 단일팀 구상이 잘 이뤄져서 만약 「2020 도쿄올림픽」에서 단일팀이 성사된다면 오늘날 경색된 남북관계를 뛰어넘을 수도 있다. 문재인 대통령은 2020년 1월 7일의 신년사에서 도쿄 올림픽에 남북한 단일팀을 참가시키기 위해 북한 측과의 협의를 진행하자고 하며, 한반도 비핵화 문제에서 미국과 북한의 교섭이 난항을 겪고 있는 상황에서 북한에 대해 적극적으로 대화를 제안한 바 있다. 이 때 대통령은 북한 측과 개막식에서의 공동 입장과 단일팀을 구성을 위한 협의를 계속해야 한다고 강조했다. 그러면서 2032년의 하계 올림픽을 남북한 공동으로 개최하는 것에 대해서도, 「함께 도약할 수 있는 절호의 기회」라고 하며 실현을 향해 노력할 것을 강조한 바 있다.[8]

그러나 2021년 1월의 신년사에서는 1년 전에 제안했던 남북한 단일팀 구상은 언급하지 않았고, 이를 대신하여 코로나19에 대한 공동대응을 강조했다. 문재인 대통령은 2021년이 유엔에 동시 가입한 지 30년이 되는 해라는 점을 밝히고 국제사회에 상호 교섭의 움직임을 보여야 한다는 원론적인 대북 메시지로 일관했다. 남북협력만으로도 이룰 수 있는 일들이 많으며, 평화가 곧 상생이라는 어록을 남겼다. 문 대통령은 남북한이 가축전염병, 신종감염병, 자연재해를 겪으며 서로 긴밀히 연결되어 있음을 자각하고, 많은 문제에서 한 배를 타고 있다는 인식 아래 남북한의 생존과 안전을 위해 협력해야 한다고 했다. 문 대통령은 「동북아 방역·보건 협력체」와 「한-아세안 포괄적 보건의료 협력」을 비롯한 역내 대화에 남북이 함께할 수 있길 바란다고 밝히고, 코로나 협력은 가축전염병과 자연재해 등 남북 국민들의 안전과 생존에 직결되는 문제들에 대한 협력으로 확장될 수 있다고 말했다. 그리고 비대면의 방식으로도 대화할 수 있다는 우리의 의지는 변함없다고 말하고, 지금까지 남과 북이 함께 한 모든 합의, 특히 「전쟁 불용」, 「상호 간 안전보장」, 「공동번영」의 3대 원칙을 공동 이행하는 가운데 국제사회의 지지를 이끌어낸다면 한반도를 넘어 동아시아 지역을 중심으로 한 「평화·안보·생명공동체」의 문이 활짝 열릴 것이라고 했다.

---

8   『朝日新聞デジタル』2020年 1月 7日, 「東京五輪'南北合同で' 韓国·文氏, 北朝鮮と協議期待」

_5_
2019년 남북미 판문점 정상회동

    G20 오사카 정상회의가 열린 직후 2019년 6월 30일 판문점 남측에서 일반인의 예측을 뛰어넘어 한국·북한·미국 3국의 정상이 모였다. 이것은 한미정상회담을 위한 도널드 트럼프Donald Trump 미국 대통령의 방한 일정 가운데 성사된 것이다. 2019년에 들어서도 문재인 대통령과 도널드 트럼프 대통령은 4월 11일에 워싱턴 D.C.에서 만났으며, 6월 28일 G20 정상회의를 위해서 오사카에서 회동했다. 또한 문 대통령과 김정은 국무위원장은 평양에서 진행된 남북정상회담 이후 약 9개월 만에 재회한 것이고, 김 위원장과 트럼프 대통령은 하노이에서 가진 북미정상회담 이후 약 4개월 만에 재회한 것이다.

    6월 28일 스티브 비건Stephen Biegun 대북정책 특별대표가 미리 입국하기는 했지만, 일반인은 기껏해야 트럼프 대통령이 통일전망대나 도라산역으로 갈 것이라고 전망했고 북미회담의 성사를 전망하는 사람은 매우 적었다. 결국 6월 29일의 G20 회의 장소에서 미국이 남북측에 이 사실을 알렸고, 이날 오후 G20 폐막 기자회견에서 도널드 트럼프 미국 대통령은 만남이 성사될 경우 북한 땅을 밟을 수 있냐는 기자의 질문에 대하여, 「물론 그렇게 할 수 있다. 매우 편안하게 그렇게 할 수 있다. 아무 문제없다」라고 대답했다. 그때 트럼프 대통령은 설사 만나지 못해도 나쁜 신호는 아니라고 덧붙이기도 했다. 그는 오사카大阪에서 오산 공군기지에 들어왔다. 이어 그는 미군 관계자와 함께 영접 나온 한국 관계자들을 잠시 만나고 나서 곧 바로 헬기로 갈아타고 용산의 미군기지로 향했으며 청와대로 들어갔다. 한미 정상간 친교 만찬에 양국 대통령과 이방카 트럼프Ivanka Trump와 김정숙 여사 등 미국 측 수행원과 한국 측 인사들이 참석했다. 보좌관 자격으로 참석한 이방카는 K-POP 팬으로 알려졌으며, 이 날 초대된 EXO 멤버들과 기념사진을 찍고 사인이 담긴 CD를 선물받기도 했다.

이날 저녁 청와대의 친교 만찬에 앞서 남북미정상회담 가능성에 대한 기자들의 질문에 대해 트럼프 대통령은 북한으로부터 참석 연락을 받았다고 전했다. 정의용 국가안보실장은 이와 관련된 기자들의 질문에 「두고 봐야죠. 확정된 건 하나도 없다」고 밝혔고, 친교 만찬에 참석하기로 했던 스티븐 비건 대북특별대표 등이 불참하자 실무를 준비 중이라는 해석이 나오기도 했다. 밤늦게 숙소로 복귀하는 스티븐 비건 대표에게 기자들이 만남 여부를 질문했으나 그는 명확하게 답변하지 않았다. 다만 이 날 『한겨레신문』은 비건 대표가 판문점에서 최선희 북한 외무성 제1부상과 접촉했다고 하는 단독 보도를 냈다.

6월 30일 오전 7시 35분, 도널드 트럼프 미국 대통령은 트윗을 통해 「오랫동안 계획됐던 것」이라고 하며 DMZ 방문 계획을 재확인했다. 이어 경제인들과 만난 자리에서 「제가 취임하지 않았으면 북한과 전쟁까지 갈 수도 있었는데 이런 점들이 개선됐다」고 했으며, 「저와 김정은 관계는 아주 좋다. 오늘도 김정은과 만날 기회가 생겼으면 한다. DMZ로 향할 예정이니 멀리 갈 필요도 없다. DMZ로 가서 김정은과 함께 인사를 나누고 안부를 주고받았으면 한다」고 말했다. 그리고 문재인 대통령과 함께 갈 예정이라고 했다.

오전 11시, 청와대에서 열리는 한미정상회담 자리에서 문 대통령은 「트럼프 대통령께서 한반도 군사 경계선에서 김정은 북한 국무위원장과 악수를 한다면 그 모습만으로도 역사적인 장면이 될 것」이라고 했다. 그리고 자신도 동행할 것이라고 밝혔으며, 다만 대화의 중심은 미국과 북한이라는 점을 강조하고, 트럼프 대통령과 김 위원장과의 사이 대화에 큰 진전이 있기를 바란다, 좋은 결실을 거두기 바란다고 말했다. 오후 1시에 문 대통령은 직접 기자회견에 나서서, 「정전선언 이후 66년 만에 판문점에서 북한과 미국이 만난다」라고 발표함으로써 대외적으로 판문점 남북미 정상회담을 공식 확정했다.

오후 3시 46분, 김 위원장이 판문각 북측 건물을 나와 분계선 상에서 트럼프 대통령과 악수한 다음, 트럼프 대통령이 현직 미국 대통령 최초로 군사분계선을 넘어 북한 땅을 밟았다. 둘은 기념사진을 촬영하고 남쪽으로 내려왔다. 이렇게 하여 김 위원장이 두 번째 남한 땅을 밟은 것이다. 오후 3시 51분, 군사분계선에서는 트럼프와 동행하지 않고 남측 자유의 집에서 기다리고 있던 문 대통령은 자유의 집 문을 열고 나오면서 두 사람을 맞이했다. 자유의 집 앞에서 세 정상 간의 회동이 자연스럽게 이루어졌다.

오후 3시 54분, 자유의 집 안으로 들어간 김 위원장과 트럼프 대통

령은 사실상 3차 북미정상회담을 배석자 없이 53분 동안 진행했다. 그리고 7월 1일에 조선중앙TV가 공개한 영상에 따르면, 트럼프, 김정은 이외에도 마이크 폼페이오 Mike Pompeo 미국 국무장관과 리용호 북한 외무상이 배석한 것으로 나타났다. 이것은 폼페이오를 맹비난하던 북한이 실무협상의 상대로 인정했다는 의미로 해석된다. 또한 북한의 외무상이 이 자리에 배석한 것은 군 출신보다는 외무성 실무자 라인들을 협상자로 중용했다는 의미로 해석된다. 오후 4시 51분, 회담이 끝나고 트럼프 대통령과 문 대통령은 군사분계선을 넘어 돌아가는 김 위원장을 배웅했다. 자유의 집으로 돌아온 한미 정상은 자유의 집에서 마이크 폼페이오 국무장관과 스티븐 비건 특별대표, 정의용 국가안보실장이 배석한 가운데 기자회견을 열어 정상회담의 결과를 설명했다.

트럼프 대통령은 판문점을 떠나기 직전, 기자들을 포함한 다른 인사들을 잠시 물러나게 하고 통역만 대동한 채 문 대통령과 약 2분 정도 「긴밀한 대화」를 나눴다. 7월 1일 청와대는 이 대화가 김 위원장과의 회담 내용을 트럼프 대통령이 문 대통령에게 공유해 준 것이라고 했다. 북미회담에서 김 위원장이 먼저 트럼프 대통령을 평양으로 초청했으며, 미국 기자가 트럼프 대통령에게 질문하자 이에 대한 답변에서 김 위원장을 백악관으로 초대하겠다고 말한 것이 밝혀지고 있다. 이로써 차기 북미정상회담은 평양이든 워싱턴이든 어느 곳에서 열려도 이상하지 않은 상황이 되었다.

트럼프 대통령은 정상회담이 끝난 후, 세계의 여러 언론과의 인터뷰에서 스스로 미국의 경제적인 성과를 자랑하는 연설도 하면서, 「여러 언론에서는 남북미 정상회담이 퍼포먼스라고 말하는데, 과거 오바마 정권 때는 이런 쇼맨쉽과 퍼포먼스도 제대로 못하지 않았느냐?」

라고 하며 목소리를 높였고, 「이것은 깜짝 이벤트이며, 재선을 목적으로 하는 선거용 퍼포먼스도 맞다」라는 사실을 대놓고 인정하기까지 하면서 이제 가짜 뉴스는 그만하라고 하며 직접적으로 언론들을 강하게 비판했다. 아울러 그는 남북미 정상회담의 성과를 자랑하고 재선을 목적으로 하는 선거용 퍼포먼스였지만, 스스로 김정은과 만나겠다는 공약을 지켰다는 것에 만족하는 모습을 보였다.

트럼프 대통령은 모든 것을 한 번에 해결하는 빅딜을 원했기 때문에, 빅딜만 이루어진다면 사소한 마찰 정도는 크게 개의치 않는다는 태도로 일관했다. CNN은 트럼프·시진핑習近平·김정은 간의 복잡한 삼각관계가 존재한다고 표현했으며, 미국이 G20에서 중국에게 일정 부분 양보한 만큼, 중국도 북한 비핵화에 관해서 북한에 압력을 가해야 한다고 분석하는 보도를 내놓았다. 다만 중국과의 무역전쟁에서 승리하면서 동시에 북한의 비핵화를 달성하는 것은 「상당히 어려운 일」이라는 부정적인 전망을 내놓았다.

결과적으로 이 회담을 통하여 핵 문제가 풀릴 실마리가 나온 것은 아니다. 단순한 쇼로 끝날 수도 있는 것이었다. 북한이 과거의 레퍼토리를 그대로 되풀이한다는 비판이 제기되고 있다. 예를 들어 북한이 갑자기 화해 무드로 나온 것은 2017년 탄도미사일 도발에서 불과 한 달이 지난 김 위원장의 신년사였는데, 해당 신년사를 긍정적으로 해석한 문재인 대통령이 평창 올림픽에 북한을 초청하면서 단 몇 달 만에 정상회담이 급속히 계획되고 남북한의 해빙무드가 조성된 것처럼 보였다. 「희망의 새 시대」라고 하는 표어를 내세우고 2018년 남북정상회담과 북미정상회담이 열렸음에도 불구하고, 2019년 4월 북한이 재차 미사일을 발사하면서 한반도 정세는 금방 얼어붙었고, 그러다가 다시 두 달 만에 갑작스레 화해 분위기가 조성된 것이다. 게다가 북한은 이 회담이 있기 불과 며칠 전까지 미국과 한국에 대해 폭언에 가까운 언사를 쏟아낸 적도 있다.

판문점 남북미 정상회담에 대해서, 미국의 경우는 대통령의 재선, 한국의 경우는 대통령 지지율과 총선, 북한의 경우는 제재 완화라는 각각의 노림수에 따른 이해관계가 있었기 때문에 갑자기 이루어진 쇼였다고 보는 시각이 많다. 역사적인 인식을 둘러싸고 한국과 일본의 충돌이 이슈화되어 묻혀버리고 말았지만, 북한은 오히려 이 정상회담 이후에도 수차례 미사일을 발사했으며 한국에 대한 공격적 발언을 이어갔다. 2020년 3월 30일이 이르러 북한은 「미국과 대화 의욕을 접었다」라고 하며 파국을 선언함으로서 이 남북미 정상회담이 그저 쇼에 불과한 것이었음을 사실상 인정했다. 실제로 이 정상회담 이후 남북관계는 다시 이전과 같이 급속하게 얼어붙기 시작했다.

끝으로 일본의 반응을 살펴보자. 남북미 정상회담 전날까지 G20 오사카 정상회담이 열렸지만, 한일관계가 매우 경색되어 있었기 때문에 한일정상회담은 무산되었다. G20 기간 동안 일본은 한국을 완전히 배제시키고 19개 국가들의 정상과 회의를 가졌다. 트럼프 대통령이 DMZ에서의 김 위원장과의 만남을 확실하게 언급한 것도 G20 정상회담이 끝난 뒤였다. 북미정상이 만날 거라는 확실한 정보도 G20 회담이 시작되기 바로 직전에 문 대통령이 언급하고 트럼프 대통령이 갑자기 언론에 공개하면서 알려진 것이다. 결국 일본은 남북미 정상회담에 관한 정보를 전혀 파악하지 못했다. 고노 다로河野太郎 일본 외상은 남북미 정상회담이 끝난 후에야 폼페이오 장관으로부터 사후 설명을 듣게 되었다. 따라서 트럼프 대통령으로부터 일본이 패싱 당한 것으로 볼 수 있다. 이미 미국 본국에서는 트럼프 대통령이 김정은 위원장과 만나고 싶다는 이야기를 엠바고 처리했고, 트윗을 올린 후 문 대통령과는 오사카를 떠나기 이전부터 계속 이야기를 해왔기 때문이다. 트럼프 대통령이 의도적으로 아베 총리를 패싱 하려고 했기 때문에 남북미 정상회동에 관한 어떠한 언질도 없었던 것이 아닌가 생각한다.

일본의 언론 중에서는 G20 오사카 정상회담의 성과에 대해서 강한 비판을 하면서, 「아베 총리가 외교적으로 실패했다」라고 악평을 내놓은 곳도 있다. 하지만 비핵화 실현은 미지수라던가 살라미 전술로 이어질 우려가 있다는 점에서 일본 정부의 외교정책에 대한 지나친 비판을 자제하는 움직임이 강하다. NHK 등 주요 언론은 정규방송을 끊고 판문점 현지를 생중계했지만, 대체로 트럼프 대통령의 쇼였다고 평가하는 견해가 많다. 일본의 정계에서는 일본공산당이나 사회민주당을 제외하면 덮어놓고 북미접촉을 환영하지 않고 있다. 아베 총리는 뒤늦게 6월 30일의 여야 대표 토론회에서 「오늘 북미 정상회담이 행해졌다」고 고백하지 않을 수 없었으며, 최후에는 아베 총리 자신이 직접 김정은 위원장과 마주하고 일본인 납치 문제를 해결해야 한다는 결의를 갖고 있었으나 실현되지 않았다고 말했다.[9]

---

9   https://terms.naver.com/남북미 정상 판문점 회동(2019)

_6_
재일조선인 북송의 역사

　일본은 일본인의 '납치' 문제를 이유로 하여 일관되게 대북정책에서 강경한 자세를 펼치고 있는데, 북한이 재일동포에 대해 대규모 집단 송환을 획책했던 역사는 한국 정부 뿐 아니라 인류역사상 간과할 수 없는 일이 되고 있다. 따라서 여기서는 1950년대와 1960년대 남북대결 상황에서 북한이 저지른 북송의 역사를 반추하고자 한다.[10] 여러 가지 과정을 거쳐 1959년 8월 인도 캘커타에서 일본과 북한의 적십자사 대표가 북송에 관한 협정에 조인했다. 이 협정에 따라 1959년 12월 14일 북송 동포 제1진으로 975명을 태운 소련 선박 두 척이 북한 청진항을 향해 일본 니가타新潟 항구를 떠났다. 이로써 재일동포의 북송사업이 시작되었다. 일본 정부의 공식 통계에 따르면, 이때부터 1967년 12월까지 155차례의 선박 수송을 통해 북송된 인원이 총 8만 8,611명에 달했다고 한다.

　캘커타 협정 이후에도 1971년 2월 모스크바에서 일본과 북한 적십자사 사이에 체결된 「귀환 미완자의 귀환에 관한 잠정조치합의서」와 「금후 새로운 귀환 희망자의 귀환 방법에 관한 회담 요록」에 따라 북송이 계속 이루어졌다. 잠정조치합의서에 입각하여 1971년 5월부터 10월까지 6차례에 걸쳐 총 1,081명이 북송되었으며, 회담 요록

10　최영호, 「재일교포 북송의 시대 배경과 북한의 차별 정책」, 『재일교포 북송 60주년 납치피해 토론회』(북송재일교포협회, 2019년 6월 19일) 발표문.

에 입각하여 1971년 12월부터 1982년 10월까지 총 3,720명이 북한으로 들어갔다. 이렇게 하여 23년간에 걸쳐 총 9만 3,412명이 일본과 북한의 합의 아래 북송 길에 올랐다. 이 중에는 한일 양국의 혼인에 따른 자녀들과 일본인 배우자들로 이뤄진 6,839명의 일본 국적자들도 포함되어 있었다.

　　북송을 선택한 사람들은 재일동포로 일본에 남았거나 한국과 일본의 수교 이후에 한국으로 귀국한 사람들보다도 현저하게 경제적 어려움에 빠진 사람들이었다. 순수한 혈통주의를 내세우는 북한에서 북송된 재일동포는 제3의 계급으로 취급되었다. 오늘날에도 북한에서는 대부분 재일동포를 「째포」 혹은 「반쪽발이」라고 비하하고 있는 실정이다. 배우자를 따라 북한으로 건너갔던 일본인들의 상황은 더욱 더 민족 차별을 받아야 했을 것으로 추측된다. 명문대 출신의 일본인 남편이 아내를 위해 함께 북한으로 갔다가 굶주림과 차별을 견디지 못하고 탈북을 시도하다 가족과 함께 사살 당하는 비참한 사례도 존재한다. 북한의 요덕 수용소에서 빠져나와 1992년에 탈북한 이후 조선일보 기자가 된 강철환은 그의 수필집 『수용소의 노래』시대정신, 2005

년에서 북한 수용소의 비인도적 실상과 함께 북송된 재일동포의 참상을 묘사한 일이 있다.

북송 배경

일본정부는 1952년 주권을 회복하면서 재일동포들을 일괄적으로 일본 국적에서 분리시켰으며 외국인으로서 출입국관리법령의 통제를 받게 했다. 이때 일본은 한반도의 전쟁에 대한 병참 지원으로 경기회복의 실마리를 찾았지만, 재일동포 대부분은 일자리를 얻지 못하고 생활의 어려움을 면치 못하는 상태에 머물렀으며, 여기에 제한된 생활보호를 제외하고는 일본 국민들이 향유하는 사회보장이나 복지혜택의 사각지대에 놓이게 되었다. 게다가 1956년부터 1957년까지는 일본정부로부터 지원되는 생활보호비가 대폭 삭감되어 재일동포들은 대부분 하루하루의 생활에서 위기를 느끼고 있었다.

예를 들자면, 일본의 의료보험 제도를 보면 고용된 사람에게 적용되는 피고용보험과 고용되지 못한 일반 국민에게 적용되는 국민보험이 있었다. 이때 고용 차별로 인하여 재일동포 대부분이 피고용보험의 대상이 되지 못했고 게다가 외국인이라는 이유로 국민보험의 대상에서도 제외되었다. 또한 생활보호에서도 아동수당 등에서 일본국민과는 달리 제외되었다. 여기에다가 사회복지 차원으로 공영주택에 입주할 수 있는 입주자 모집 대상에서도 일본 국적으로 가지고 있지 않다는 이유로 재일동포들은 거부를 당했다. 이렇듯 일본사회는 개별적인 각종 차별을 실시함과 동시에 제도적으로도 재일동포들을 사회구성원으로 인정하지 않았다.

그럼, 이때 한국정부는 어떠했는가. 연합군의 일본점령이 끝나가는 무렵인 1951년부터 이루어진 일본과의 교섭에서 재일동포의 법적지위를 「한국 국민」으로 하고 이들에게 제한된 거주권을 확보하게 했다. 하지만 한국정부는 1953년까지 한반도 내부의 전쟁에 시달려야 했고 그 이후에서 미국의 지원을 통하여 국가경제를 유지하는 데 급급한 실정이었다. 해방직후 「재일본조선인연맹조련」이 결성되면서 점차 대다수의 재일동포들이 그 조직으로부터 교육을 받으며 민족의식을 고취했고 대체로 자본주의 체제에 대한 비판의식을 높여갔다. 이러한 재일동포들에게 한국정부는 비민주적 체제로서의 암울한 정보들이 흘러 들어갔으며 그들 대부분이 남한에 고향이 있음에도 불구하고 대한민국을 조국으로 여기기에는 정치체제가 지나치게 권위주의적이었다.

이러한 상황에서 북한의 통제된 정보는 실의에 빠진 재일동포들을 포섭하고 이에 대한 좌파적 민족단체는 무책임하게 북한으로의 「귀국」을 요구하기에 이르렀다. 해방직후 본국 귀국이 이루어지는 가운데 1947년 351명의 이북지역 출신자들이 북한으로 들어갔다. 여기에 그치지 않고 이남지역 출신자이면서도 북한의 토지개혁과 희망적 국가건설의 선전에 이끌려서 북한으로의 귀환을 요청하는 재일동포들이 존재했다. 한국정부 수립을 전후하여 남한으로 일단 귀환했다가 북한으로 건너간 사람도 상당수 있을 것으로 추정된다. 북한 김일성 정권의 선전에 이끌리어 밀항을 통해 직접 북한으로 입국하는 동포들도 있었다.

여기에 북한을 선망하는 좌파 운동가 가운데는 북한으로의 귀환을 요구하는 사람들이 많았으며, 특히 한국전쟁 중에는 「민족해방전쟁」을 지지하여 북한 입국을 희망하는 사람들이 많았다. 이러한 개별적인 요구는 연합국 점령당국이나 일본 정부에 의해 번번이 무시되어 왔는데, 북한이 일본에 대한 적극적인 평화공세에 나서고, 1955년

「재일본조선인총연합회총련」가 결성되면서부터 집단적으로 공식적으로 북한 송환을 요구하기에 이르렀다. 한반도 전쟁 직전 「조련」의 고문으로 활동하다가 입북하여 북한의 「조국통일민주주의전선」의 장이 된 김천해는 평양방송을 통해 재일동포들에 대한 회유의 메시지를 내보냈다. 그것은 재일동포들이 전쟁기간 중에 일본공산당과 함께 전개한 반전활동을 높이 치켜세우고, 북한이 항상 관심을 가지고 있으니 재일동포들도 공화국의 영예를 가지고 북한 인민들과 함께 조국을 위해 단결하자고 하는 내용이었다.

1954년 8월 북한의 남일 외상은 평양방송을 통해 재일동포들을 「북한의 공민」이라고 칭하며, 일본정부에게 동포의 강제추방을 중지하고 거주 및 취업자유와 생명·재산의 안전이나 민족교육 등 일체 정당한 권리를 보장하도록 촉구했다. 이 성명은 이제까지 일본공산당의 지도를 받고 있던 「재일조선통일민주전선민전」과 재일동포사회를 북한의 지도 아래에 끌어들일 것을 선언한 것이다. 민전 내부에서는 북한에 대한 과도한 접근에 대해 회의하는 사람들이 있었으나, 대체로 남일 외상의 성명을 환영하고 지지하는 분위기가 고조되었고, 이런 분위기를 타고 한덕수 등의 소위 「민족주의」 세력은 재일동포 사회에서 목소리를 높여갔다. 이듬해 2월 북한이 일본과의 국교정상화·무역·문화교류를 공식 요청하면서 북한을 지지하는 세력이 더욱 힘을 얻게 되었고 이들에 의해 「총련」이 조직되기에 이르렀다.

북송 목적

1955년 일본적십자사와 북한적십자사가 북한의 일본인에 대해 귀환 문제를 교섭하는 과정에서 북한 정부는 재일동포의 북송을 공식 요구하기 시작했다. 북한이 북송을 요구한 데에는 국내적으로 노동력 부족을 해소하고 대외적으로 목하 진행 중인 한일 국교정상화 교섭을 저지하고자 하는 목적이 있었다고 생각한다. 일찍이 1955년 8월 국제적십자사의 귀국증명서로 재일동포 한 명이 일본에서 출국했으며, 1956년 12월에도 북송을 요구하며 시위하던 재일동포 20명이 북한으로 입국한 사례가 있다. 북한은 1958년 9월과 12월에도 남일 외상의 성명을 통해 귀국자들을 받아들일 태세가 되어 있다고 하며 일본정부에게 북송을 실시할 것으로 적극적으로 공식 요구했다.

「총련」을 비롯한 친북성향의 재일동포 단체는 북한의 대일 요구 성명을 대대적으로 환영했다. 10월 30일을 「귀국 요청의 날」로 정하고 전국적으로 북송요구 집회를 개최하는 한편, 일본정부와 일본사회당을 비롯한 각 정당이나 일본 사회단체에 대해서 협력과 지원을 요청했다. 이러한 「총련」의 움직임에 대해 일본사회당이 즉각적인 지지를 표명하고, 일본 국회에 초당파적인 북송 협력모임 구성을 주도하고 일본 정부에 대해 북송 실현을 강력하게 촉구했다.

일본 정부는 처음에는 한일 국교정상화 회담에 악영향을 미칠 것으로 판단하여 유보적인 태도를 취했지만, 점차 북일 적십자사의 교섭에 동조하는 태도를 보였다. 일찍이 1958년 12월 후지야마 아이이치로藤山愛一郎 외상은 「북송 희망자의 출생지 여하를 불문하고 국제 법적으로 인도적인 차원에서 귀환 문제를 해결해 가겠다」고 하며 북송에 대해 긍정적인 입장을 밝혔다. 그 후 북송 결정은 기정사실화 되어 갔으며 한국 정부의 반대와 비판에도 불구하고 일본 정부는 북송 추진 결정의 태도를 바꾸지 않았고 이듬해 2월 내각 결의를 통해 공식으로 북송 추진을 정부 방침으로 확정하기에 이르렀다. 일본 정부가 북송 추진을 단행하게 된 데에는 우선 일본의 여론이 북송 추진을 압박했기 때문이다. 또한 그 당시 대부분의 재일동포들이 실업자였기 때문에 생활보조금을 지급해야 했는데, 여기에 대해 일본 정부가 재정적 부담을 꺼렸기 때문이다. 또한 재일동포를 일본사회의 성가신 존재로 인식하여 일본사회에서 「돌아가고 싶어 하는 자들을 돌아가게 하라」는 여론이 대세를 형성했다. 일본의 각 지방단체들도 앞을 다투어 북송 지지를 결의하고 있는 상황에서 중앙정부의 외무성·법무성·후생성 등에는 북송 추진 주장을 제지할 세력이 부족했을 뿐 아니라, 그다지 활발하게 진전되고 있지 않은 한일 국교정상화 회담을 이유로 하여 북송 추진의 강력한 흐름을 막기에는 현실적으로 한계가 있었다.

1959년 2월 일본 정부가 북송 추진을 결정하자 한국 정부는 공보실을 통해 북송반대 성명을 발표하고 한국 국회도 초당적으로 북송반대 운동에 돌입했으며 한국의 각종 사회단체들이 이러한 반대 운동에 가담했다. 그러나 북송사업은 착착 진행되었다. 제네바 국제적십자사 본부에서 북한과 일본의 적십자사가 북송 방법에 관한 구체적인 교섭에 들어갔다. 같은 해 6월 10일 쌍방 간에 원칙적인 합의가 이뤄졌고, 6월 24일에 양측이 협정을 체결하기에 이르렀다. 이로써 73일에 걸친 총 18차례의 교섭이 막을 내렸다.

그 후 일본사회의 차별과 빈곤을 피하여 「희망의 조국」으로 선전되는 북한으로 송환되어간 동포들은 일본으로의 자유왕래가 허용되지 않았을 뿐 아니라, 서신왕래마저 자유롭지 못하게 되었으며 일본에 남은 가족이나 친지에게 경제적으로 부담을 지우는 존재가 되어갔다. 결과적으로 「희망의 조국」에 인질이 된 것이다. 북송 문제에 대한 일차적인 책임은 북송된 당사자들의 성급한 판단과 경솔한 행위, 그리고 이들을 과장된 선전과 회유로 끌어들인 북한에 있다. 인권 개선 문제와 함께 오늘날에 이르기까지 북송사업이 문제가 되는 것은 북한 정권의 폐쇄성과 비도덕성에 기인하고 있다. 북송사업 실시과정에서 「총련」조직원들이 북한에 대한 과잉 충성으로 재일동포 보내기 실적에 몰두했다는 점에서 「총련」은 분명히 그 책임을 피할 수 없다.

여기에 일본 정부는 오늘날에도 변함없이 북송문제가 재일동포 측의 요구를 들어준 인도적 행위였다고 정당화 하고 있다. 그러나 북송 당시 일본사회의 민족차별구조가 극심했고 외국인 주민의 보호에 소홀히 했다는 비판을 면하기 어렵다. 나아가 일본사회의 구성원인 재일동포들을 잘라내고자 하는 일본정부의 정책적인 의도가 암암리에 작용했다고 하는 연구들이 나오고 있다. 비록 교섭 과정이나 북송 추진 과정에서 일본 적십자사를 전면에 내세웠지만 일본 정부의 실무자급 관료들이 암약했다고 하는 사실이 밝혀지고 있는 것이다. 한국 정부에게 북송문제의 직접적인 책임이 있다고 보기는 어렵다. 하지만 일본과의 국교정상화 교섭에 소극적이었을 뿐 아니라, 민족교육 지원에 있어서 재일동포에 대한 국가적 배려가 부족했다는 것을 지적하지 않을 수 없다. 그래서 북한의 선전공작에 대해서 무방비한 상태로 그들을 방치했다는 비판에서 자유롭지 못한 것이다.

_7_
대북전단 살포금지법 시비

2020년 12월 한국 국회에서 「대북전단금지법」(대한민국과 북한 사이의 접경지역에서의 대북전단 및 기타 매체의 살포 행위를 금지하는 남북관계 발전에 관한 법률 개정안)이 통과되어, 대북전단을 대량으로 살포하는 행위가 법적으로 금지되었다. 같은 해 6월 북한은 적대행위를 금지하기로 한 판문점 선언을 근거로 하여 대북전단 살포를 막을 것을 재차 요구하면서, 「남조선 당국이 응분의 조처를 세우지 못한다면 금강산 관광 폐지에 이어 개성공업지구의 완전 철거가 될지, 북남 공동연락사무소 폐쇄가 될지, 있으나 마나 한 북남 군사합의 파기가 될지 단단히 각오는 해둬야 할 것」이라고 발표했다. 그리고 남북 간 모든 연락채널을 끊고 곧 이어 남북공동연락사무소를 폭파하는 만행을 저질렀다.

이를 계기로 하여 한국의 통일부와 「자유북한운동연합」을 중심으로 하여 옥신각신 하는 가운데, 8월 국회 외교통일위원회에서 더불어민주당 의원들이 제출한 「남북관계 발전에 관한 법률 일부개정법률안」, 일명 「대북전단금지법안」이 안건조정위원회로 넘어가면서 입법 절차가 본격적으로 가동되었다. 이때 통일부가 탈북민 단체의 설립 허가를 취소하고 조사에 나선 것을 북한 인권단체의 탄압으로 간주하고 탄압행위를 중단하라는 서한을 미국의 전 정부 각료들이 문재인 대통령에게 발송했다. 12월 2일 국회 외교통일위원회에서 여당 단독으로 「대북전단금지법」이 통과되자, 「북한자유연합」 등은 한국

의 여당 국회의원들이 독재자 여동생의 지시에 따라 행보를 결정한
것이며 매우 충격적이라고 하는 성명을 발표했다. 결국 2020년 12월
14일 국회 본회의에서 더불어민주당은 야당의 필리버스터를 강제로
종료시키고 개정안 「대북전단금지법」을 강행처리하여 통과시켰다.

　한국의 「대북전단금지법」은 비민주적인 법안이라는 비판을 받았
으며 미국과 일본에도 불똥이 번졌다. 미국 의회 산하의 초당적 기구
인 「톰 랜토스Tom Lantos 인권위원회」가 조 바이든 대통령에게 북한 인
권에 대한 적극적인 관여를 촉구했다. 미국 의회 인권위원회의 기본
입장은 북한 주민들이 70년이 넘도록 김씨 일가의 정치적 탄압과 기
근, 강제노동, 고문 등에 고통을 받았다는 것이다. 이에 따라 2004년
미국에서 북한인권법이 제정되고 이때부터 국무부 안에 대북인권특
사를 두고 있다. 대북인권특사는 북한 주민의 인권개선을 위해 북한
당국과 교섭, 국제여론 조성을 위한 국제회의와 비정부기구NGO 지
원, 북한 주민에 외부 정보를 유입하기 위한 자유아시아방송RFA 지원,

북한 인권개선을 위한 훈련 등의 활동을 담당한다. 그러나 2017년 1월 로버트 킹 Robert King 특사가 사임한 이후 4년 동안 미국 정부는 대북 인권특사 자리를 공석으로 남겨놓았다. 새로운 바이든 대통령이 인권 문제에 적극적이기 때문에 대북인권특사의 재임명은 이루어질 것으로 보인다.

한편 일본의 『아사히신문』은 2020년 12월 21일 사설을 통해서 문 정부가 「독선적 수법을 고쳐야 한다」고 비판하고 나섰다. 이날 사설 「자유의 원칙 지켜야 한다」에서, 이 금지법의 통과는 북한의 불합리한 요구에 굴복하여 시민의 권리에 제한을 가하는 것과 같다고 하며, 이러한 조치는 재고되어야 한다고 주장했다. 이 신문은 한국에서 오늘날 우려스러운 정치적 행보가 계속되고 있다고 지적하고, 문 정부가 다수 여당을 배경으로 법안을 억지로 통과시키고 있다고 하며, 시민의 자유와 민주주의의 원칙을 훼손할 수 있는 내용이 들어 있다고 했다. 그리고 아무리 한반도 평화체제의 구축이 필요하더라도 자유와 민주주의의 고귀함을 포기할 수는 없다고 했다. 이 신문은 인권 문제로서 일본 정부에 대해 일본군 '위안부' 문제를 제기하고 한일 월드컵 공동 개최 등을 주장하며 한일 화해를 위해 노력해왔다. 문 정부의 출범 당시만 해도 긍정적인 기대감을 보였으나, 점차 한국의 새로운 집권 세력이 인권 문제에 무관심하다고 하며 수차례 비판해 왔다.

이러한 국제적인 움직임에 대해 한국의 통일부는 2021년 3월 9일 뒤늦게 「대북전단금지법」 적용 범위에 제3국에서의 살포 행위는 포함되지 않는다는 점을 명시한 해석지침을 발령했다. 「대북전단금지법」 4조 6호는 금지하는 살포 행위에 대해, 「단순히 제3국을 거치는 전단 등의 이동을 포함한다」라고만 밝혔다. 이 부분의 해석을 둘러싸고, 종래에는 일반적으로 「대북전단금지법」이 중국 등 제3국에서 북한으로 전단 등 물품을 전달하는 행위까지 처벌 대상으로 한다고 했다. 2021년에 들어 통일부는 해석지침을 통해 「제3국에서 전단 등을 살포하는 행위는 이 법의 적용대상이 아니다」고 밝힌 것이다. 이때 이 법이 금지하는 살포의 개념에 대해서, 「군사분계선 이남^{남한}에서 군사분계선 이북^{북한}으로의 배부나 이동을 말한다」고 밝혔다. 해석 지침에서 군사분계선 「일대」가 아닌 「이남」이라고 명시한 것은 법의 적용 범위를 지나치게 확대하는 것이라는 비판에 대해서는, 「남쪽에서 북쪽으로 전단 등을 살포하는 경우만 법이 적용되고 제3국에서의 살포 행위에는 적용되지 않는다는 것을 분명히 한 것」이라고 통일부 당국자는 그 취지를 설명했다. 다만 해석지침에 대한 국민 의견 수렴 기간에 4개 단체로부터 의견서를 접수했지만, 해당 의견들은 법률 개정사항에 해당한다고 판단하여 해석지침에 반영할 수 없었다고 말했다.[11]

11 『연합뉴스』 2021년 3월 9일, 「통일부, 전단금지법 해석지침 제정…"제3국 적용 우려 해소되길"」

8

새로운 일본 총리 지명

일본의 집권 자민당은 2020년 9월 14일 총재 선거에서 스가 요시히데菅義偉, 1948~ 관방장관을 차기 총재로 선출했다. 스가는 이 날 압도적인 표 차로 총재에 당선되었다. 자민당 소속 국회의원 394명과 자민당 지방자치단체 지부연합회 대표 141명 등 합계 535명에게 투표권을 부여했는데 스가가 유효 투표 534표 가운데 377표를 얻은 것이다. 스가의 총재 당선은 일찍부터 예견되었다. 정식으로 출마 의사를 표명하기도 전에 자민당 7개 파벌 중 주요 5개 파벌이 그를 지지하기로 결정하면서 스가 대세론을 형성했다. 스가 이외에도 기시다 후미오岸田文雄, 1957~ 자민당 정조회장과 이시바 시게루石破茂, 1957~ 전 자민당 간사장이 총재 선거에 후보로 나섰다. 이시바의 득표는 68표, 기시다는 89표에 그쳤다. 9월 16일 임시국회에서 총리 지명 선거가 실시되었다.

2020년 9월 16일 임시 소집된 일본 국회에서 스가 요시히데 관방장관이 아베 신조安倍晋三, 1954~ 총리의 뒤를 잇는 차기 총리로 지명되어 제99대 내각총리대신으로 확정되었다. 여기서는 먼저 새로운 총리 취임 직후에 일본의 공익법인 포린 프레스센터Foreign Press Center Japan가 정리하여 내놓은 주요 해외 언론의 논조를 살펴보고자 한다. 공익법인 포린 프레스센터는 일본에 관한 다양한 보도가 세계 각국에서 이뤄질 수 있도록 외국 언론 관계자의 일본 취재를 지원할 목적으로 일본신문협회와 일본경제단체연합회가 공동 출자하여 1976년에 설립한 기관이다. 또한 여기에서는 필자가 2020년 12월에 발표한 서평을 소개하면서 새로운 일본 총리 스가 요시히데의 정책 방향을 소개하고자 한다.

먼저, 미국 주요 언론의 보도를 살펴보자. The Wall Street Journal은 9월 15일자 사설 「일본의 새로운 수상」에서 스가는 아베 내각의 관방장관으로서 경제개혁의 입안과 실행을 주도적으로 이끌었다고 평가하고, 비능률적인 지방은행을 재편하고 비생산적인 중소기업의 통합과 합병에 장애가 되는 규제를 완화하는 등 독자적인 생각을 가지고 있으며 일본의 국내 경제를 개혁하고자 했다는 것을 평가했다. 재정의 건전성을 유지하고자 하는 방향에 대해서는 아베 총리보다 더욱 관대하며 새로운 소비증세에 대해서도 적극적이라고 평가하고, 경제성장에 초점을 맞추어 나갈 것을 주문했다. 또한 9월 16일자 「아베 시대가 끝나고 스가 수상 취임」 기사에서는 코로나19 팬데믹pandemic으로부터의 재생 모색, 긴장이 높아지고 있는 미중관계 가운데 컨트롤의 유지와 도쿄올림픽의 준비 등 정치적 과제들을 열거하고, 그 중에서도 코로나19 대책이 정권 계승의 중심이 될 것으로 보았다. 외교 경험이 적은 스가 총리로서는 일본 최대의 무역 상대국인 중국과 어떻게 관계를 유지해 갈지 주목된다고 보도했다.

9월 16일자 CNN의 기사 「아베의 후임으로 스가 수상을 정식으로 지명」은 스가 내각이 아베 내각에서 다수 인물을 영입하여 안정과 계속을 정권 이미지로 하고 있다고 평가하고, 스가 총리는 업무를 완수해 낼 정치력을 가지고 있다고 긍정적으로 평가했다. 무엇보다 스가는 경제 재생을 위한 아베노믹스의 실시에서 중요한 역할을 맡고 있는데, 앞으로 코로나19 확대 후의 경기부양책, 2021년 개최 예정인 도쿄올림픽을 위해 어떻게 바이러스를 통제해 갈 것인지, 거액의 공적 채무와 고령화, 남녀평등을 위한 개혁 등, 장기적인 경제적 사회적 과제에 어떻게 직면해 갈 것인지 주목된다고 보도했다.

9월 16일자 The New York Times의 기사 「일본의 새로운 내각 조각: 관습적인 남성, 감소하는 여성」은 여성 각료는 모두 지난 아베 내각에서 유임된 사람인데 3명에서 2명으로 줄었고, 성장 전략의 하나인 「여성의 활약」은 문을 닫은 것처럼 보이고, 공약이 전혀 지켜지지 않고 있다고 지적했다. 무엇보다 스가 총리의 「현상유지」 내각은 자민당 요직자의 지명과 함께 보수적인 당내 파벌에 의해 획책되어 스가 총리의 탄생에 기여한 사람들을 위한 보응으로 이뤄졌으며, 이러한 선거 보답은 전적으로 여당으로서 다음 선거에서 연약한 야당한테도 패배할 수 있다는 계산 아래 감행된 것이라고 보도했다.

같은 날짜에 내놓은 The Washington Post의 기사 「일본의 새 내각은 마치 옛날 남성 중심의 내각과 같다」 역시 마찬가지로 아베 총리가 「여성이 빛나는 사회」를 내세워 취임하고 여성 활약 추진법을 제정하여 육아휴직이나 서비스를 확대하고 여성의 취업률을 미국보다도 높은 63%에서 71%로 올리고자 했다. 하지만 여성 근로자 대부분이 저임금이나 비정규직 또는 임시직에 종사하여 지위가 낮고 코로나19로 인한 부당 해고로 고통 받고 있다고 전하고, 스가 내각 관료의 평균 연령이 지나치게 높아 SNS에서는 「할아버지 내각」이라는 야유를 받고 있다고 보도했다.

이어 영국 주요 언론의 보도를 살펴보면, 우선 BBC는 9월 16日자 기사 「스가 요시히데: 생각지도 않게 새로운 수상으로 승격」에서 새로운 총리로 발탁된 스가에 대해서, 아베 총리의 측근fixer으로서 업무를 담당해 왔고 기자들의 질문을 거부하는 관방장관으로서의 완강한 이미지를 언급하고, 「이번 수상 선출은 자민당 안의 파벌 총수들에 의

한 야합에 의한 것으로 일본 국민의 목소리는 없었다」고 말한 일본 경제학자의 발언을 인용하면서, 스가 총리가 가진 정치적 수완이 기대하는 것처럼 선거의 승리로 이어질지에 대해서 의문을 제기했다. 그리고 앞으로 단명 정권 시대로 되돌아갈 가능성이 있지만 이 또한 일본에 이득이 되지 않을 것이라는 시각도 있어, 스가 총리는 이른 시기에 많은 것을 내보여야 한다며 끝맺었다.

9월 16일자 The Guardian는 기사 「스가 수상 취임, 아베 '긍지'의 유산을 지킨다」에서, 아베 정권을 계승하겠다는 스가 내각의 발족에 대해서, 스가 총리는 코로나19 감염 방지대책과 경제활동의 양립을 내세우거나, 아베 정권이 중점을 두어온 미일동맹을 기축으로 하는 외교정책 등을 계속하여 추진하겠다는 것을 분석하고, 주요 각료 가운데 커다란 움직임은 없다고 보도했다. 그리고 스가 총리가 휴대전화 시장의 개혁 등 일본의 디지털화에 의욕을 나타내고 있다고 전했다.

같은 날짜에 내놓은 The Financial Times의 기사 「스가 수상이 선출되다」에서, 스가 총리는 개혁파로서 주목을 받지만 새로운 스가 내각은 아베 내각의 주요 각료 대부분을 재임시키는 모습을 보였고, 안정과 계속성을 중시하며 파벌 밸런스를 배려한 각료 포진이었다고 해설했다. 또한 여성 각료 2명은 지나치게 불균등한 인사이며 아베 내각에서 여성기용이 부족했던 점을 그대로 이어받은 것이라고 지적했다. 그 외에도 아베 총리의 동생이 방위상에 임명되었고 원래 아베 총리의 가정교사였던 히라사와 가쓰에이平沢勝栄가 75세에 처음으로 각료에 등용되는 등, 정치적 파트너에 대한 배려가 물씬 풍기는 각료 인사라는 점을 보도했다. 마지막으로는 스가 총리의 취임에 대한 아베 총리의 축하인사를 인용했다. 또한 같은 신문의 9월 21일자 사설 「일본의 새로운 총리, 메시지와 비전이 필요」에서는 아베 총리가 사임에 앞서 과거 8년 동안을 회고하는 동영상을 공개한 것을 언급하면서, 아베 정권은 낙관주의와 일본의 재생이라는 심플한 메시지를 국민에게 발신했다고 하고, 아베 정권의 정책을 이어받겠다고 약속한 스가 총리도 메시지와 비전이 필요하다는 점을 강조했다. 지방의 딸기 농가에서 태어나 골판지 공장 근무자에서 총리 자리에 오른 스가 총리의 스토리가 지지율 74% 획득에까지 이어졌는데, 국민의 지지를 유지하기 위해서는 휴대폰 통화요금 인하와 디지털청 신설 뿐 아니라 디플레이션 탈각과 소득 회복을 위해서 자신의 개혁을 추진하고, 나아가 아베 총리가 내걸었던 「열린 인도·태평양」 외교에 동등한 활력과 행동력으로 관여할 것을 논했다. 또한 역사문제에 대해서는 스가 총리의 저자세 이미지가 중국과 한국과의 새로운 관계를 구축하는데 도움이 될 것이라고 전망했다.

9월 16일자 The Times는 기사 「새로운 수상, 친구에게 높은 지위를 부여하다」에서는, 스가 내각의 진용이 대부분 스가 총리의 후원자와 아베 총리의 친족으로 구성되었다고 말하고, 그 관련성을 개별적으로 상술하면서 스가 총리는 자신이 8년 가까이 떠받쳐 온 아베 총리의 정책을 답습하겠다는 방침이라고 보도했다. 나아가 스가 총리는 이처럼 친구와 후원자에 대해서는 너그럽지만, 총리 자신은 농가 출신으로 정치가 출신도 아니고 자신의 지지율이 높은 것을 살려서 다음 달 중의원 해산과 총선거를 실시할 수도 있다는 견해를 내보였다고 전했다.

9월 19일자 The Economist는 기사 「스가 총리, 계승을 약속」에서, 아베 총리와 스가 총리는 출생 성장 과정에서 전혀 다르기 때문에 우선 과제가 서로 다르다고 했다. 정치가 가계에서 출생한 아베 총리는 세계에서의 일본의 존재를 높이고 안전보장과 이를 떠받치는 강력한 경제를 내세웠지만, 스가 총리는 경제재생 자체가 목표였고 관방장관으로서 농업과 전기통신 분야에서의 경쟁력 확보를 추진해 왔다고 하고, 스가 총리는 국내정책에 중점을 두고 있다고 분석했다. 스가 정권이 성공하려면, ①외교에 관심을 두고, ②파벌이 없기 때문에 당내 기반이 연약하다는 점을 인식하고, ③국민들로부터 인기를 얻어가야 한다는 것을 주문했다.

그리고 일본의 공익법인 포린 프레스센터는 한국의 언론을 주목했다. 동아일보·중앙일보·조선일보 등 보수적 언론만을 주목한 것은 문제가 있지만, 스가 정권에서의 한일관계를 전망하는데 큰 도움이 될 것으로 보이는 까닭에 이를 소개하고자 한다. 먼저 『동아일보』 2020년 9월 15일자 사설 「스가 日 새 총리, 아베 그늘 벗어나 한일관계 새 지평 열라」를 보면, 스가 총리는 아베 정권의 계승을 공언하고 있고 한국에 대한 일본의 정책은 기본적으로 변함없다고 하지만, 실리를 추구하는 실무형·전략가형에 가깝다고 할 수 있다고 했다. 중국이나 한국 등과는 어려운 문제도 있지만 전략적으로 단단히 맺어있다는 스가 총리의 발언을 인용하면서 양국 관계의 개선에 여지가 있다는 기대를 나타냈다. 동시에 한국 정부는 아베 정권과의 실패를 교훈으로 하여 적극적으로 전후 최악의 한일관계로부터 벗어나는 길을 모색하도록 노력을 촉구했다. 또한 9월 17일자 기사 「日 새 정권 출범에… 한일 '지일파-지한파' 주목」은 한일관계의 진전에는 양국의 지일파·지한파의 역할이 이전보다 중요해졌다고 했으며, 스가 총리와 친교가 깊은 지일파 요인으로서 이낙연1952~ 더불어민주당 대표와 지난 정권의 이병기1947~ 전 대통령 비서실장을 거론했다. 그리고 일본의 지한파로서는 반한과 혐한 무드를 완화시키는 역할을 담당한 니카이 도시히로二階俊博, 1939~와, 징용피해자 문제를 둘러싼 법안 통과를 위해 수면 하에서 노력한 가와무라 다케오河村建夫, 1942~ 일한의원

연맹 간사장을 들었다.

중앙일보는 9월 15일자 사설 「스가, 일본 총리 사실상 확정…한·일 갈등 풀어야」에서, 스가 내각이 해결해야 하는 과제의 하나로 사상 최악의 상태인 한일관계를 개선하는 일이라고 지적하고, 양국 간 과거사를 둘러싼 갈등은 계속되고 있지만 코로나19 방역대책과 경제의 양립, 북한의 핵 위협, 미중마찰로 흔들리는 동아시아 지역질서, 한일 주요기업의 경쟁관계 등, 서로 협력하여 해결해야 하는 과제에서 협력이 갈등에 발목을 잡혀서는 안 된다고 했고, 양국 지도자는 감정충돌을 그치고 냉정하게 현재를 직시하고 미래를 내다볼 감각이 필요하다고 말했다. 일찍이 9월 8일자 칼럼 「스가, '아베 상왕설'에 선긋기…"아베에 직책 줄 생각 없어"」에서는 이날 정례 기자회견에서 외교력이 약하다는 질문에 대해 스가 관방장관이 대답한 다음 말을 인용했다. 외교에서 케미스트리도 중요한 요소이지만, 국익은 케미스트리만으로 좌우되는 간단한 것이 아니라고 했다. 그는 국익을 위하여 2016년 미국 대통령 선거 때 트럼프 캠프의 관계자들과 사전 커넥션을 만든 일, 2015년 한일 위안부 합의 때에도 미국으로부터 환영 성명을 이끌어낸 일, 이외에도 주요국 대사들과의 정기적인 모임에서 외교 사절과도 폭 넓은 접점을 유지해 왔다고 소개했다.

조선일보는 9월 17일자 기사 「닻 올린 스가 내각, 20명 중 아베 각료 15명 재기용」에서, 새롭게 발족한 스가 내각의 진용이 잘못 편성되었다는 점을 비판적으로 보도했다. 아베 정권에서 새롭게 교체한 각료가 절반에 미치지 못했으며 파벌에 의한 각료 배분을 반복했다고 지적하고, 모테기 도시미쓰茂木敏充, 1955~ 외상을 계속하여 기용함으로써 아베 외교를 계승하겠다는 의지를 분명히 했으며, 유임된 기타무라 시게루北村滋, 1956~ 국가안전보장국장을 바로 미국에 파견하여

미일동맹을 중시하는 자세를 전달할 예정이라고 보도했다.[12]

스가 총리의 자서전

여기에서는 스가 총리의 자서전 『정치가의 각오』를 통하여 그의 정책 방향을 살펴보고자 한다.[13] 이 책은 스가 요시히데 총리가 자민당 총재에 당선된 직후에 출간된 것이다.

그는 자서전의 머리말에 「정치적 공백」을 남기지 않기 위해서 총리직을 수락했다고 썼다. 그러면서 그는 아베 총리의 정치 노선을 이

---

12 Foreign Press Center Japan, 「注目すべき海外メディアの日本報道(9月13日〜21日)」 2020年9月28日, https://fpcj.jp/worldnews/through/p=83831/

13 최영호, 「서평 菅義偉, 『政治家の覚悟』, 文藝春秋, 2020年 10月」, 『한일민족문제연구』39호, 2020년 12월, pp. 285-303.

어받아 계속 투구하겠다고 했다. 아베의 후광을 업고 그가 정치가로 성장했으며 총리에까지 이르게 되었다고 고백한 것이다.[14] 그는 아키타秋田의 농가에서 장남으로 태어나 거기서 고등학교까지 졸업하고 도쿄에 올라와 학비가 싸다는 이유 때문에 호세이法政대학에 들어갔다고 한다. 그는 가업의 전통을 잇지 않았고, 그 대신 도쿄 인근 요코하마横浜에서 국회의원 비서와 시의원을 지내고 1996년 중의원 선거에서 처음으로 당선되었다. 이후 8차례에 걸쳐 소선거구에서 선출되었으며 2005년에 총무성 부대신을 거쳐 2006년 제1차 아베 내각에서 총무대신으로 입각했다. 2012년 연말부터 시작된 제2차 아베 내각에서는 관방장관에 기용되었으며 2020년 9월 16일 제99대 총리로 지명을 받아 처음으로 아키타 출신의 총리가 되었다.

NHK정치매거진이 내놓은 2018년 7월 25일자 특집 기사에 따르면,[15] 일본의 총리가 되려면 대체로 저서를 내놓아야 한다고 했다. 이 특집 기사가 나온 계기는 2018년 자민당 총재의 지명 후보자로 나선 인물 가운데, 이시바 시게루 전 간사장이 정책서『정책지상주의』를 출간했기 때문이다. 이때 자민당 총재의 후보자로 나선 기시다 후미오 전 정조회장은 출간 예정이 없다고 회답한 일이 있다. 전후 총리 가운데 처음으로 자신의 정책서를 출간한 것은 다나카 가쿠에이田中角栄, 1918~1993였다고 한다. 다나카의 저서『일본열도개조론』은 1972년 6월에 출간되어 91만 부 정도가 팔려나갔고 출간 다음 달에 다나

---

14 아베 전 총리를 폭력단(ヤクザ)로, 스가 총리를 비조직 폭력단(半グレ)이라고 보고, 폭력단에서 비조직 폭력단이 생겨났다고 보는 비관론도 있다. 佐高信, 『総理大臣菅義偉の大罪』, 河出書房新社, 2020年, pp. 10-12.

15 加藤雄一郎・立町千明(政治部自民党担当記者), 「総理になるなら本を書け」 『NHK政治マガジン』, 2018年 7月 25日. www.nhk.or.jp/politics/articles/feature/6791.html

카는 총리에 취임했으며 저서의 내용이 그대로 새로운 내각의 시책 방향으로 되었다. 그리고 다나카 이후 민주당 정권을 포함하여 총리 24명 가운데 18명이나 되는 정치가들이 각각 저서를 출간해 냈다.

전후 총리 가운데 이케다 하야토池田勇人, 1899~1965 총리는 총재 선출과 직접 관련성이 없지만 일찍이 1952년 1월 『균형재정』을 출간했으며, 이 저서 집필에 참여한 정책 브레인이 1960년 「소득배증」 계획에도 관여한 바 있다. 1990년대에 들어 소선거구 비례대표제의 도입으로 상징되는 정치개혁이 실시된 후, 파벌에 속하지 않는 당원을 포섭해야하는 과제와 55년 체제의 종결 이후 자민당 총재 선거 뿐 아니라 국정선거에서도 이겨야 한다는 정치적 과제에 맞추어 정치가의 저서 출간이 계속되었다. 아베 전 총리 역시 2006년 9월 제1차 내각 발족 두 달 전에 『아름다운 나라로』를 출간하고, 자신의 정치가로 등극하는 경위와 신념을 비롯하여 납치문제·야스쿠니 참배·집단 자위권의 용인과 같은 외교·안보 영역과 교육·연금의 개혁 방향, 개헌에 대한 의지 등을 발표했다. 아베의 저서는 정책론에 그치지 않고 어떻게 정권을 운영해 갈 것인가라고 하는 정권론에 이르기까지 폭넓게 언급한 바 있다.

그럼 이제 스가 총리의 자서전 내용을 살펴보자. 이 책에서 스가는 일본의 댐이 대부분 홍수 대비책으로 기능하지 않으며, 대형 휴대폰 업계 3사에 의한 독과점으로 세계적으로 비싼 통화료를 챙기고 있다는 「일본 국민에게 당연하지 않은 일」이 있다고 하면서, 앞으로 계속하여 이러한 문제점들을 정책적으로 시정해 가겠다고 했다. 앞으로 비록 평탄하게 이뤄지지는 않겠지만, 자신의 일은 우선 자신이 해결하고, 여기에 가족과 지역이 공조를 보내고 마지막으로 정부가 안전망으로 보호하는 「국민에게 신뢰받는 정부」를 지향하겠다는 정치적 신념을 보였다. 무엇보다 그는 코로나로 인한 위기에 대한 대처 방안으로 디지털화 또는 서플라이 체인의 수정을 들었다. 그 예로 온라인 진단과 어린이들을 위한 GIGA 스쿨구상을 강력히 추진하겠다고 했다. 다만 근래에도 사업 평가를 두고 의견이 분분한 「GoTo Travel」 정책을 계속 추진하겠다는 것이나 아베노믹스 영향으로 시장 상황이 오늘날 안정적으로 유지되고 있다는 진단에 대해서는 현황을 지나치게 안일하게 보고 있다는 비판 가능성이 크다.

이 책은 제1부 관료를 움직여라, 제2부 관방장관 시대의 인터뷰, 로 구성되어 있는데, 그의 정책론은 제1부에 잘 나타나 있다. 제1부의 목차는 제1장 정치가가 방향성을 제시한다, 제2장 스스로의 생각을 정책으로, 제3장 결단하고 책임을 지는 정치, 제4장 국민 눈높이의 개혁, 제5장 매스컴의 성역을 수술, 제6장 만병통치약 인사권, 제7장 정무관이라도 일을 할 수 있다, 제8장 의원입법으로 국회를 활성화, 등으로 구성되어 있다. 스가 총리의 좌우명은 「의지가 있으면 길이 있다」이다. 8년에 가까운 관방장관 직책과 그 이전의 정책 경험을 살려 일본의 구조개혁에 올인 하겠다고 했다. 스가 내각은 우선 과제로, 코로나 대책에 전력을 다해 국민의 고용을 지켜내겠다는 것과 일본 기

업을 도산시키지 않기 위해 노력하겠다는 것을 들었다. 그는 자신의 정치적 업무로 국민의 음식 대금을 지불하기 위한 비용食い扶持을 반드시 마련하겠다고 했다. 소위 경제를 우선시 하는 정책을 추진하겠다는 것이다. 전후에 들어 일본 정부의 중심은 언제나 경제였던 점에 비추어 볼 때, 스가 총리의 정책 방향에서는 이전 정부와 다를 바 없어 보이지만, 이 책 전반에 걸쳐 흐르고 있는 일본 정치가의 성향은 한일관계의 전망이나 한국의 정치현상을 생각하는 사람들에게 커다란 메시지가 될 것으로 생각한다.

스가 총리의 자서전 제1부

제1장(정치가가 방향성을 제시한다)에서는 스가는 정치가가 정책 방향을 제시하고 관료는 그에 기초하여 정보나 구체적 처리 방안을 제공한다는 원칙을 앞세우고 있다. 스가 총리가 정치적 스승으로 삼고 있는 가지야마 세이로쿠梶山靜六, 1926~2000는 생전에 늘 「관료는 설명하는데 천재이기 때문에 정치가는 잘못하면 관료에게 말려들어가기 쉽다. 정치가는 최종 책임을 지고 관료의 의견을 들은 후에 자신이 판단해야 한다」고 가르쳤다고 한다. 스가는 이 말을 가슴에 깊이 새기고 늘 판단력을 몸에 배도록 신경 쓰고 있다고 했다. 정치가는 선거로 국민의 위탁을 받는 사람이지만, 관료는 신분을 보장받는 사람이다. 정치가는 관료로부터 사안의 과거와 현재에 관해 설명을 듣지만, 이때 정치가는 자신의 신념이나 국민의 소리를 어떻게 반영시킬지 언제나 고심해야 한다. 그러면서도 정치가는 자신의 지시에 대해 책임을 회피하지 않음으로써 관료들로부터 신뢰를 얻을 수 있어야 한다고 강조했다.

제2장(스스로의 생각을 정책으로)에서는 먼저 제1차 아베 내각에서 성립된 「지방분권개혁추진법」을 좋은 예로 꼽았다. 이 법은 시행

후 3년 안에 효력이 없어지는 한시법이었으나, 일본 전국을 획일적으로 결정하는 것이 아니라 각 지자체의 독립적인 권한을 인정하고 세금 징수 권한과 재원을 넘겨준다는 원칙에 근거한 것이다. 스가는 지방분권의 원칙과 함께 일본 전국을 도시와 고향이라는 인연으로 잇는 「고향 납세」 구상을 적극 추진했다. 「납세」라고 표현하고 있지만, 실제로는 일종의 기부금 제도를 뜻하는 것으로, 어떤 지자체에 대한 기부금액을 정하여 현재 거주하는 지자체에 신고하면 세금공제를 받을 수 있도록 한 것이다.[16] 또한 제2장에서 스가는 과거 자신이 브라질·칠레·아르헨티나 3국에 일본의 지상 디지털방송 방식을 팔기 위해 주력했던 일을 소개하면서, 자신이 기업 친화적이며 일본 제품을 해외에 팔기 위해 총력을 쏟고 있다는 것을 어필했다. 현재 남미 각 국가에서는 지상 방송을 아날로그 방식에서 디지털 방식으로 바꾸고 있는 중인데, 갈수록 남미와 여타 지역에서 일본 방식을 채택하는 국가가 많아질 것으로 예측할 수 있다고 했다.[17]

---

16 '고향 납세'는 기부금 5000엔을 넘은 부분에 대해 소득세의 약 20%까지를 공제하고 개인주민세를 면제하고 있다. 종래 확정 신고가 불필요한 급여소득자가 이 제도를 이용하기 위해 일부러 확정 신고를 해야 했는데, 2015년 4월부터 원스톱 특례제도가 도입되었다. '고향 납세'의 추진 실적으로 이 제도를 처음 시행한 2008년에 33,149명이 참가하여 기부 총액 72억 5,996만 엔이 나왔으나, 점차 늘어나 2018년에는 참가자 3,951,727명, 기부 총액 5,127억 634만 엔이 되었고, 개인주민세 공제 총액도 3,264억 7,800만 엔이 되었다. ja.wikipedia.org/wiki/ふるさと納税

17 2006년 6월에 브라질이 처음으로 일본방식을 채택한 이후, 2009년 4월 페루, 2009년 8월 아르헨티나, 2009년 9월 칠레, 2009년 10월 베네수엘라, 2010년 3월 에콰도르, 2010년 5월 코스타리카, 2010년 6월 파라과이, 2010년 6월 필리핀, 2010년 7월 볼리비아, 2010년 12월 우루과이, 2011년 10월 몰디브, 2013년 2월 보츠와나, 2013년 5월 과테말라 등으로 남미 지역을 중심으로 여타 지역에서 일본방식의 채택을 발표하기에 이르렀다. 小林憲一, 「中南米における地上デジタルテレビ放送日本方式の進展と可能性: 緊急警報放送(EWBS)の規格合意を契機に」 『放送研究と調査』, 2013年 10月, pp.58-70.

제3장(결단하고 책임을 지는 정치)에서 스가는「국민의 생명과 재산을 지키는 것이 정부의 소중한 사명」이라는 전제 하에,「총련」의 고정자산세 감면 조치에 대한 수정 작업이 자신의 노력이었다고 어필했다. 스가 내각에서 북일 관계가 쉽사리 회복되기 어렵다는 것을 나타낸 것이다. 스가는 2005년 고이즈미 준이치로小泉純一郎, 1942~ 제3차 내각에서 총무성 부대신이 된 이래「총련」이 떠받드는 북한이 일본의 주권을 침해하고 공작원에 의한 납치사건을 일으켰던 것과 관련하여, 고정자산세가 지방세로 총무성의 관할이었기 때문에,「총련」관련 시설에 대한 고정자산세의「공익성」을 문제 삼아 수정을 요구하고 관철시켰다. 또한「표현의 자유」를 내걸고 반대하는 사회적 움직임에도 불구하고, 2005년 10월「납치 피해자」구출을 위한 새로운 단파방송「시오카제潮風」를 시작했다.[18] 추가로 제3장에서 스가는 2007년 12월 전기통신사업법 시행에 따라 악덕 전기통신사업자에 대한 감사를 실시하여 투자가들의 이익이 보장되었다는 점, 2007년 6월 지방재정건전화법 시행에 따라 유바리시夕張市의 재정파탄을 막을 수 있었다는 점, 2007년 전후하여 지방정부의 상환을 어렵게 하는 중앙정부의 5% 이상 높은 이자를 낮추어 조기 상환을 유도했다는 점 등을 나열했다.

제4장(국민 눈높이의 개혁)에서 스가는 연금기록의 투명화, 임대

---

18 '시오카제'는 북한의 일본인 납치피해자에 대한 호소를 목적으로 하고 있는 라디오 단파 방송이다. 애초 '특정실종자문제조사회'가 제작한 콘텐츠를 인터넷을 이용하여 영국의 VT Communications에 보내고 영국에서 몽골 등 제3국의 송신 시설을 경유하여 방송하는 방식을 채택했으며 한 달에 60만 엔 정도의 방송 비용이 들었다고 한다,『しおかぜだより』, 2007年 3月 22日. 2007年 10월부터 일본 고가시(古河市)의 KDDI 야마타(八俣) 송신소에서 송출하고 있다. www.chosa-kai.jp/siokaze

료가 과다한 공공건물의 이전, 퇴직금과 급여 정보의 일반 공개, 지방에 대한 신형 교부세 부과, 기관장의 다선 금지 문제, 재난피해자에 대한 지원 제도 등을 들었다. 당초 연금기록은 후생노동성 산하의 사회보험청 관할 사항이었으나, 2007년 아베 총리로부터 총무성의 감독을 지시받은 후 총무성 대신인 스가가 이 문제에 관여하게 되었다. 그는 이때 중앙정부와 전국 50개소에 각각 「연금기록확인 제3자위원회」를 발족시켰고, 이 위원회는 재직 시 보험료를 제대로 납부하고도 연금을 받지 못하는 사례가 생기지 않도록 연금기록을 정정하도록 했다. 이때 중앙위원장에는 가지타니 梶谷剛, 1936~가 선임되었다. 이 위원회는 4년간 23만 건의 연금기록 요청을 접수했으며 약 10만 건의 기록을 회복했다. 또한 도쿄 신주쿠新宿의 오피스 타운을 임대하여 연간 1억 8,700만 엔에 달하는 임대료를 내고 있던 독립행정법인 「평화기념사업특별기금平和祈念事業特別基金」의 자료관을 2007년 7월에 같은 건물 48층으로 옮기고 사무소를 와카마쓰若松에 있는 총무성 제2청사로 이전함으로써 임대료를 연간 1억 엔 이상 절약했다고 어필했다. 아울러 자신의 지시대로 2007년 초 지자체 단체장의 퇴직금 정보가 총무성 홈페이지에 공개되고 나서부터는 각 지방이 경쟁적으로 퇴직금을 내리게 되었다. 지방공무원의 급여 정보도 일반에 공개되면서, 민간기업에 비해 상대적으로 높은 공무원의 임금이 시정되기 시작했다고 했다.

지방에 대한 신형 교부세 문제는 인구와 면적을 기준으로 하여 지방교부세를 배분한다는 생각이었다. 이에 대해서 스가가 고이즈미 3차 내각에서 총무성 부대신을 하고 있었기 때문인지 그다지 장황하게 언급하지 않았다. 다만 어려움을 호소하는 관료들의 저항을 극복하면서, 다케나카 헤이조竹中平蔵, 1951~ 대신과 함께 스가 자신이 이 문제를 적극적으로 추진하고자 했다는 점을 강조했다. 총무성은 지자체 가운데 대규모 지역 都道府県 분에 대해서는 2006년 9월에 인구와 면적에 의한 산정 비율을 3대 1로 하면 변동 폭이 10억 엔 정도 될 것으로 보았다. 그리고 소규모 지역 市町村 분에 대해서는 종래의 배분액과의 변동 폭을 최소한으로 억제할 방침이라고 했다. 특히 규모가 아주 작은 지자체 지역 町村 분에서 대폭적인 감액이 이루어질 가능성이 있기 때문에 인구와 면적 비율을 10대 1로 하면 인구 1만 명 미만인 9할 정도의 町村에서 2천만~3천만 엔 정도 변동 폭의 증감이 발생할 것이며 극히 예외적인 경우에서 최대 5천만 엔 정도가 될 것으로 보았다.[19] 또한 스가는 2006년 지자체 기관장의 다선 금지법 논의를 위하여 다카하시 가즈유키 高橋和之, 1943~를 좌장으로 하는 조사연구회를 발족시켰다. 이 연구회를 통해서 다선 금지법을 위한 활동이 위헌사항에 해당되지 않는다는 점을 확인했다. 그 결과 스가는 기관장의 다선을 금지시킬 수 있는 입법 조치를 장래에 실시할 수 있게 되었다고 했다.

재난피해자에 대한 지원 제도는 2006년 9월 스가 자신이 총무성 대신이 된 이후에 실현된 것이다. 2007년 7월 니가타현 新潟県에서 대형 지진이 발생한 직후 그는 소방청에 재해대책본부를 설립했는데,

---

19 총무성 대신의 사적 간담회 모임인 '지방분권 21세기비전 간담회'(좌장 大田弘子)는 2006년 1월부터 5월까지 11차례에 걸쳐 회합하고 보고서를 제출했다. 회합의 목표로서는 다음과 같은 개혁안을 마련하기 위해서였다. (1) 지방의 자유를 확대하기 위한 개혁안 (道州制를 포함한 국가와 지방의 역할 분담 수정), (2) 지방의 책임을 명확하게 하기 위한 개혁안 (파탄과 재건을 위한 법제를 검토), (3) 국가와 지방의 재정 건전화를 위한 개혁안 (중장기 지방재정 비전), (4) 지방행정 개혁의 추진 방안 (지방자치단체의 자산·부채 관리 방안), (5) 교부받지 않는 지방단체의 증가 목표, (5) 제도의 간소화·투명화 등. www.soumu.go.jp/main_sosiki/kenkyu/pdf/060703_1.pdf

이때 여당과 야당이 합동으로「생활재건지원법」을 마련한 바 있다.[20] 관련법에 따르면 가옥 전체가 파괴된 세대에 최대 300만 엔까지 지급하는 것이었는데, 지원금을 수령하기 위해서 소득증명서·각종영수증·재난현지사진 등 방대한 서류가 필요했고 지급대상도 주택 관련하여 대부 이자 등에 한정하는 등, 지급요건이 까다롭기 때문에 실제로 55만 엔 정도 밖에는 지급되지 않았다. 이에 따라 총무성 대신이 직접 내각부 관료에게 전화를 걸어 지원법 제도를 유연하게 운용하도록 요구했다. 스가는 관련법 개정에 적극적인 자민당 의원에 대해 피해 실태를 설명하고 주택을 재건하고자 하는 세대에 대해 200만 엔 정도의 지원금이 지급되도록 요청했다. 그 후 야당과도 조율을 거쳐 재난 피해자에게 신속하게 지원금을 지급하는 관련법 개정을 2007년 11월에 만장일치로 성사시켰다. 이처럼 애초의 의도에서 빗나간 결과들이 나오는데, 정치가가 언제나 국민 눈높이에서 현재의 구조를 살피고 필요한 점을 수정해 나가는 것이 필요하다고 그는 주장했다.

제5장(매스컴의 성역을 수술)은 맨 앞에 총무성의 역할이 방송과 통신을 감독하는 일이라는 문구로 시작했다. 2007년 1월 간사이関西TV의 데이터 물의 사건에 대해 총무성이 조사한 결과, 낫토納豆에 대한 데이터 날조가 사실로 드러났고 방송 전에 평균 11엔이던 낫토 요금이 방송 후에는 19엔으로 뛰어올랐고 시장 상황도 불안정해졌다. 따라서 총무성은 간사이TV에 사실관계에 대한 보고를 요구했고, 간사이TV는 하청업체에 책임을 떠넘길 뿐 자책하는 분위기를 갖지 않았다. 전파

---

20 생활재건 지원법(被災者生活再建支援法)은 阪神지역의 대지진 사건을 계기로 하여 일본공산당을 제외한 6개 정당이 합동으로 제출하여 1998년 5월에 성립된 법으로, 都道府県이 상호부조 관점으로 갹출된 기금을 활용하자는 목적을 가지고 있었다. ja.wikipedia.org/wiki/被災者生活再建支援法

법에 따르면 방송법을 위반했을 경우, 행정처분으로써 방송국의 운용 정지 또는 제한이 가능하며, 그 정지명령을 어길 경우에는 면허를 취소함으로써 방송국 자체의 운영이 불가능해진다. 행정처분이 이처럼 너무 엄하기 때문에 과거에 전파법 적용 사례를 내지 못했다. 따라서 총무성 대신은 방송법을 개정하여 행정처분 밑에 「재발방지」를 설정하는 것이 시청자를 보호하는 방안이 될 것으로 보고, 허위 방송으로 국민생활에 악영향을 끼칠 우려가 있을 경우, 「총무성 대신이 방송사업자에 대해 재발방지계획의 제출을 요구할 수 있다」는 취지로 방송법을 개정하도록 주장했다. 매스컴·민간방송연맹 등의 반대에 부딪혀 방송법 개정에는 이르지 못했지만, 결국 2007년 3월 데이터 날조 책임을 간사이TV가 공식으로 인정하고 사장이 사임하기에 이르렀고, 민간방송연맹도 임시총회를 열어 간사이TV를 제명시켰다.[21]

또한 스가는 제5장에서 민간방송연맹에 대한 경종으로서 전파사용료를 2008년에 5억 엔, 2009년에 10억 엔, 2010년에 20억 엔씩 인상했다는 점을 강조했다. 이에 따라 2010년의 전파사용 요금이 51억 엔 정도로 나타났다. 그렇지만 국가가 부담하는 방송 관련 세출 규모가 약 210억 엔이 되고 있는 것에 비하면, 방송 사업자들이 부담하고 있는 전파사용료는 매우 낮다고 보았다. 따라서 휴대폰 사업자들은 국가가 방송 사업자들에게 지나치게 특혜를 베풀고 있다고 불공정성을 토로한 것이다.[22] 추가로 스가 자신이 2005년 총무성 부대신

---

21 간사이TV의 데이터 날조 사건의 경위에 대해서는 다음 사이트에 상세하다,
ja.wikipedia.org/wiki/関西テレビ放送#『発掘!あるある大事典II』における捏造事件

22 「インターネット同時配信実現になりふり構わぬNHK受信料値下げは置き去りか」『産経ニュース』, 2017年 10月 19日. www.sankei.com/premium/.../prm1710190005-n1.html

시절부터 NHK수신료의 부당성을 시정하고자 주력했던 점도 어필했다. 그는 여기서 NHK수신료의 미납 문제를 제기했다. 호텔과 같이 TV수상기가 많이 설치된 곳은 말할 것도 없이, 2005년 당시 NHK와 계약을 맺고 있는 세대 가운데 수신료를 지불하지 않는 건수가 399만 건으로 나타났으며 그 중에 NHK 관련자만 해도 130만 건에 달했다. 스가는 NHK의 개혁 방안으로서 ① 수신료를 2할 정도 인하할 것과 ② 수신료 지불 의무를 법으로 규정화할 것을 생각했다. 수신료 의무화로 인해 납부자가 현재 70%에서 85% 가량으로 상승한다면 1000억 엔 정도 수신료 징수가 늘어날 것이고 징수를 위한 인건비도 대폭 줄어들 것으로 보았다. 때마침 2007년 고모리 시게타카古森重隆, 1939~가 NHK경영위원장이 되면서, 일본 공공TV의 세계적으로 비싼 수신료가 10% 정도 떨어졌고 그때까지 꿈쩍도 하지 않던 수신료 인하 움직임이 비로소 시작되었다고 했다.[23] 다만 아직 NHK수신료 납부 의무화 구상은 실현되지 않고 있다.

제6장(만병통치약 인사권)을 「인사권은 장관에게 주어진 커다란 권한」이라는 문구로 시작했다. 인사권을 잘 사용하면 조직에 긴장감을 주고 구성원에게 일체감을 부여할 수 있다고 했다. NHK 개혁 방안에 대한 반대 움직임에서와 같이 나치스 독일에서 프로파간다를 이끌었던 인물에 빗대어 스가는 「아베 정권의 괴벨스Goebbels」라는 비난에 직면했다.[24] 그러나 이러한 비난에도 불구하고 2006년에 스가는

---

23 2019년 7월 공공방송 (지상방송+위성방송) 수신료를 조사한 결과, 일본의 NHK가 26,760엔, 영국의 BBC가 20,880엔, 독일의 ARD/ZDF가 25,472엔, 프랑스의 텔레비지옹이 16,860엔, 이탈리아의 RAI가 10,917엔, 한국의 KBS가 2,757엔이었다. ja.wikipedia.org/wiki/NHK受信料

24 「次期首相に最も近い男·菅官房長官, 哀しいまでの「中身のなさ」」『現代ビジネス』, 2009年 10月 18日. gendai.ismedia.jp/articles/-/67761

총무성 대신이 되어 인사권을 적극 활용하여 행정개혁 추진에 나섰다. 이 책에서 혁신적 인사권의 활용 사례로 든 것은 2007년 6월 고모리 NHK 경영위원장을 비롯하여, 총무성에서 지방의 정보통신행정을 관할하는 오키나와沖縄종합통신소장에 2007년 1월 후쿠이 다케히로福井武弘, 1952~를 임명한 일, 우정업무를 총괄하는 총무성 사무차관에 2007년 7월 스즈키 야스오鈴木康雄, 1950~를 임명한 일, 우정업무의 민영화 실무를 담당하는 일본우정공사 총재에 2007년 4월 니시카와 요시후미西川善文, 1938~를 앉힌 일 등을 꼽았다.

제7장(정무관이라도 일을 할 수 있다)은 정치 주도의 정책결정을 위해서 과거 정무차관을 대신하여 1999년 9월 정무관 제도를 마련하여, 비록 정무관 직위라고 하더라도 과거와는 달리 얼마든지 업무를 추진할 수 있다고 했다. 고이즈미 제1차 내각 때 2002년 1월 스가 자신이 국토교통성 대신의 정무관 자격으로 미국에 출장하여 ETC Electronic Toll Collection 제도를 시찰하고 일본의 ETC 단말기 요금 인하와 사용률을 높였으며, 「도쿄만 아쿠아라인」 등의 통행요금을 할인하도록 유도한 사례를 제시했다.[25] 또한 스가는 과거 대학을 졸업한 후 요코하마에서 11년 동안 비서로 지내면서 지방 재정관으로서 인맥을 쌓았고 항구 물동량 처리의 신속화와 행정절차의 간소화를 위해 주력했던 것을 어필했다. 그는 컨테이너 입항 수속의 복잡함과 뒤

---

25 도쿄만 아쿠아라인은 1997년 川崎市로부터 도쿄만을 가로질러 木更津市까지 개통된 고속도로를 말한다. 2009년 8월부터 ETC 장착 차량에 대한 통행요금 할인이 시작되어 2014년에 ETC를 장착한 보통차의 경우 川崎浮島JCT에서 木更津金田IC까지 800엔으로 할인되었다. 다만 교통량의 경우, 2009년도에는 전년도 대비 1.5배 늘었고 2012년도에 증가했다고 하나, 2017년도에 이르기까지 상하선 합쳐서 하루 64,000대에도 못 미치고 있다. ja.wikipedia.org/wiki/東京湾アクアライン

늦은 처리 방식으로 인해 일본이 세계적으로 뒤떨어지게 된 상황을 조사하여 발표했다. 그 결과 뒤늦기는 했지만 일본도 2005년 9월 국제해상교통 간소화 조약을 체결하여 항만 수속의 원스톱 서비스를 향해 나아갈 수 있게 됐다는 점을 그는 강조했다.[26]

제8장(의원입법으로 국회를 활성화)에서 스가는 2004년 6월에 중의원에서 성립된 「특정선박의 입항 금지에 관한 법」을 국민 안전과 국제 평화를 위한 의원입법의 좋은 사례로 꼽고, 2019년 12월까지 일련의 「외환 및 외국무역법」 개정 움직임을 의원입법 활동이라고 강조했다. 또한 그는 2005년 4월 의원입법으로 선불 휴대폰에서도 본인 확인 등을 규정한 「휴대음성통신 사업자의 의한 계약자 등의 본인 확인 및 휴대음성통신 서비스의 부정한 이용 방지에 관한 법」이 제정된 이후 송금사기사건이 현저하게 줄었다고 보았다. 그리고 그는 외국인범죄자들을 일소하기 위해 2006년 5월 정부입법으로 「출입국 관리 및 난민인정법」이 개정되었는데, 개정안의 성립을 위하여 적극적인 의원 활동을 통해 외국인 출입국자 정보를 입국관리국과 경찰청이 공유하도록 했다는 점을 강조했다. 아울러 후쿠시마福島제1원자력발전소의 사고를 밝히기 위해 2011년 5월 정부 내에 「사고조사·검증위원회」가 결성되어 2012년 7월까지 활동했다.[27] 그러나 2011년 9월 시오자키 야스히사塩崎恭久, 1950~ 자민당 의원을 중심으로 하여 민주당 정부와는 별도로 원전사고 조사위원회를 국회에 설치하기에 이

---

26 국제해사기관(IMO)가 1965년 채택, 1967년 발효한 국제해상교통 간소화 조약은 보통 FAL조약(Convention on Facilitation of International Maritime Traffic)으로 불린다. 한국해양수산개발원, 「국제해상교통간소화협약(FAL) 수용방안」『연구보고서』, 1997년 12월.

27 조사검증위원회의 연혁과 활동에 대하여 다음을 참고했다. www.cas.go.jp/jp/seisaku/icanps/

르렀고 스가는 이러한 의원 활동을 적극 지지했다. 정부와 별도로 국회 내에 조사위원회를 설치하고 논의 과정을 원칙적으로 일반에 공개함으로써 조사결과의 투명성을 높이고 국민들로부터 신뢰를 얻게 되었다고 했다.

스가 총리의 자서전 제2부

이상, 스가 총리의 저서 가운데 제1부 내용을 살펴보았다. 그는 제1부에서 이 책의 5분의 4정도 분량으로 2011년 9월까지의 정치적 활동에 대해 기록했는데, 필자는 민주당에 정권을 빼앗긴 2009년 8월부터의 기록으로는 원전사고 조사위원회 설립 움직임뿐이 아닌가 생각한다. 제1부 내용은 스가가 야당의원 시절이었던 2012년에 문예춘추 기획출판사에서 기획서, 『정치가의 각오 관료를 움직여라』를 출간했고, 2020년에 문고판으로 재편집하여 부활시킨 것이다.[28] 2012년판 기획서에는 정부의 모든 기록을 철저하게 남겨놓아야 한다고 하며 공문서 관리의 중요성을 언급한 내용이 포함되어 있었다. 그 내용이 2020년판 문고판 제1부에서 삭제되었다. 아베 정권에서 발생한 모리토모森友학원·가게加計학원의 문제와 「벚꽃을 감상하는 모임」 문제에서 공문서 관리가 엉망이었던 점에 비추어, 스가 관방장관은 이 사건들을 은폐시켰던 주범이다. 이러한 이유로 새 책에서는 이 내용을 제외시킨 것으로 보인다.[29]

28　菅義偉, 『政治家の覚悟 官僚を動かせ』, 文藝春秋企画出版部, 2012年 3月.

29　『毎日新聞』, 2020年 10月 19日. mainichi.jp/articles/20201019/k00/00m/040/269000c; 大槻慎二, 「『政治家の覚悟』で見えた菅義偉に決定的に欠けているもの;「無ロゴス主義」から現れる首相の言葉」『論座』, 2020年 11월5일. webronza.asahi.com/culture/articles/2020110400006.html

이어 이 책의 제2부 「관방장관 시대의 인터뷰」에서는, 2012년 12월 총선거를 통하여 자민당이 다시 여당에 복귀하여 아베 내각에서부터 스가 내각에 이르는 약 8년 동안의 정치적 활동을 간헐적으로 소개하고 있다. 인터뷰 전체 내용을 일일이 살펴보는 것은 지면 관계상 적절하지 않다고 본다. 다만 한일관계와 관련하여 제2부 가운데 「외교·안보 분야는 약점인가?」 부분을 살펴보는 것이 낫지 않을까 생각한다. 이 부분에서 스가 총리는 자신이 비록 외무성이나 방위성에서 근무하지 않았지만, 관방장관으로서 아베 전 총리의 곁에서 계속 외교·안보 정책을 지켜봤다고 했다. 과거 민주당 정권에서 후텐마普天間 비행장 이전문제로 갈팡질팡하면서 미일동맹을 손상시켰고, 이때 처음으로 이명박 대통령이 독도에 상륙했고 러시아 대통령도 북방영토에 상륙했으며 첨각尖閣제도 부근에서 중국 어선이 일본 순시선과 충돌했다. 미국과 거리를 두고자 하는 일본 정부의 움직임으로 인하여 주변국들은 일본을 더 이상 두려워하지 않게 된 것이다.

그래서 자민당의 정권 탈환 이후 우선적으로 미일관계의 회복에 나서게 되었다. 스가 총리도 아베 전 총리와 같이 한일관계에 있어서 미국의 존재가 크다고 보았다. 한일 양국은 2015년에 위안부 문제의 「최종적이고 불가역적인 해결」에 대해 합의했고 이때 미국에게 한일 외교적 합의에 대해서 환영 성명을 내도록 했다. 따라서 그는 이때의 증인인 미국도 한국과 일본 가운데 누가 골대를 움직이는지 잘 알고 있을 것이라고 했다. 또한 최근 외무성이 발표한 바와 같이, 스가 총리는 2020년 11월 10일 박지원 국정원장과 대담에서 북한에 대한 대응에서 한일·한미일 사이의 제휴가 필요하다고 했으며, 북한의 일본인 납치문제에 대해서도 한일 양국이 긴밀하게 제휴해야 한다고 했다. 그리고 징용 피해자 배상으로 인한 양국관계 회복을 위해서는 한국이 먼저 계기를 마련해야 한다고 말했다.[30] 이러한 움직임을 볼 때, 스가 내각에 들어서도 한일관계가 쉽사리 개선되기 어려울 것으로 전망할 수 있다.

이 책의 제2부 마지막 장 「의지가 있으면 길이 있다」 부분에서는 스가 총리가 자신의 정치적 포부에 대해서 간단히 언급했다. 여기에서 그는 ① 전 총리 아베의 뜻을 계속 이어가겠다, ② 코로나 사태 대책 가운데 고용을 지켜야 한다, ③ 기업의 도산을 막아야 한다, ④ 스가 총리의 건강 상태는 아주 좋다, ⑤ 일본을 재생시키고 전진시켜나가겠다, 등의 의지를 나타냈다. 그리고 이 책의 맺음말에서 그는 정부 부서의 횡적 단절에 따라 전국 댐의 태반이 홍수 대책에 무용지물이라는 점과, 휴대폰 관련 대기업 3개 회사가 9할의 독과점 상태를 유지하며 세계적으로 비싼 요금으로 20%나 되는 영업이익률을 내고 있다는 점을 다시 강조하면서, 아직도 「국민에게 당연하지 않은 일」이 산적해 있고 자신이 이러한 정치적 과제를 해결하는데 솔선하겠다고 했다. 결과적으로 제2부 내용을 보면, 그는 자민당 총재 경선에 대비한 정책 보고서라기보다는 신임 총리로서 앞으로 이러한 방향에서 국정을 운영하겠다는 「정권 구상」을 제시한 것이라고 할 수 있다.

스가 총리의 정책 방향

스가 총리의 자서전 내용을 통해서 스가 총리가 보수적인 성향의 정치가를 표방하면서도 개혁적인 입장을 내세우고 있다는 것을 확인할 수 있다. 국민들의 편익을 무엇보다 중시하고, 행정 간소화를 지향하고 기업에 친화적인 성향을 보였다는 것도 엿볼 수 있다. 또한 특권

---

30 www.mofa.go.jp/mofaj/page3_002920.html

의식을 철저하게 부수겠다고 하는 서민 의식과 함께 국민의 요구에 부응하겠다고 하는 성실한 정치가의 면모를 느낄 수 있다. 이 책을 읽으면서 한편으로 이렇듯 정치적 책임을 무겁게 받아들이고 성실하게 관료 사회를 혁파해 나가겠다고 하는 스가 총리에 대해서 갈채를 보내지 않을 수 없다. 그러나 다른 한편에서는 다음과 같은 이유로 이러한 그의 개혁적인 움직임이 만약 민주적 감시를 받지 않는다면, 오히려 오만과 독선으로 권력을 자의적으로 사용하기 쉽고 그래서 국민들의 개인적 권리를 해치는 흉악한 정책으로 변질될 수도 있다고 하는 우려를 가지게 된다.

① 보편이란 명목 하에 보수 정당의 정치적 입맛에 맞는 행정개혁에 그치기 쉽다는 점, ② 정치적 색깔에 맞추어 경력 관료들을 배제할 수 있다는 점, ③ 단기적으로 추진력을 가질 수 있지만 장기적인 관점에서 보면 역사와 경위를 이해하지 못한다는 점, ④ 원전의 경우 완전한 조사검증이 불가능하다는 점, ⑤ 국민의 이익보다는 여당에 대한 단기적 정치 공격을 위해서 야당의 입법 활동이 이뤄지기 쉽다는 점, ⑥ 코로나 사태와 같이 비상 상황에 대한 대비가 미흡하다는 점 등을 꼽을 수 있기 때문이다. 여기에다가 이 책은 가능한 논란을 야기할 수 있는 쟁점에 대해서 침묵했다는 것도 지적하지 않을 수 없다. 2012년의 기획서 내용 중에서 공문서 관련 내용을 삭제한 것과 같이, 일본 국민들 가운데 의견이 분분한 쟁점에 대해서 이 책은 아예 언급을 회피했다. 스가 총리는 자신의 정치적 성향과는 달리 굳이 국민통합을 내세우는 과정에서 「정권 구상」을 논하는 저서에서까지 국민의 분열을 조장할 수 있는 쟁점을 논할 필요를 느끼지 못했을 것이다.

이 책에서 다루지 않은 쟁점은 무수히 많다. 스가 총리는 다음과 같은 쟁점에 대해서 나름대로의 정치적 성향을 갖고 있는 것으로 알려지고 있다. ① 개헌에 찬성한다, ② 집단적 자위권의 행사를 용인하는 선에서 헌법을 해석한다, ③ 일본의 핵무장에 대해서 검토하고 있지 않다, ④ 원자력규제위원회의 기준을 충족하는 원전은 재개해야 한다, ⑤ 내친왕內親王이나 여왕과 같은 여성 황족의 창설에 대해 반대한다, 등이다.[31] 그러나 선택적 부부 별성別姓 제도에 대해서는 2002년에 찬성하는 의견을 냈다가 2014년이 되어서는 반대 의견을 내놓은 일이 있는 것처럼, 스가 총리가 앞으로 경우에 따라 이중적인 태도를 보일 가능성도 있으며, 또한 일본 국민에게 이율배반적이라고 평가받을 정도로 과격한 정치적 행보를 밟을 수 있다는 우려 섞인 비판도 상존하고 있다.

---

31 ja.wikipedia.org/wiki/菅義偉

_9_
조 바이든의 대통령 당선

　민주당의 조 바이든Joe Biden이 2020년 11월 7일 대선을 통하여, 공화당의 도널드 트럼프Donald Trump를 꺾고 제46대 미합중국 대통령에 당선되었다. 바이든이 이길 수 있었던 가장 큰 이유로 코로나19 대책을 거론하는 전문가가 많다. 코로나19는 미국에서 23만 명 이상의 목숨을 앗아갔을 뿐만 아니라 2020년 미국인의 생활과 정치를 바꿔놓았다. 선거 운동 막바지 때는 도널드 트럼프 자신도 뒤늦게 이를 인지했다. 이는 트럼프 대통령의 코로나19 위기 대응에 대해 비판적인 여론조사 결과에서도 드러난다. 퓨리서치Pew Research가 2020년 10월에 실시한 여론조사에서 코로나19 대응에 대한 신뢰도에서 바이든 후보는 트럼프 대통령에 비해 17% 포인트를 앞섰다. 팬데믹과 그로 인한 경기 침체는 트럼프가 선호하던 경제 성장과 번영이라는 선거운동 메시지를 퇴색시켰다. 또한 대통령으로서 트럼프의 자질에 대해 많은 미국인들이 갖고 있던 의구심이 더욱 증폭되었다. 바이든이 사상 최고령 대통령 후보자였음에도 불구하고 그의 선거캠프는 트럼프의 우직함을 미련한 이미지로 부각시켜 결국 승리했다. 바이든은 조지 부시Goerge Bush 이후 28년 만에 부통령 출신으로서 대통령에 올랐다. 그는 2021년 1월 20일에 정식으로 미합중국 대통령에 취임했다.

그는 1942년 11월 펜실베니아 주 스크랜튼의 세인트 메리스 병원에서 태어났다. 집안은 아일랜드계이며 가톨릭을 신봉했다. 그는 아버지 조셉 바이든 시니어와 어머니 캐서린 바이든 사이에서 장남으로 태어났으며, 출생할 당시 아버지의 사업 실패로 가세가 기운 적이 있어 한동안 외할머니 집에서 더부살이를 해야 했다. 1950년대의 불황 시기에 그는 일자리를 찾아 고향 펜실베이니아 주를 떠나 델라웨어 주 윌밍턴Walmington으로 이주했다. 조 바이든은 어렸을 때 말더듬 증세로 인해 시달렸으나, 여동생의 끈질긴 간병으로 극복할 수 있었다고 한다. 여동생은 조 바이든이 고등학교 시절 처음 학생회장 선거에 나갈 때 그의 곁에서 선거 운동을 돕기도 했다. 그는 클레이몬트Claymont에 있는 가톨릭계 사립학교 아키메어 아카데미Archmere Academy에 재학하면서 풋볼을 즐겨했고 인종차별에 반대하는 농성 운동에도 참여했다. 1961년 델라웨어 대학교에 진학했으며 미식축구팀인 델라웨어 파이팅 블루헨즈Delaware Fighting Blue Hens에서 뛰었다. 대학에서 역사학과 정치학을 전공했으나 성적은 그다지 좋지 않았고 688명 가운데 506등

으로 졸업했다. 그는 시라큐스 대학교의 로스쿨에 재학하면서 표절 시비를 일으키기도 했다. 1966년에 로스쿨 재학 중에 첫 부인 네일리어 헌터Neilia Hunter를 만나 결혼하고 슬하에 2남 1녀를 두었다.

1970년 지역의회 의원으로 정계에 입문하여 그의 나이 서른 살이던 1972년 델라웨어 주에서 당시 사상 최연소 미 상원의원으로 당선되었다. 그러나 이때 그에게 비극이 찾아왔다. 상원 선거에서 승리하고 한 달 뒤 아내가 세 자녀를 데리고 크리스마스 트리를 구입하여 나오다가 트럭에 치인 것이다. 이 사고로 아내와 13개월 된 딸이 숨졌고, 두 아들은 중상을 입었다. 바이든 당선인은 2012년 연설에서 이를 회상하며 자살을 죄악시하는 가톨릭 교인이지만 자살자를 이해할 수 있었다고 토로한 바 있다. 두 아들을 돌보기 위해서 의회가 있는 수도 워싱턴에 집을 구하지 않고 델라웨어 주 윌밍턴 자택까지 매일 왕복 4시간 거리를 출퇴근한 것은 그를 미국 사회에 널리 알렸다. 그는 남동생의 소개로 1975년 현재의 아내 질Jill을 만났으며 2년 후에 결혼하여 1981년 딸을 낳았다.

민주당 내에서 중도 성향을 지닌 그는 초당적인 협력과 상생을 최우선 원칙으로 여겼다. 의회에서 외교위원장, 법사위원장 등 요직을 역임했고 버락 오바마Barack Obama 전 행정부에서는 8년 동안 부통령 자리를 지켰다. 오바마가 처음 부통령을 제의했을 때 그는 부통령 자리보다는 의회 실력자가 되는 것이 낫다고 생각하여 거절했지만, 결과적으로 오바마의 간곡한 설득을 이기지 못하여 이를 수락하지 않을 수 없다고 한다. 초선 상원의원으로서 워싱턴 정계의 경험이 부족했던 오바마는 자신보다 19세 연상이며 36년 동안 상원의원을 지낸 바이든의 경험과 노련미를 중시했던 것이다. 특히 아일랜드계, 가톨릭, 노동계층 출신인 바이든이 유색인종인 자신과 달리 백인 노동자 및 가톨릭 유권자를 공략하는 데 큰 효과가 있을 것으로 기대했다. 바이든은 제40대 대통령을 꿈꾸며 첫 출사표를 냈던 1988년 민주당 대선후보 경선 과정 당시 연설문 표절 의혹, 뇌동맥류 발생 등으로 당내 경선에서 사퇴해야 했다. 두 번째 대권 도전은 오바마 전 대통령이 당선됐던 2008년이었다. 이때는 오바마와 힐러리 클린턴Hilary Clinton이란 양대 후보에게 밀려 힘 한 번 써보지도 못하고 중도 사퇴하고 말았다. 당초 2016년 대선에도 도전하려 했지만, 다시 한 차례 비극이 찾아왔다. 델라웨어 주의 법무장관 출신이면서 바이든의 정치적 후계자이던 그의 장남이 뇌종양으로 숨진 것이다. 그에게 닥친 잇단 비극은 오히려 국민들의 동정심을 자극했고 그를 공감 능력이 있는 정치인으로 만들었다.

한편 바이든에게 과감하게 비전과 정책을 제시하는 능력이 부족하다는 평가도 있다. 2020년 초 민주당의 대통령 경선 과정에서도 독자적인 의제를 제시하기보다는 강경 좌파 정치인에 대한 민주당 주류의 불안감을 등에 업고 특유의 무난함을 부각시킴으로써 승리한 것이 아닌가 하는 지적도 있다. 그는 과거에 대학과 대학원을 재학한다는 사유로 5차례에 걸쳐 입영을 연기했고, 1968년 병역검사에서 천식으로 인하여 1-Y 등급을 받아 입영을 하지 않았다. 결과적으로 그가 베트남 전쟁에 참전하지 않은 것은 미국의 대통령이 되기에 크나 큰 부담으로 작용했다. 다만 2009년 자신의 아들이 델라웨어 주 주방위군 대위로써 아프카니스탄에 배치 받아 근무했기 때문에, 바이든은 미국 국민들에게 찬사를 얻을 수 있었고 이와 함께 자신의 병역 콤플렉스를 말끔히 해소할 수 있었다.[32]

---

32 『동아일보』, 「바이든, 가족과 사별 아픔 딛고… 대권 3수 끝 최고령 백악관 주인으로」, 2020년 11월 9일. https://www.donga.com/news/article/all/20201109/103860930/1

바이든은 대통령에 당선되자마자 2020년 11월 11일 영국과 독일 등 유럽정상들과 전화하고 나서, 다음날 일본·한국·호주의 정상들과 각각 전화 회담을 가졌다. 11월 12일 오전에 스가 총리와 문 대통령과 나눈 전화 회담에서 코로나19 대책을 위한 상호 협력을 강조하고 인도-태평양 전략을 중심으로 하여 한미일 동맹의 중요성을 확인한 것으로 알려지고 있다. 인도-태평양 전략은 지난 2017년 이후 미국 트럼프 행정부가 내세운 주요 국방외교 전략으로, 지리적 범위는 미국 서해안에서 인도 서해안까지를 포함하며 이 지역 내에서 항행과 비행의 자유, 분쟁의 평화적 해결, 투자 개방성, 공정하고 상호적인 무역을 주요 내용으로 하고 있다. 2019년 6월에 발표된 미국 국방부의 「인도·태평양 전략 보고서Indo-Pacific Strategy Report」에서 중국이 현 질서를 지키지 않고 이 지역에서 패권을 추구하고 있다고 분석했다. 규칙에 기초하여 지역 질서 안으로 끌어들이기 위해 설득하겠지만 만약 중국이 현 질서를 무너뜨리려 한다면 이를 응징하겠다는 것이다. 따라서 한국 정부로서는 미일동맹의 틀을 유지하면서 동시에 중국과의 경제 관계를 유지해야 하는 이중적인 외교관계를 안고 있다. 여기에 바이든 대통령은 일본과의 전화회담에서 북한 '납치' 일본인 문제와 관련하여 국제협력을 강화하기로 이야기한 것으로 알려지고 있다.[33]

한국 정부도 주변국 외교의 교착 상황을 우려하여 한일관계의 개선을 추구하려는 모습을 보였다. 2020년 11월 20일자 『서울경제』의 기사에 따르면, 이 시기에 박지원 국가정보원장과 김진표 한일의원연맹 회장 등이 일본을 방문하여 일본 총리와 회담한 사실을 지적

---

33 『NHK』2020年 11月 12日, 「菅首相とバイデン氏 日米同盟強化·尖閣の安保条約適用を確認」

하고, 이것은 경색된 한일관계를 완화시키려는 움직임이라고 보았다. 이처럼 문 정부가 적극적으로 보일 만큼 한일관계의 변화에 나선 배경으로 미국 민주당 후보의 대선 승리를 지적한 것이다. 오바마 행정부 때 부통령으로 재직했던 바이든 당선인은 2015년의 한일 '위안부' 합의를 중재한 바 있다. 또한 바이든 당선인은 도널드 트럼프 행정부에 비해서 더욱 더 동맹 중시 외교를 펼칠 것으로 예상된다. 이런 가운데 한국 정부가 한일관계의 악화를 방치할 경우 바이든 행정부에 좋지 않은 인상을 줄 수 있으며, 당분간 북미관계의 전망도 불투명하여 사실상 주변국 외교의 방향 전환이 불가피하다고 본 것이다.[34]

---

34 『서울경제』 2020년 11월 20일, 「韓, 주변국 외교 교착 우려…日에 관계개선 추파」

제6장

한일연구교류와 서평

_1_
2019년 도쿄 한일합동연구회

　필자는 2019년 7월 27일과 28일 양일간에 걸쳐 열린 한일합동연구회에 직접 참가했다. 7월 25일 목요일 오전에 제주항공으로 나리타成田에 들어갔으나, 일본상품 불매운동이나 일본관광 자숙운동 때문에 한국인 관광객이 적어서인지 공항에서 입국 수속하는데 그다지 시간이 걸리지 않았다. 나리타공항 제2터미널에서 게이세인센京成線 일반열차에 몸을 싣고 천천히 도쿄 시내에 들어갔다. 오후 4시 경, 닌교쵸人形町에 있는 도요코인 호텔에서 체크인 수속을 마치고나서 곧바로 도쿄 시내 구경에 나섰다. 오테마치大手町 빌딩에 있는 기이노쿠니야紀伊国屋 서점에서 책을 구입하기도 하고 새로운 책을 훑어보면서 첫날 일정을 시작했다. 이어 둘째 날에는 아침부터 국회도서관 자료를 뒤적거리고 복사하면서 시간을 보냈다. 국회도서관 열람실에서 죠반常盤 탄광의 강제동원 연구자 다츠다龍田 씨와 한일관계사학회의 한국인 여성 임원 한 명을 만났다.

　7월 27일 토요일 오전 10시경에 호텔을 나와 니혼바시日本橋의 길거리를 구경했다. 길가의 약국에 들러서 마누라한테서 의뢰받은 약을 구입했다. 합동연구회 장소는 가미야쵸神谷町였다. 지하철로 가미야쵸로 이동하여 연구회 개최까지는 시간이 많이 남아 주변 커피숍에서 런치를 주문하고 식사를 즐겼다. 이윽고 도쿄 타워 방향으로 걸어가서 회의 장소인 오사카大阪경제법과대학의 세미나하우스 3층에 들어갔다.

　발표회에는 약 100명 정도가 참석한 가운데, 13:30~18:00까지

① 성주현숭실대, 재일천도교 유학생의 현실인식과 활동在日天道教留学生の現実認識と活動, ② 김진웅성균관대, 재일조선인의 초기 사회주의 활동과 코스모 구락부 在日朝鮮人の初期社会主義活動とコスモ倶楽部, ③ 한정선동국대, 전후 일본미술계의 전개와 재일조선인의 활동 戦後日本美術界の展開と在日朝鮮人の活動, ④ 조기은도쿄외국어대, 일본 기독교인의 한국민주화운동 지원운동: 70년대를 중심으로 日本人キリスト者の韓国民主化運動支援運動:70年代を中心に, ⑤ Rissho University 소속 모토오카 다쿠야本岡拓哉, 해방후 도시 하천부지에 사는 재일조선인 戦後,都市の河川敷に住まう在日朝鮮人, ⑥ 「우토로를 지키는 모임」 소속 사이토 마사키斎藤正樹, 재일조선인의 마을 우토로, 강제철거의 극복 在日朝鮮人集落ウトロ・強制立ち退きを克服, ⑦ Tama University 소속 이광재李光宰, 왜 뉴카머가 신오쿠보 코리아타운을 '지배'하게 되었는가? なぜ新大久保コリアンタウンはニューカマーの町になったのか의 순서대로 발표와 토론이 이어졌다.

열띤 질의와 토론이 이뤄지는 가운데, 관동부회에 속한 재일동포 연구자, 김수향金守香씨가 일부 발표문에 대해서 강한 의문을 제기하는 일이 있었다. 이 연구회 모임은 새로운 발표자를 등용하게 하는 관문이 되기도 하지만 무엇보다 연구자의 교류를 가장 중요시하면서 이어지고 있다. 널리 알려지고 있는 바와 같이 오늘날 일본인 젊은이 가운데는 그다지 재일조선인의 역사를 연구하려고 하는 움직임이 없고 한국에서 오는 유학생이나 재일조선인 젊은이들만이 이따금 이 문제에 관심을 표명하고 있을 뿐이다. 세미나를 마치고 저녁 6시가 넘어 장소를 세미나하우스 2층으로 옮겨서 저녁식사와 교류회 모임을 시작했다. 여기서 많은 분들이 마이크를 잡고 인사말과 함께 자신의 연구현황을 개별적으로 발표했다.

필자는 개별적으로 8시경에 교류회 모임에서 미리 나와서 택시를 타고 세미나 장소에서 그리 떨어지지 않은 곳에 위치한 시부야渋谷 Cinema Image Forum에 갔다. 상영 중이던 다큐멘터리 영화, 「주전장主戰場」을 관람하기 위해서였다. 일본군 '위안부' 문제를 중심으로 하여 일본, 한국, 중국, 그리고 미국의 지식인들을 인터뷰하여, 일본정부의 전후처리에 관한 의견을 듣는 영화였다. 약 15명의 관람자가 모인 가운데 밤 9시부터 두 시간 동안 해당 영화가 상영되었다. 영화 속에서 한국인으로서는 '위안부' 피해자 할머니들과 함께, 윤미향, 박유하, 김창록 등의 얼굴이 보였다.

필드워크 조사

다음날 7월 28일 일요일에는 기차를 타고 사가미相模 호수로 이동하여 집단적인 필드워크 조사에 나섰다. 1941년부터 1947년까지 사가미 호수에 발전과 공업용수를 위해 댐 건설을 추진했고 그 과정에서 조선인 노무자와 중국인 노무자의 강제연행이 강행되었기 때문이다. 10시 30분에 JR사가미역 개찰구에서 시작된 필드워크는 주로 사가미 지역 자원봉사자로 구성된 실행위원들의 안내로 진행되었다. 한 여름의 땡볕 아래에서 50명 정도의 참가자들은 사가미 호수 교류센터에서 댐 건설과 시민단체 활동에 관한 DVD 영상자료를 시청하고, 비문이 새겨진 사가미 호수 공원의 분수대를 거쳐 사가미 호수 댐과 위령비를 단체로 하여 돌아보았다.

　교류센터에 되돌아가 12시 반 경부터 「댐 카레」라고 하는 식사로 모두 점심 모임에 참여했으며, 1시 반부터 교류센터 공개홀에서 이뤄지는 지방관청 주도의 순직자 추도식을 참관했다. 추도식이 끝난 후 다시 위령비에 들러 헌화 및 사진촬영을 마쳤으며, 역전 커피숍에서 잠시 휴게를 취한 후 도쿄로 돌아가는 열차에 몸을 실었다. 도쿄로 향하는 도중에 구니다치國立역에서 내려 한국의 참가자들과 고바야시

도모코小林知子 교수 등이 저녁 식사를 하고 각각 뿔뿔이 헤어졌다.

필자는 다음날 7월 29일월 오후에 부산의 집으로 돌아왔다. 이번 도쿄 출장에서는 가능한 일반 대중 교통기관을 이용하다보니 예전에 비해 시간이 조금 더 걸렸다. 또한 저렴한 항공편 제주항공을 이용하다보니 아직 공사 중으로 교통 인프라가 제대로 갖춰지지 않은 나리타공항 제3터미널을 이용해야 했다. 첫날 구입한 책을 읽으면서 항공기 체크인 시간을 기다리고 있는 중에 서울로 돌아가는 안해룡 영화감독을 만났다. 함께 공항 내 커피숍에서 식사와 음료를 주문하고 비행기 탑승 시간을 기다렸다. 도쿄는 말할 것도 없이 부산에서도 무더위가 기승을 부리고 있었기 때문에 가능한 천천히 몸을 움직이며 활동했다. 그래서 저녁 6시가 넘어서야 집에 들어갈 수 있었다. 귀국한 날 밤에 깊이 잠에 들었으며 그 다음날 아침 늦게 일어나 일본 연구회 준비위원으로부터 날아온 메일을 확인하고, 일본 관동지역과 관서지역에 있는 연구자들과 한국의 한일민족문제학회 회원들에게 출장비 일부 지원에 대한 감사와 연구회 일정을 보고했다.

_2_
이경주의 『아베의 개헌』에 대한 서평

2020년 9월 25일 필자는 출판사 논형
의 자문위원으로서 아래의 독후감을 작
성하여, 자신의 인터넷 카페 cafe.naver.
com/choiygho에 올렸다. 아베를 계승
하는 스가菅義偉가 2020년 9월에 제99대
일본 총리가 된 직후였다. 그 후 논형 출판
사에서 출간한 서적을 찾아보다가 『아베
의 개헌』(논형, 2020년 4월)을 발견하고 뒤

늦게 서평을 작성하기로 했다. 이 책의 저자 이경주 교수는 고려대학
교 법과를 졸업하고 히토쓰바시一橋 대학에서 헌법학으로 석사와 박
사학위를 받았다. 이 독후감이 발표되는 시점에 그는 인하대학교 법
학전문대학원에 근무하며 학생들을 지도하고 있었다.

아베 전 총리는 2020년을 개정헌법 시행의 해로 삼겠다고 공언한
것과는 달리 재임 중 개헌을 달성하지 못하고 물러났다. 아베 총리 당
시 자민당을 포함하여 개헌에 나설 수 있는 세력이 국회 발의가 필요
한 3분의 2를 중의원과 참의원에서 모두 차지했다. 2016년 제24회
중의원 통상선거 결과, 개헌 세력이라고 할 수 있는 자민당·공명당·
오사카 유신회·일본 마음을 소중히 하는 정당이 처음으로 중의원과
참의원에서 3분의 2를 차지한 것이다. 이러한 정치적 흐름에 따라 자
민당의 개헌추진본부는 2018년 3월 자위대의 명기, 긴급사태에 대

한 대응, 지역의 일체성, 교육의 충실화를 주된 내용으로 하는 「헌법개정안」을 공표한 바 있다. 그렇지만 야당 가운데 개헌에 신중한 움직임을 보이는 세력이 많았으며, 연립여당 공명당에서도 개헌 드라이브를 못 마땅하게 여기는 의원이 많았다. 결과적으로 자민당이 연립여당과 야당의 개헌 신중론을 끌어들이지 못했으며, 아베 내각의 정치적 지지율이 매우 낮아 일본 국민들로부터 환영받는 개헌으로 이어지지 못했다고 말할 수 있다.

　이경주의 책에서 내건 '아베'는 「전후 세대」의 일본 정치가를 상징하는 것처럼 보이며, '개헌' 움직임은 대외 진출의 「현실화와 공식화」를 의미하는 작업이라고 생각된다. 이러한 해석이 정당하다고 한다면, 아베 총리가 추진한 개헌 움직임은 앞으로 스가 총리나 그 이후의 내각에서도 계속하여 발생할 것으로 보인다. 여기서는 이 책 가운데 핵심이 되는 제2부 「일본국 헌법의 제정과 동북아시아」를 중심으로 하여 저자의 논조를 정리하고 서평자의 생각을 추가하는 방향으로 서평에 임하고자 한다. 제2부 1장 「일본국 헌법과 평화주의」에서 저자는 현행 헌법의 구조를 설명하고 있다. 구조적 특징으로 「상징으로서의 천황제」와 「비무장 평화주의」를 꼽고 있으며, 그 중에서도 「비무장 평화주의」를 가장 중요한 특징으로 보고 있다. 저자는 다른 호헌론자와 마찬가지로 현행 평화헌법에서 9조 「전력 포기에 기초한 비무장 평화주의」를 가장 중요시하고 이를 수정하려고 하는 어떠한 움직임에 대해서도 비판을 가한 것이다.

　일본의 현행 헌법 9조는 다음과 같은 내용으로 이뤄져 있다.(제1항) 일본국민은 정의와 질서를 기조로 하는 국제평화주의를 성실히 희구하고 국가권력의 발동에 의한 전쟁과 무력에 의한 위협 또는 무력의 행사는 국제분쟁의 해결수단으로서는 이를 영구히 포기한다.

(제2항) 전항의 목적을 달성하기 위하여 육해공군 그 밖의 전력戰力은 이를 보유하지 않는다. 국가의 교전권은 인정하지 않는다.

또한 저자는 일본 패전 직후 헌법 9조의 제정 과정을 설명했다. 천황의 상징적 존재, 전력의 폐지를 기본으로 하는 1946년 2월 12일 GHQ 초안이 생성되는 과정을 설명한 것이다. 저자는 현실적으로 GHQ 초안에서「징벌적 의미」가 있었고, 천황에게 떨어질 낙뢰를 피하기 위하여「피뢰침 역할」이 있었다는 점을 내비쳤다. 그러나 저자는 GHQ 초안에 따른「평화헌법」제정이 평화와 관련된 인류의 이상과 염원을 담은 것이었다고 평가했다.

제2부 2장「일본 근현대사와 평화주의 사상」에서 저자는 나카에 쵸민中江兆民, 우치무라 간조內村鑑三, 고도쿠 슈스이幸德秋水, 다카노 이와사부로高野岩三郎의 평화 사상을 소개하고 있다. 저자는 특이하게도 다카노 사상의 설명 중에 일본 점령기 후세 다쓰지布施辰治의 활동을 소개하고, 후세의 1946년「조선건국헌법」시안과 1946년「헌법개정」시안을 거론했다. 이 부분에서 저자는 후세가 해방 직후 국군을 갖지 않은 상태에서 조선이 비무장 평화주의를 적극적으로 실현하기에 좋은 조건을 가지고 있었다고 보았고,「헌법개정」시안에서는 일본이 일련의 전쟁행위를 절대적으로 포기해야 하며 일체의 비무장 국가가 될 것을 주장했다고 보았다. 따라서 후세 자신이 평소 가지고 있던 전쟁에 대한 부정적 생각非戰論이 적극적인 반대反戰論로 발전한 것이라고 평가했다. 저자는 이어 1945년~1950년, 1950년~1960년, 1963년~1973년, 1973년~1982년으로 나누어 일본 시민의 평화의식에 관한 여론의 흐름을 소개하고 있는데, 이 부분에서 1946년에 제정된「평화헌법」에 비무장 평화주의가 수용된 데에는 패전 직후의 전쟁에 대한 비호감 분위기의 광범위한 확산도 큰 몫을 했다고 지적했다.

제2부 3장「일본국 헌법 평화주의의 한계」에서 저자는 먼저 2018
년 일본의 자위대 예산이 466억 달러로 세계 제9위로 430억 달러를
사용한 한국세계 제10위보다도 많았다고 하고, 1998년에는 남북한의
방위비를 합한 것보다도 많았다고 하며, 자위대, 간부, 호위함 등의
표현과 집단자위권 용인 등을 들어 일본 평화주의의 한계를 지적했
다. 이어 1990년대 이후 일본의 유사법제 흐름을 소개하며 대미종속
하에서 군사 대국화의 길을 모색하고 있다고 비판했다. 그리고 전후
일본의 평화주의의 한계로 피해자 인식에 기초한 운동, 책임 인식의
결여 문제를 지적했다. 이와 함께「평화헌법」이 제정되기 이전에도
1946년 4월 2일의「일본에 있는 비非일본인이 입국 및 등록에 관한
각서」와 1947년 5월 2일의「외국인등록령」을 들어, 재일동포를 비롯
한 재일외국인의 권리 제한에「국민」개념이 사용되었다는 점을 강조
했다.

주지하는 바와 같이 일본에는 개헌 움직임에 대해서 다음과 같은
핵심적인 공방이 벌어지고 있다. 이 책이 비판 대상으로 삼고 있는 자
민당은 우회적인 방법으로 개헌을 주장하면서 오늘날 패전 정국이 아
니라는 점과 함께 전후 일본의「개인주의」가「이기주의」로 변질되었
다는 논리를 펴고 있다. 일본국민의 생존권 등 기본적 권리가 국민에
게 일정한 책임과 의무를 부여하는 것이 자명하다고 보고, 가족이나
공동체에서의 책무를 분명하게 하는 방향으로 개헌이 이뤄져야 한다
고 본다. 다시 말하여 국민을「통치당하는 백성」으로 보아서는 안 되
며「통치 담당자」로 보아야 한다는 것이다. 이러한 자민당의 주장에
대해서, 개헌 비판론자들은 이러한 자민당의 우회적 방법이 헌법에
서 인권을 제한하는 입법을 가능하게 할 수 있다고 주장한다. 공익과
공적 질서를 지킨다는 명목으로 국민의 기본권을 제한할 수 있는 국

가가 되기 쉽다는 논리로 맞서고 있는 것이다.

그런데, 오늘날 대다수 일본국민이 「전후 세대」라고 하는 현실과 한반도 북쪽 정권의 비민주적 행태 앞에서, 일본의 개헌 움직임을 비판하는 주장은 너무나 비현실적이며 나약하다고 생각된다. 주지하다시피 아베 전 총리는 1954년생으로 전후에 출생한 정치가이며, 스가 총리 역시 1948년생으로 아베보다도 6살 위지만 전후에 태어난 사람이다. 그러면서도 스가 총리는 2020년 9월 23일 취임 일주일을 맞은 기자회견에서 자신의 정권 내내 「국민을 위해 일하는 내각」을 만들어 가겠다고 약속했다. 스가 내각이 아베 내각에서와 같이 「국민을 위하여 헌법을 개정하겠다」고 한다면, 국민을 위하기보다는 헌법 수호가 중요하다고 말할 수 있는가.

또한 6.25전쟁을 일으켜 수많은 동족을 살상하고 한반도에서 국제적 전쟁을 야기했으며 오늘날에도 핵 개발에 전념하고 있는 북한 왕조체제에 대해서 일본의 호헌을 주장하는 것이 과연 설득력이 있을까. 이러한 현실에서는 북핵으로부터 자국의 국민을 보호하고자 하는 방책을 논의하는 것이 정치가의 올바른 임무가 아닐까 한다. 북한 핵 개발을 억제하는 것이 무엇보다도 일본의 평화헌법을 개정하지 않게 하는 것이 아닐까. 지금은 당장 개헌 움직임을 통해서만 국민 보호책이 얻어지는 것이 아니란 것을 일본의 시민이나 정치가 대부분도 인식하기 때문에 그들은 개헌에 신중한 태도를 취하고 있는 것이다. 아베 전 총리는 개헌 움직임을 통해서 국민의 의지를 결집하려고 한 것이며, 이러한 정치적 계산은 스가 총리를 비롯하여 앞으로 일본의 정치가라면 누구나 가질 수 있을 것으로 전망할 수 있다.

저자는 이 책 서론에서 현행 일본 헌법은 아시아 국가와 민중들에게 다시는 전쟁을 하지 않겠다고 약속한 문서라는 점을 강조하고 있다. 그러면서 총체전의 양상을 띠고 있는 현대의 무력분쟁에서 미군과 대열을 함께 하는 일본의 자위대가 상대방을 순순히 놓아 둘리 없다고 쓰고 있다. 이 문구는「어차피 개헌할 필요 없이 일본군의 지역분쟁 개입이 가능하다」는 해석을 가능하게 한다.

또한 저자는 한국 여론이 일본의 개헌 움직임에 강 건너 불구경하듯 무관심하다고 쓰고 있다. 최근 한국의 언론은 시시때때로 북한의 동향을 언급하면서 군사력으로 북한을 제압하는 것이 한반도 평화의 지름길이라는 점을 계속하여 강조하고 있다. 즉 한국의 언론은 당연히 일본의 개헌 움직임에 주시하고 있지만, 한국 국민이 제대로 보호받고 있지 못하는 현실에 대한 기사를 먼저 다루고 있을 뿐이다. 6.25 전쟁 문제나 연평도 해전은 차치하고, 오늘날 북한은 자국민이나 한국 국민에 대해 비인도적인 만행을 저지르고 있다. 한국 국민을 보호해야 하는 정부는 명분으로서「비무장 평화주의」를 내세우는 것은 좋다. 하지만 사실상의 응전도 가능하다는「최악의 시나리오」를 내세울 때 비로소 북한의 비인도적 행위를 억제할 수 있다고 본다.

_3_
이영훈 등의『반일종족주의』에 대한 서평

독서모임『역사문화콘텐츠 공간』〈활기찬 놀이터〉의 2020년 10월 7일 모임에서 발표된 독후감이다. 2019년 7월 미래사에서 펴낸『반일종족주의』(미래사, 2019년 7월, 이하『반종』)가 「강제동원은 없었다」고 하는 주장에 대해서 많은 연구자들이 이를 반박하고 강제동원의 진실을 대중에게 알리고 있다. 사실 필자를 포함하여 많은 한국과 일본의 연구자들이『반종』에 대해 이제까지 비판 글을 쓰지 않은 이유는『반종』이 실증을 위한 서적이라고 볼 수 없기 때문이었다. 다만 학문적으로 무관심으로 일관한다고 하여『반종』에 대해 자신의 연구적 입장은 무엇인가 하는 질문을 다각도로 받는 상황에서, 언젠가는 연구를 지향하고 있는 스스로의 생각에 대해서 피력해야 한다고 느끼고 있었다. 최근 연구계의 움직임을 지켜보면서, 이렇게『반대를 론하다』의 서평을 통해서 자신의 논리를 정립해 보고자 했다. 필자는 여러 논문을 통하여 신생 한국정부^{이승만 정부}의 인권을 무시해 온 행태를 지적해 오고 있다. 그렇지만 필자는 이러한 한국에 대한 비판 논문이 곧바로 일본에 대한 옹호가 아니라고 누차 말하고 있다. 마찬가지로 일본 비판=한국 옹호와 같은 이분법도 결코 받아들일 수 없다고 말하고 있다. 이것은 어디까지나 필자가 연구자로서

비판과 실증을 본업으로 하고 싶기 때문이다.

근래에 들어 『반종』 측에서는 좌파 역사학계를 비판하는 심포지엄을 계속 열어 왔으며, 2020년에 들어서는 『반일종족주의와의 투쟁』 한국어판과 일본어판까지 펴냈다. 『반종』에서와 마찬가지로 이 책에서도 그들은 학문의 깊이, 논리의 명확성, 사실의 힘을 내세우고 있는데, 논리의 명확성을 제외하면 실증을 거치지 않은 주장에 그치고 있어 그들만의 주장에 그치고 있다고 생각된다. 그들에게 표현의 자유는 허용되어야 하지만, 그렇다고 하여 실증을 포기한 그들을 「연구자」라고 평가하기는 곤란하다. 젊은 시절에 다양한 경제적 현상에 대해 실증적 연구서를 편찬했던 와타나베 도시오渡邊利夫는 2019년 『반종』의 일본어판 원고를 받고 바로 산케이신문産經新聞에 서평을 게재했는데, 그는 여기서 『반종』이 「실증연구」 「국가를 걱정하는 연구」라고 단순화 하는 잘못을 저질렀다. 「국가를 걱정하는 연구」라고 하는 주관적인 평가는 그럴 수 있다고 하더라도 「실증연구」라고 섣불리 평가한 것에 대해서는 지난날 와타나베의 수많은 저작마저 의심스럽게 하고 있기 때문이다.

『반종』에 대한 대표적인 비판 서적으로는 2019년 연말 정혜경, 허광무, 조건, 이상호 4명에 의해 집필된 『반대를 론하다』『반론』를 꼽을 수 있다. 미리 일러두지만 이들은 『반종』을 비판하고 있다고 해서 저자들은 물론 이들이 속한 「일제강제동원 & 평화연구회」가 대한민국 현 정권의 움직임이나 한일관계의 경색 국면을 달갑게 여기지도 않고 있으며 도리어 이러한 사항과는 거리를 두고 있다는 사실이다. 오로지 이들은 『반종』의 무책임한 역사부정 움직임에 대해서 일제히 성토하고 나선 것이다. 이 책은 서문에서 「일제 말기 한국사는 찬란한 승리의 역사가 아니라 조선 민중이 경험한 전쟁 피해의 역사」였다고 쓰고 있다. 그리고 전쟁 피해나 강제동원문제는 민족이나 민족 감정을 넘어 인류 보편의 가치를 찾아가는 연구 과제라고 적고 있다. 어느 사회에서나 정치적 frame프레임을 넘어서「역사에 대한 진지함」을 나누기 위한 노력이 필요하다고 말한 것이다.

『반론』의 내용을 개별적으로 요약하자면, 제1부에서 집필자 정혜경은 일제 강제동원의 제도화 과정을, 허광무는 후쿠오카福岡 탄광의 사례를, 집필자 조건曺健은 어쩔 수 없이 복무한 조선인의 황군皇軍 문제를, 그리고 이상호는 1949년 한국의「대일배상요구조서」문제를 각각 언급했다. 아울러 이 책의 제2부에서『반종』5장~7장을 반박하기 위하여 정혜경 연구자는 주요 자료를 통하여 일제 강제동원의 역사를 실증하고 있으며 일제 동원이 갖는 강제성 이해가 중요함을 역설하고 있다. 단연코『반종』에 대한 비판에서는 강제동원피해조사위원회 내부에서 검토한 피해자 조서와 피해 관련 자료를 기반으로 하여 정혜경·허광무·조건이 서술하고 있는 부분이 가장 돋보인다고 할 수 있다. 정혜경은 1931년 9월 만주사변을 중심으로 하는 일본의 침략전쟁, 1938년 4월 국가총동원법을 중심으로 하는 총동원체제를 설명하고, 모집·관알선·징용에서 총독부 공권력이 사용되었다고 했으며, 흔한 방법은 아니었지만「납치」방법에 의한 동원도 있었고 대부분「속임수」와「협박」에 의한 동원이었다는 점에서,「강제성이 없었다」고 하는『반종』의 주장은 어불성설이라고 강조했다. 허광무는 다무라 도시유기田村紀之의「내무성 경보국 조사에 의한 조선인 인구」를 인용하여 규슈九州지역 조선인 전체의 50%~70%가 후쿠오카에 거주했으며, 후쿠오카현·일본정부·요코가와 데루오橫川輝雄·니시나리타 유타카西成田豊·김광렬金光烈 등의 연구자료를 인용하며 전시동원 상황을 실증했다. 또한 조건은 신문자료 기사와 미야타 세쓰코宮田

節子 등의 연구를 이용하여 조선인 청년들의 일본군 지원 동기를 서술하고, 「자발성」을 내세우는 『반종』이야말로 더욱 「종족주의적 산물」이라고 비판하고 있다. 끝으로 이상호는 「대일배상요구조서」 자료와 한국 측 법리를 통해서 『반종』에서 주장하는 청구권 종결론을 비판하고 있다.

이 책의 제2부는 『반종』 5장~7장에서 이우연이 주장하는 노무동원 문제에 대해서 정혜경이 자료를 통해 반박하는 내용이다. 정혜경은 「노무동원이 자발적이었다」 「노동자, 노무자, 근로자, 징용공 개념」 「임금을 제대로 받았다」 「엎드리고 누워서 일할 필요가 없었다」 「강제연행설은 명백한 왜곡」 등등의 주장은 말장난일 뿐 구체적 자료에 근거한 실증된 말이 아니며, 어휘의 정치적 꼼수에 불과하다고 비판한다. 2020년 8월 강제동원을 부정하는 이우연은 광복절 기념 인사말에서 광복회장이 과격하게 「친일파」를 주장한 것에 대해서 이를 비판하고, 현행 한국 정부의 「반일 파시즘」을 비판한 일이 있다. 어차피 정치가들의 권력적인 움직임에 대해서 그가 정치적인 비판에 나선 것은 개개인의 사고에 따른 것이기 때문에 그럴 수 있다고 생각한다. 그러나 그가 과거 총독부 산림소유제도에 관한 연구자였던 점에 비추어, 류석준 교수에 대한 옹호론을 펴거나 한국 전교조·젊은이의 반일反日 집회 동원에까지 반대 논리를 펴더니 급기야 징용과 일본군 위안부 피해자의 주장까지 부정하는 논조를 제기한 것은, 연구자의 길을 포기한 것이 아닌지 판단된다. 『반종』이 한국사회에 대해 그토록 비판하는 frame 정치꾼의 길에 스스로 걸어 들어간 것이 아닌가 하는 의심을 떨칠 수 없다는 것이다.

우리 사회에서는 『반종』의 주장에 그치지 않고, 『반종』을 비판하는 서적에서조차 연구자의 얼굴을 하면서도 frame에 사로잡힌 모습들을 엿볼 수 있다. 예를 들어 ① 황태연 등, 『일본종족주의』NEXEN 미디어, 2019.10에서 고종·명성황후 등 대한제국 지도자를 옹호하는 가운데, 『반종』을 비판하고 있다. 민족차별을 중심으로 한 일제의 실상에 대해 정확하게 보고 있지만, 꼼꼼한 실증이 부족하다는 점에서 오히려 『반종』을 돕고 있다고 생각한다. 『반종』에 대해 「부왜노附倭奴들의 反반국가 심리」라고 비판하는 것은 또 다른 frame 짜기라고 본다. ② 호사카 유지保坂祐二, 『신친일파』봄이아트북스, 2020.3도 제목과 내용에서 정치적 frame을 내세우고 있다. 이 책의 306쪽에서는 「한국은 국제적 선례에 따라 1952년 1월 해양주권선언을 선포했고 동해에 평화선을 긋고 독도를 한국 측 해역에 포함시켰다, 그리고 이 행동은 주권국가라서 가능했다」라고까지 주장했다. ③ 전강수, 『'반일종족주의'의 오만과 거짓』한겨레출판, 2020.7은 1945년 8월을 「광복」이라고 할 수 있는가? 라는 문제를 제기한 『반종』에 대해서, 「이승만 자신도 '건국'으로 이해했을까?」라고 되묻고 있다. 마치 전강수는 이승만의 역사적 판단에 오류가 없는 것처럼 전제하고 나서 이러한 문제의식을 던진 것이다. 한국의 정치권에서 frame으로 역사인식 문제를 예단하고 있는 것과 같이, 지식인 본연의 입장에서 진실을 탐구하려는 모습을 찾기 힘들고 정치적으로 어느 진영을 편들고 있다고 본다. 필자는 『반종』을 포함하여 frame 정치꾼들이 근거 없는 주장을 통하여 결국 한국의 정치 상황을 더욱 왜곡시키고 있다고 생각한다.

　일본제국의 강제동원 문제에 대해서 『반론』은 『반종』을 비판하고 있지만, 『반론』의 입장을 보다 긍정적으로 이해하자면, 『반종』이 한국사회에 만연되어있는 반일 frame을 비판하고 있는 점에서는 어느 정도 용인할 수 있다고 여기고 있으나, 그렇다고 해서 동원의 강제성을 부정하고 있는 점에 대해서는 도저히 용납할 수 없다고 보는 것이 아닌가 한다. 이런 측면에서 역사 인식문제에 관한 『반론』의 입장은 다음과 같이 요약할 수 있다고 본다. ① 역사문제에 대한 실증작업이 모두 반일 frame이 아니다. 일제의 강제동원 문제에 관해서 반일 frame보다는 실증작업이 우선한다, ② 반일 frame이든 친일 frame이든 frame으로 역사를 판단하고자 하는 움직임을 배제해야 한다, ③ 법률적인 정의定義만으로 역사를 일률적으로 적용할 수 없다. 일견 법률적으로 정의된 것 같으면서도 실질적으로 법률을 어기거나 법률을 악용하는 사례가 많이 존재하기 때문이다.

『반론』의 역사 인식을 확대하자면 대체로 다음과 같은 논리로 정리되는 것이 아닐까 생각한다. ① 역사적으로 대상 사건을 일률적으로 적용해서는 안 된다. 역사 인식문제는 단칼로 예단할 수 있는 것이 아니다. 그것은 식민통치의 원인이 일본에게만 있다고 주장하는 것도 한국에게만 있다고 주장하는 것도 frame이 되기 쉽다. 이 책에서는 조선의 인민이 피해자가 되었다는 것을 강조하고 있지만 그렇다고 해서 이 지구상에서 조선의 인민만이 피해를 당했다고 말하지 않는다. 해방된 한국이 다시는 식민지배에 매몰되지 않고 전쟁에 휘말리지 않기 위해서는 사회 안팎의 누구에게도 종속당하지 말고 진영에서 독립된 시민의식을 지녀야 한다고 본다. ② frame을 가지고 상대방을 공격해서는 안 된다. 일본에 대한 비판이 강해지는 만큼, 한국 내부에 대한 비판도 강해야 하고 자성自省의 움직임도 강해져야 한다. ③ 끊임없이 자료에 의한 실증작업을 계속해야 한다. 우리는 실증작업에서 부실한 경우 이를 「정치꾼 놀이」라고 부른다. 특히 연구자의 사명은 실증작업을 통하여 무책임한 정치가들을 비판하는 것이다. 연구자가 정치권력에 대한 줄서기에 열중하고 실증작업의 끈을 놓게 되면 우매한 대중 사회의 일원이 되기 쉽다.

필자는 『반론』의 한계에 대해 다음과 같이 지적할 수 있다. 『반종』의 근본적인 문제와 관련되는 것으로, 사실 기존의 연구만을 가지고도 일제 강제동원 문제를 얼마든지 실증할 수 있다. 굳이 이 책이 아니라고 해도 『반종』이 결여하고 있는 실증의 문제를 비판하는 글이 너무 많기 때문이다. 다만 실증되고 복합적 양상을 띠고 있는 출판물에 대해서 대중의 관심이 쏠리지 않기 때문에, 『반종』과 같은 「독버섯」이 판을 치다 보니 생긴 일이다. 『반론』은 대체로 일제의 강제동원 문제에 관하여 『반종』을 비판하고 있지만, 그렇다고 하여 실증적인 연구서라고 하기는 곤란하다. 대중서 중에서는 실증적인 연구를 대폭 포함하는 정도의 도서라고 생각한다. 이 책의 서론에서도 누누이 주장하고 있지만, 일제의 강제동원 문제를 중점적으로 다루다 보니, 결과적으로 과거 일본에 대한 조선인의 부정적 서술에만 그치기 쉽다는데 근본적인 한계를 가지고 있다. 그리고 일제 강제동원의 실증작업에 충실하면서 『반종』을 비판하는 일에 집중하고 집필 의도를 흐리는 문제 제기에 대해서는 다른 독립된 저작으로 처리했더라면 하는 생각이 든다. 「대일배상요구조서」 자료의 문제나 1965년 청구권 협정과 최근 한국사법부의 판결을 둘러싸고 연구자 사이에서도 논란이 많이 제기되고 있으며 자칫하면 『반종』의 주장을 오히려 거들 수 있는 부분이 있다고 생각된다. 실증적 비판이라고 하는 이 책의 집필 의도가 전체적으로 싸잡아 비판을 받을 수 있다는 것이다.

마지막으로 필자는 외연을 넓혀 한일관계 역사 연구자의 과제란 무엇인가에 관하여, 10가지 문제점을 제기하고자 한다. ① 역사란 끊임없이 실증하고 대화하는 것이 아닐까? ② 상대방 일본에 대해 국가적으로 추궁해 가는 것과 함께 한국인 스스로 자성하는 태도가 필요하지 않나? ③ 한국이나 일본에서 대중의 인식을 어느 정도까지 믿을 수 있는가? ④ 구술과 증언이 실증작업에서 차지하는 부분과 관련된 것으로 구술자의 기억을 전적으로 신뢰하고 결말짓는 것에 문제가 없을까? ⑤ 요사이 필자가 자주 생각하고 있는 문제인데, 총독부 시기에 한반도에 거주하던 일본인을 모두 지배자이며 조선인은 모두 피해자라고 할 수 있나? 이러한 대립 논리가 자칫 한국인 vs 일본인이라는 민족 대립으로 이어지는 것은 아닐까? ⑥ 대체로 오늘날 대중의 인식에서는 역사보다도 현실을 중시하고 있는 것이 아닐까? ⑦ 서로 다른 역사관을 가진 국민국가 사이에서 외교 이외에 평화를 담보하는 것이 있을까? ⑧ 앞으로의 국민적 과제와 관련하여 유아독존식 nationalism이 우리 사회에 생산성을 부여할 수 있나? ⑨ 한일관계의 현대사에서 한국은 과연 국제정치의 현실 변화를 거부할 수 있나? ⑩ 1945년의 대일응징 사관史觀이 1951년 샌프란시스코 강화조약이나 오늘날까지 계속될 수 있나?

_4_
이홍섭의 『딸이 전하는 아버지의 역사』에 대한 서평

독서모임 『역사문화콘텐츠 공간』 〈활기찬 놀이터〉의 2020년 11월 4일 모임에서 발표된 독후감이다. 『딸이 전하는 아버지의 역사』 (논형, 2018년 11월)는 이홍섭 씨의 징용 노동과 귀환 좌절을 주된 내용으로 하여 김해진, 김수용, 경혜진, 심아정 등 '번역공동체 〈잇다〉' 가 2018년 11월에 한국어 번역본으로 출간한 것이다. 위 표지사진에서 보면 왼쪽에서 세 번째 책이다. 이홍섭 씨는 1977년 겨울, 그의 딸 다니야마 도시코李東珦에게 회고하고 이것이 구술집으로 인쇄되면서 세상을 향하여 일제 강제징용에 관한 「살아있는」 증언을 내보내기 시작했다. 아마도 이홍섭 씨의 피징용 노역 생활에 관한 진상이 밝혀지기 시작한 것은 1977년 2학기가 아닐까 한다. 당시 그의 딸은 중학교의 3학년 학생으로 이케다시립池田市立 기타테시마北豊島 중학교에 다니고 있었다. 이 시기 그녀의 담임교사였던 무로타 다쿠오室田卓雄는 「재일조선인교육분과회」를 통하여 앙케이트 조사를 실시하고 자주

이흥섭 씨 자택을 방문하여 인터뷰를 진행했다. 이러한 구술 작업 과정에서 무로타 교사는 자료 발간을 위하여 마지막 방학 때 제자인 다니야마에게 「아버지의 역사」를 받아쓰도록 요구했고, 다니야마에게 수락을 받으면서 결과적으로 귀중한 구술집을 탄생시킨 것이다.

1978년 10월 소책자 26페이지짜리 구술집 『딸에게 말하는 아버지의 역사』 『娘に語るアボジの歷史』 제1집이 인쇄되었고[1], 이어 1981년 5월 제2집, 1985년 5월 제3집, 1986년 2월 제4집이 뜨문뜨문 인쇄되어 나왔다. 이렇게 태어난 구술집 네 권이 한 권의 도서로 엮어져서 맨 왼쪽 사진의 책이 1987년 4월에 비로소 일본에서 출간되었고, 한국에서도 1990년 초본의 제목과 같이 『아버지가 건넌 바다』라는 타이틀로 번역본이 출간되었다. 1987년 4월에 출간된 일본어 도서 초본에서는 4권의 구술집 소책자을 한 책에 엮다보니 이흥섭 씨의 증언으로서는 피징용 노동자로서의 가혹한 생활과 이를 탈출하여 재일조선인 작업장에서의 생활, 즉 일본 패전시기까지의 힘겨운 노동자 생활에 대해서만 상세하게 회고했다. 그의 딸 다니야마가 중학교를 졸업한 이후부터는 혼자서 또는 무로타와 함께 회고기록을 남겨야 했다. 그리고 이흥섭 씨는 다니야마의 결혼과 출가, 사망에 이르는 과정을 스스로 목격해야 했다. 그러다가 1990년 4월에 NHK출판부에서 출간된 일본어 도서 편집본에서, 이흥섭 씨가 하카타博多 항구에 귀환하려고 나갔다가 귀환을 단념하고 마는 상황에 대해서 부분적으로 기록을 남겼다. 2014년 10월에 이흥섭 씨는 작고했으나, 2015년 3월에 출

---

1 娘に語るアボジの歷史[上]에는 일본에 건너간 1944년 5월 18일부터 그 해 8월의 오봉(お盆)까지 3개월간의 징용생활에 관한 회고 기록이 담겨 있었는데, 징용 피해의 실정과 이흥섭 씨의 뛰어난 기억력에 대해서 무로타를 비롯한 교사들과 관계자들이 모두 감탄했다고 한다. 李興燮, 『アボジがこえた海』, 葦書房, 1987年, 188쪽.

간된 일본어 도서 속본표지 사진은 왼쪽두번째에 그의 강제징용 기록과 함께 해방 이후 귀환 좌절 과정까지를 회고한 기록이 실리게 되었다. 이러한 경위를 거쳐 한국의 논형출판사는 2018년 11월에 일본어 도서 초본 내용과 속본 내용을 한 권으로 하여 한국어 번역본을 출간했다. 다만 한국어 번역본 2에서는 속본에 첨부되었던 재일동포 재판증언 기록은 제외시켰다.

1987년 일본어 도서 초본이 출판되면서부터 이흥섭 씨는 일본과 한국에서 일약 유명 인사가 되었고 양국의 매스컴과 일본 교육 현장에서 조선인 징용 노동자의 생활에 대해 분주하게 증언하고 다니는 인물로 변모했다. 그의 증언과 관련한 매스컴 기사와 동영상 자료들이 오늘날에 이르기까지 헤아릴 수 없이 많이 나왔으며, 일본어 도서의 속본에 첨부되어 있는 바와 같이[2] 1988년 7월 그가 제대로 알지 못하는 재일동포 지문날인 거부자 홍인성洪仁成을 위해서까지 재판정에서 변호인 측 증인으로 활동하게 됐다. 그에 관한 매스컴 관련 자료들은 제외하고 구술 자료와 도서에 국한시켜 일본과 한국에서 출판 인쇄된 회고자료만을 연도순으로 정리하면 다음과 같다.

① 일본어 구술집 1집, 1978년 10월, 池田市立北豊島中学校在日朝鮮人教育分科会編, 『娘に語るアボジの歴史: アボジの体験記』 인쇄

② 일본어 구술집 2집, 1981년 5월, 池田市立北豊島中学校, 『娘に語るアボジの歴史: アボジの体験記』 인쇄

---

2   李興燮著·室田卓雄編, 『続アボジがこえた海: 在日朝鮮人一世の戦後』, 解放出版社, 2015年, 153-189쪽.

③ 일본어 구술집 3집, 1985년 5월, 池田市立北豊島中学校,『娘に語るアボジの歴史:続・アボジの体験記』인쇄

④ 일본어 구술집 4집, 1986년 2월, 池田市立北豊島中学校,『娘に語るアボジの歴史:アボジの体験記・完結』인쇄

⑤ 일본어 도서 초본, 1987년 4월,『アボジがこえた海:在日朝鮮人一世の証言』(葦書房) 출간

⑥ 일본어 도서 편집본, 1990년 4월, 森山軍治郎・滝大作・平林久枝・須藤功・NHK取材班,『NHK聞き書き・庶民が生きた昭和〈2〉』(NHK出版) 출간

⑦ 한국어 도서 번역본 1, 1990년 6월,『아버지가 건넌 바다: 일제하 징용노동자 육필수기』(도서출판광주) 출간

⑧ 일본어 도서 속본, 2015년 3월,『続アボジがこえた海:在日朝鮮人一世の戦後』(解放出版社) 출간

⑨ 한국어 도서 번역본 2, 2018년 11월,『딸이 전하는 아버지의 역사』(논형) 출간.

이 서평은 2018년 논형에서 출간된 한국어 번역본 2를 중심으로 하여 정리한 것이다. 이 책은 이흥섭 씨의 자료로서는 가장 최근에 출간된 것이기 때문이다. 때마침 서울에서 매월 한 차례 열리고 있는 『역사문화콘텐츠 공간』〈활기찬 놀이터〉가 2020년 11월의 독서 교재로 이 책을 선정한 것을 계기로 하여, 필자는 서평을 쓰게 됐다.

이흥섭 씨의 강제노역 체험

한국사회나 북한사회에서는 일반적으로 재일조선인이 대부분 피징용 노동자로 일본에 강제연행 되었다가 그대로 일본사회에 잔존한

사람들이 많을 것으로 인식하고 있다. 그러나 이러한 인식은 재일조선인에 대한 일률적인 평가로 이어질 수 있기 때문에 가능한 피하는 것이 옳다고 본다. 정확한 통계는 없지만, 이러한 남북한의 인식은 해방 후 귀환과정을 통하여 대부분 고국으로 돌아옴으로써 실제로 재일동포 가운데 소수만이 일본사회에 남았다고 하는 사실에도 위배되며, 자칫 재일동포의 뿌리에 관한 일반적인 인식을 조선인 피징용 노동자였다고 변질시킬 수도 있다는 점, 갖가지 이유로 일본의 국적을 취득한 재일동포들을 동포인식에서 배척하고 배제하는 인식으로 발전하기 쉽다고 하는 점, 등으로 이어질 수도 있기 때문이다. 그럼에도 불구하고 이홍섭 씨와 같이 피징용 노동자로서 귀환을 단념하고 일본에 잔존하게 된 사람들도 있다는 것을 결코 잊어서는 안 된다.

일본어 도서 속본에는 이홍섭 씨의 연표가 간단히 실려 있다.[3] 연표와 함께 그의 회고기록을 읽어보면, 그는 1928년에 황해도 곡산에서 태어나 운중보통학교 4년을 졸업했다는 것을 알 수 있다. 그가 만 16세 되던 1944년 5월에 부친과 함께 콩밭을 매고 있는 가운데, 갑작스럽게 징용 영장을 받고 강제연행 되면서부터, 그때까지의 평온한 삶으로부터 지옥과 같은 도탄의 삶으로 전락하게 된다. 그가 연행되어 바다를 건너간 곳은 사가현佐賀縣의 도쿠스에德須惠에 있는 스미토모가라쓰住友唐津 탄광이었다. 이홍섭 씨는 이 탄광에만 조선인 600명 정도가 강제연행 되었을 것으로 회고했다.(51쪽)

그는 이 탄광에서 착암기로 바위를 뚫을 때 떨어지는 암석들을 석탄 열차에 옮겨 싣는 작업에 동원되어 죽도록 일을 했다. 1944년 8월

---

3   李興爕著·室田卓雄編,『続アボジがこえた海: 在日朝鮮人一世の戦後』, 解放出版社, 2015年, 222쪽.

의 오봉お盆에 「비국민非国民」이라는 이유로 외출이 허용되지 않은 것을 결정적인 계기로 하여, 그는 탄광의 가혹한 노동환경으로부터 탈출하기로 마음먹었고, 1945년 1월 설날에 외출한 것을 기회로 하여 동료 2명과 함께 탈출에 성공했다. 그 후 이홍섭 씨는 규슈九州에서 작업장, 비행장과 방공호 공사판을 전전했다. 그러다가 조선인이 운영하는 작업장 합숙소에서 일본국민에게 패전을 알리는 라디오 방송을 듣게 되었다. 해방 이후 그는 계속하여 일본에 거주하다가 2014년 10월 86세의 나이로 세상을 떠났다.

이 책의 가장 중요한 부분은 오늘날까지 일본정부와 우익단체들이 강제연행의 역사를 외면하고 나아가 부정하고 있는 상황을 단연코 거부하고, 일본사회를 향하여 과거에 몸소 겪은 자신의 피징용 실상을 생생하게 증언하고 있다는 점이다. 일본이 저지른 과거 전쟁 시기에 조선인에 대한 강제적인 징용노동이 이뤄졌고 재일조선인 가운데도 피징용 노무자들이 존재하며, 탄광 피징용자들을 둘러싼 노동환경이 참으로 비참했다는 점을 회고하며 피징용자의 노동조건에 관한 진상들을 밝히고 있는 것이다. 이홍섭 씨가 징용되어 간 곳은 스미토모 탄광의 작업자들을 수용한 고와료興和寮였다. 그는 피징용자로서의 신분에 있을 때 그곳에서 탈출하고자 하는 생각을 많이 했던 것으로 알려지고 있다. 「주변을 둘러싼 벽은 높이가 3미터 정도입니다. 낮엔 일하러 탄광 안으로 들어가기 때문에 가능성이 없습니다. 낮 동안에 도망치려면 일을 쉬어야 하고 일을 쉬려면 의사의 휴업증명서가 필요하기 때문에 이 방법은 안 됩니다. 그래서 밤에 도망치는 것을 생각했습니다.」(50쪽)

일본의 조선인 귀환자

서평자의 개인적인 연구 관심은 해방 전 일제에 의한 강제연행의 역사보다 궁극적으로 조국해방 이후에 펼쳐진 귀환정책과 피징용자의 귀환과정에 쏠려 있다. 따라서 여기서는 가능한 그의 귀환 좌절 과정을 중심으로 하여 이 글을 쓰고자 한다. 이 책의 서문에서 심아정 번역자는 역사를 섣불리 일반화 하는 문제점에 대해서 다음과 같이 밝히고 있다. 「어쩌면 누군가에게 '해방'은 만세소리 넘쳐나는 거리로 연상되는 천편일률적인 장면들과는 다른 것이었을지도 모릅니다. 특히 피징용자들이 일본에서 맞이한 해방은 어떤 '당혹감'마저 갖게 만드는 것이었으리라 짐작해 봅니다. 조국이나 고향은 돌아가야 할 곳이었지만 돌아갈 수 없었던 사람들이 있었고, 그 연유는 돌아오지 못한 사람들의 숫자만큼 다양할 겁니다. 전후에 조선인들이 일본에 얕은 뿌리를 내리고 살아가게 된 동기는 그들 각각이 조우했던 전후의 상황이 보여준 다채로운 결만큼이나 다양하다는 것을 이홍섭의 경험을 통해 이해할 수 있습니다」(11-12쪽)

일본 패전 후의 귀환 시도에 관한 회고 기록에 따르면, 이홍섭 씨는 이른 시기인 1945년 8월 19일부터 귀국하려고 했으나 결국에는 뱃삯이 모자란 이유 등으로 단념해야 했다고 한다. 「선착장인 하카타 항에 가보는 것 말고는 딱히 다른 방법이 떠오르지 않았습니다. 선착장에 배가 있을지도 걱정이었고 징용으로 일본에 온 조선인은 몇 백만으로 듣고 있는데 규슈에만 몇 십만 명이 선착장으로 모일 거라는 소리를 들었습니다. 배 한 척에 300명이 탄다고 가정하고 하루에 세 척이 운행되면 900명, 열흘 동안 9000명, 백일이면 9만 명입니다. 그때 내 수중에는 300엔 정도가 있었습니다. 이 돈이 없어지기 전에 배를 타야만 합니다. 무슨 일이 있어도 고향에 돌아가야 한다는 신념만이

저를 지배하고 있었습니다.」(232쪽)

한반도와 일본 열도 사이에서 1945년 8월부터 10월까지 점령군의 진주가 있을 때까지는 대부분의 귀환자들이 돈을 지불하고 선박을 이용하여 도항에 나섰다. 따라서 상대적으로 질서를 유지하고 있었던 부산의 경우, 일본인 귀환원호 단체가 선박의 대여료를 책정하고 개별적인 귀환을 단속하려고 하는 움직임을 보인 일이 있다. 그러나 한반도에 비해 상대적으로 무질서했던 일본 열도의 경우, 특히 하카타의 경우에는 선박의 입항 안내가 엉망이었기 때문에 통행 선박들끼리 부딪히는 일이 빈번했고 한반도로 가고자 하는 선박의 도항 요금도 제각각이었다. 그래도 해방직후 300엔이라는 거금은 비공식 선박으로라도 도항하기에 충분한 금액이었기 때문에 선박을 구하기 위해 노력했더라면 한반도로의 귀환은 가능했을 것으로 보인다. 이것은 대수로운 일이 아니지만, 이홍섭 씨의 회고자료에 그 이상의 언급이 없기 때문에 그가 왜 적극적으로 귀환에 나서지 않았는지, 결과적으로 귀환보다는 재일在日을 선택해야 했는지에 대해서 알 길이 없다.

패전직후 하카타항

결과적으로 1945년 8월 23일이 되어, 이홍섭 씨는 조선인 두 명황씨와 변씨과 함께 귀국을 위한 여정에 나섰다. 후쿠오카 현의 중남부에 위치한 하키마치杷木町에서 열차를 타고 하카타역에 내렸다. 그는 하카타역에서 일본 군인들의 초췌한 모습들을 직접 목격하고 두 달 전의 공습으로 인하여 하카타역 주변이 대부분 파괴된 잔해들로 덮인 것을 바라보면서 하카타 항구로 걸어갔다고 회고했다. 그는 패전직후 하카타항의 모습을 다음과 같이 묘사했다. 「신하카타역에서 항구를 경유하는 텐진쵸天神町행 시영 전철 길을 가로질러서 항구로 이어지는 큰 거리를 따라갔습니다. 바다 냄새라기보다 고약한 냄새가 우리를 끌어당겼습니다. 이미 하카타항에는 그 냄새에 끌려 몇 만 명의 조선인이 몰려들었습니다. 우리 삼인방은 그 무리 안에 들어가 있기로 했습니다. 우리는 곧장 선착장을 향해 선로를 건너서 항구 거리에 발을 들여놓았습니다. 선착장 부두까지 5~6백 미터 정도 되어 보였습니다.」(248쪽)

아울러 2018년의 한국어 번역본 2는 2015년 일본어 도서 속본 속의 무로타 해설을 그대로 옮겨 넣었다. 무로타는 1990년 NHK출판의 편집본에 나온 기술을 인용하여 이흥섭 씨 일행이 귀환을 위해 하카타항에 나갔던 일에 관하여 다음과 같이 기록했다. 「전쟁이 끝나고 2주 정도 지나 하카타 항구에 갔을 때 가장 곤란했던 일이 잠자리였습니다. 그 당시는 하카타항에 군대가 쓰던 마구간이 있었습니다. 그 마구간이 그때는 전부 열려있었습니다. 그곳을 청소하고 손수레를 빌려 마구간에서 나온 오물을 전부 바다에 던져버리고 멍석을 깔았습니다. 그것이 잠자리였죠. 나는 지옥이 있다면 이렇게 아닐까 생각하면서 그 일을 했지만요.」(273쪽)

서평자는 개별적으로 속본이 출간되기 이전부터 하카타 항구의 귀환자 시설에 관한 조사를 실시해 왔고, 뒤늦게 조사결과를 논문으로 하여 2017년에 발표한 바 있다.[4] 연구논문의 내용 가운데 서평자는 필리핀의 맥아더사령부가 지령을 내리기 전에는 조선총독부와 관동군의 강력한 요청으로 일부 재조일본인과 일본군의 발 빠른 귀환을 위하여 부산과 센자키仙崎, 부산과 하카타 사이에 한 차례씩 대형 귀환 선박이 운행되었다는 것을 분명히 했다. 그리고 1945년 8월 하순부터 9월

---

4   Youngho Choi, Institutionalizing Japan's Relief System for Repatriates: Koreans and Japanese at Hakata Port in 1945, *International Journal of Korean History*, Volume 22, Number 2, August 2017, pp.159-186,

초에 이르기까지 연합군이 진주하는 동안에는 선박의 통행을 금지시켰으며, 이어 9월 2일부터 오늘날 최초의 공식 귀환선으로 널리 알려지고 있는 바와 같이 고안마루興安丸가 부산과 센자키 항로를, 그리고 9월 4일부터 도쿠쥬마루德寿丸가 각각 귀환자 수송 선박이 되어 부산과 하카타 항로를 운항한 것으로 되어있다. 다만 해방 직후에 전개된 조선인의 한반도 귀환과 재조일본인의 일본 귀환에 관한 조사를 진행하는 과정에서, 1945년 10월 후쿠오카福岡 현청 사무소와 미군 점령군의 귀환 정책을 밝히는 가운데, 왜 해방직후부터 하카타 항구의 조선인 귀환자들이 불결한 마구간에서 귀환 선박을 대기하고 있었는지를 규명하지는 못했다. 그런데 이홍섭 씨의 회고를 읽고, 다음과 같은 기록으로부터 그 문제점을 해소하는데 중요한 힌트를 얻게 되었다.

「군인들이 위엄 있게 타고 다니던 말과 그 말이 사는 마구간 열 몇 채가 방파제까지 쭉 늘어서 있는 모습이었습니다. 그리고 좌측에는 타다만 수상경찰서만 위엄이 벗겨진 듯 덩그러니 남아있었습니다. 콘크리트는 검게 그을렸고 당시 경찰서 위엄의 상징이었던 열 단 가까운 계단을 올라가면 입구가 나오는 낡은 건물이었습니다. 내 기억으로는 수상경찰서 근처에 다른 건물은 없었습니다. 우측에 마구간, 좌측에 수상경찰서, 그 중심부를 관통하는 부둣가, 막다른 곳에 선착장이 있고, 우리 삼인방은 곧장 선착장을 향해 돌진했습니다. 우측에 늘어선 마구간이 끝나는 곳에 언뜻 보기에 길쭉한 광장이 선착장 대합실까지 뻗어있었습니다. 이 광장이 말 훈련장이라는 걸 나중에 알게 되었습니다. 선착장 앞 넓은 바다, 아득한 저편은 우리가 가고자 하는 내 조국 조선 땅입니다. 그곳에는 이미 몇 만 명으로 보이는 사람들이 모여 우왕좌왕하며 소란스러웠습니다.」(248-249쪽)

「전쟁에 져서 비탄에 빠진 일본 국민들을 동정하고 그들을 위로하는 마음도 남들만큼은 가지고 있지만, 일본이 내 나라 조선과 조선 국민들을 너무나도 비인간적으로 취급했다는 사실은 지울 수가 없습니다. 무참히 짓밟히고 학대당한 원한과 울분이 그렇게 쉽게 사라질 리 없습니다. 우리는 마구간으로 가서 새끼줄을 떼어내고 넓게 펼친 가마니를 멍석으로 깔아 잠자리로 만들었습니다. 비와 이슬을 피할 수 있는 장소가 생겼다는 사실에 한 걱정 덜었습니다. 여기저기서 벌레를 쫓기 위해 잡초를 태우는 연기가 올라왔습니다. 우리가 자리를 잡은 곳은 하카타 외각을 도는 노면전차의 노선에서 가까웠습니다.」(257-258쪽)

구술 자료의 한계

이흥섭 씨에 있어서 피징용자로서의 가혹한 노무조건에서 일해야 했던 것은 일생에서 가장 뼈아프게 느끼는 트라우마trauma였다고 생각한다. 식민지 통치를 몸소 겪은 조선인들이 공통적으로 느끼는 것은 일본인에 의한 민족 차별이었고 피지배자에 대한 지배자의 억압이었기 때문이다. 더욱이 전쟁 중 악화되어가는 일본제국의 경제적 상황은 더욱 더 민족차별 구조를 노골화시켰다. 징용을 당한 조선인 피해자가 이렇게 존재하는데도 불구하고 오늘날에도 이를 부정하고 외면하려고 자들이 존재하는 것이 사실이다. 일본정부는 물론 한국과 일본사회에서 독버섯과 같이 존재하는 강제연행 역사 부정론자들을 향해서, 이흥섭 씨는 강제연행의 실상을 그대로 전달하고 있다고 생각한다.

아마도 인생의 선배로서 이흥섭 씨는 다음과 같은 말을 주장하고 싶지 않았을까 한다. 「이 세상에는 강한 놈이 있으면 약한 놈이 있고 발전한 나라가 있다면 조금 늦는 나라도 있습니다. 그것은 세상의 이치이지 결코 무능하고 야만적이기 때문이 아닙니다. 자기 나라가 강력하고 진보했다고 해서 다른 나라 사람을 멸시하고 멸망시키는 짓은 용서받을 수 없는 일입니다. 그 과오는 긴 시간이 지나도 없어지지 않을 겁니다. 흔히 말하는 지옥이란 저 세상에 있는 것이 아니고 악정이나 민심의 혼란의 틈새를 비집고 나와 세상을 뒤엎는 것이라고 생각합니다. 세상이 어지럽다는 말을 자주 듣는데, 그 당시야 말로 난세라는 표현이 딱 들어맞는 때였다는 생각이 듭니다.」(194쪽)

다만 그가 해방 이후의 현대사에 관하여 한반도 정부에 대해 어떻게 생각하고 평가했는지 이 책을 통해서는 알 수가 없다. 서평자는 개별적으로 정치적 평화와 경제적 생산성의 노력과 함께 오늘날 한반도 국가 스스로의 민주화와 평화 프로세스가 과거의 일보다도 훨씬 더 중요하다고 느끼고 있기 때문이다. 또한 한국정부는 스스로 당당한 국가로서 일본정부를 향해서 과거사에 대한 끊임없는 반성과 책임을 요구해 가야 하는데 그렇게 하지 못했다는 것에 대해서, 그는 어떻게 평가했을까? 그가 징용노무에 관한 회고기록을 내놓았지만, 1945년 8월 귀환이 좌절된 이후 1984년 10월 숨을 거둘 때까지를 기록하지 않은 것에 대해서 아쉬움을 느끼지 않을 수 없다.

가능하면 북한 실향민으로서의 남북문제에 대한 평가, 나아가 해방직후 민족단체 활동에 대한 기억, 6.25 민족상잔의 관한 생각, 김일성 수상에 대한 평가, 북송문제에 대한 평가, 한일 국교정상화에 대한 생각, 일본사회의 재일조선인 연구와 과거 전쟁에 대한 비판 연구 붐에 대한 평가, 재일동포의 법적지위와 한일교류에 대한 생각, 그리고 한국의 경제성장 등에 대해서 그가 과연 어떻게 생각했을지 궁금하다. 그리고 이홍섭 씨의 1970년 이케다시에 거주할 때나 이전할 때까지의 과정이나, 그의 부인과 딸과의 관계 등의 자신과 가족에 대한 생각도 궁금할 뿐이다.

_5_
야스모토 스에코의『니안짱』에 대한 서평

  독서모임『역사문화콘텐츠 공간』〈활기찬 놀이터〉가 2020년 12월의 모임에서 이 번역서를 독서 대상으로 정한 것을 계기로 하여, 필자는 이 글을 쓰기 시작했다.[5] 그 모임에서 2021년 1월 6일에 이 책을 읽고 서로 토론하기로 했기 때문이다. 필자는 평소 인간의 보편적인 사회생활을 중심으로 하여, nationalism의 한계와 재일在日의 생활에 관한 발표를 계속해 오고 있다. 이러한 이유로 위 사진의 왼쪽 표지와 같이 2005년의 한국어 번역본『니안짱』(산하, 2005년 10월)을 기

5　『일제강제동원＆평화연구회 뉴스레터』제63호, 2021년 1월 28일, pp. 7-26

본 도서로 하여 이 글을 마무리하게 되었다.[6]

결국 이 서평은 서평자의 2020년 마지막 작품이 되었다. 이 글에서는 일본어와 한국어 사이트를 비판적으로 검토하는 가운데, 국내에서 활용 가능한 자료들을 참고하면서 한일 양국 사회에서 『니안짱』 관련 대중적인 문화콘텐츠가 어떻게 형성되어 왔는지, 그리고 대중서의 문제점이 무엇인지를 중심으로 하여 논하고자 한다.[7] 이하 이 글에 표기하는 괄호 속의 쪽수는 2005년 한국어 번역본의 쪽수를 의미한다.

위 사진의 오른쪽에 있는 재일동포 10대 소녀 스에코末子는 1953년부터 1954년에 걸쳐 사가현佐賀縣의 탄광촌에서 일어난 가족·학교 그리고 주변의 일을 일기장에 기록했는데, 그 일기 내용이 책이나 영화로 만들어지면서 한국과 일본 사회에서 「빈곤 아동」 문제와 「개인적 비극의 사회적 상품화」 문제를 대표하는 문화콘텐츠가 되었다. 스에코의 일기는 1953년 1월 22일 아버지의 49제 제삿날부터 시작한다13쪽. 스에코는 당시에 초등학교 3학년 어린이였다. 1943년 2월에 태어난 스에코는 3살 때 어머니를 잃었고 9살 때에는 아버지의 사망을 지켜보아야 했다. 『니안짱』은 일기 속에서 자주 등장하며 스에코가 매우 자랑스럽게 여기고 있었고 매우 우수한 성적을 나타내기도 했던, 작은 오빠 다카이치高一를 가리킨다. 생전의 부친에게서 요청받

---

6   한국어 번역서 『니안짱』 제1판 제5쇄를 참고했다. 이 책은 西日本新聞의 출판본을 기초로 하여 번역되었으며, 조영경의 번역과 허구의 그림으로 도서출판 산하에서 출간되었다. 이 책의 글머리에서 末子의 큰 오빠의 이름을 본명 도세키(東石)로 표현하고 있으나, 이 글에서는 통명 기이치(喜一)로 표기하고자 한다. 야스모토 스에코, 조영경 역, 허구 그림, 『니안짱』(제1판 제5쇄), 도서출판 산하(산하어린이 144), 2010년 7월, p. 7.

7   ja.wikipedia.org/wiki/にあんちゃん; yes24.com/Product/Goods/1792462

은 호칭이기도 하다(35쪽). 서평자는 제2부의 9번째 소제목이 「작은 오빠にあんちゃん」이기도 했던 까닭에, 고분샤光文社 출판국의 편집 의도에 따라 『니안짱』이 그대로 이 책의 제목으로 굳어진 것이 아닐까 추측하고 있다.

큰 오빠 기이치喜一는 조센진朝鮮人이라는 이유로 정규직에 취업하지 못하면서(16쪽), 몸이 약한 언니 요시코良子, 그리고 두뇌가 명석한 다카이치, 감수성이 예민한 스에코, 이 4명의 남매가 모두 더욱 더 비참한 생활에 빠졌다. 패전 직후 조선인을 비롯한 대다수 탄광 노동자들이 탄광촌에서 사라지고 일본 전체가 수입 석유를 주된 에너지원으로 대체하면서 탄광들이 연이어 폐쇄되고 일자리가 없어지게 되자, 기이치는 아직 남아있던 오즈루大鶴의 기시마杵島광업소 탄광에서 임시직 노동자로 일해야 했다. 그러나 그는 탄광에서 아주 적은 돈벌이밖에 할 수가 없었고 그의 수입으로는 쌀을 온전히 구할 수 없었기 때문에, 4남매는 거의 보리와 고구마로 끼니를 때웠으며 만성적인 영양실조 상태에 빠졌다. 1953년 말에 들어 오즈루 탄광의 폐쇄가 결정되고 이에 따라 기이치는 일용직에서조차 퇴출당하면서, 남매는 탄광주택에서 나와야 했다(94쪽). 이때 스에코는 학교에 납부해야 할 교과서 대금이 없다는 이유로 한 동안 학교를 쉬기도 했다(96쪽). 남매는 오즈루에서 남의 집 생활을 전전하는 가운데, 기이치와 요시코는 도회지에 나가서 돈벌이를 해야 했다(105쪽). 스에코는 그 이듬해 4학년이 되면서부터는 이리노入野초등학교의 오즈루 분교를 떠나 이리노에 있는 본교로 통학했다.

오늘날 가라쓰唐津에서는 100년이 넘은 역사와 전통적인 일본식 정원을 가진 여관 「요요카쿠洋々閣」가 운영되고 있다. 이 여관의 지배인은 2002년 10월에 오즈루 지역을 탐방하면서 스에코의 4학년 때

학급 사진을 일반에 공개한 일이 있다. 가라쓰 주민들의 말을 빌려, 그는 1950년대 당시 대부분의 일본인들이 탄광노동자 중에 조선인이 존재했다는 사실을 몰랐다고도 전하기도 했다. 다음 사진 속에서 스에코는 첫째 사진에서 3번째 후열 가운데 왼쪽에서 3번째에 서 있다. 이때 이리노 근처의 사찰 고묘지光明寺 안에 1958년에 건립된 조선인 무연고 노동자 위령탑이 있다는 것을 일반에 알리기도 했다. 조선인 노동자 중에는 스에코의 부친과 같이 스스로의 의지에 따라 일본의 탄광 노동자로 일한 사람도 있고, 자신의 의지와는 다르게 억지로 끌려와 일한 사람도 있다는 것을 이것은 잘 보여주고 있다.[8]

1954년 3월 다카이치는 어려운 환경 가운데서도 우수한 성적으로 이리노 초등학교를 졸업했다(132쪽). 그러나 스에코는 집주인이나 이웃으로부터 「가난한 조센진」이라는 핀잔을 듣는 등 각종 수모를 견뎌야 했다(186쪽). 이런 상황에서도 스에코는 솔직한 생각과 감정을 일기에 성실하게 기록했다. 큰 오빠가 기록한 것으로 알려지고 있

8 yoyokaku.com/sub7-31.htm; tsubuyaki3578.at.webry.info/201908/article_27.html

는 「글머리」에는 1957년 6월 자신이 늑막염에 걸려 몸져눕게 되었을 때 막내 여동생 스에코의 일기를 읽으면서 큰 위안을 얻었고 생각날 때마다 그 일기를 꺼내 읽었다고 되어 있다(5쪽). 그리고 그는 「나 혼자서 읽을 게 아니라 되도록 많은 사람들이 읽어야 한다」고 느꼈다고 한다(6쪽). 남매의 빈곤한 생활이 일반에 알려지는 것에 대해서 스에코는 강하게 반대했지만, 결국 큰 오빠는 1957년 12월에 일기장 노트 전체 17권을 모아서 고분샤光文社 출판사로 보냈다. 이에 따라 일기장 내용이 1958년 11월에 『니안짱: 10세 소녀의 일기』라는 제목으로 고분샤 Kappa Books로 출간되었고, 그 결과 남매의 생활이 세상에 널리 알려지게 되었다.

『니안짱』 도서는 1959년에 일본의 「출판뉴스사」에서 조사한 연간 베스트셀러에서 1위를 차지했다. 도서 출간에 따른 인세 등으로 스에코 남매의 경제적 사정이 나아졌으며, 결과적으로 스에코는 와세다早稻田 대학을 졸업했고 니안짱 다카이치는 게이오慶應 대학을 졸업할 수 있게 되었다. 스에코는 대학 졸업 후 광고 대리점에 취직하여 컴퓨터 작가가 되었다. 그러나 동화 작가가 되려고 했던 꿈은 결국 성취되지 않았다. 그 이유 가운데 하나로, 1971년 그녀의 기관지 확장 증세가 밝혀지면서 2년 4개월 동안 투병생활을 했고, 그로 인해 왼쪽 폐를 절단하고 한쪽 폐만으로 숨을 쉬어야 했다는 것이 알려지고 있다. 그녀는 1973년 10월에는 이바라키현茨城県의 재일동포로서 고철을 수집하며 철강 가공업을 하고 있던 소테쓰相哲와 결혼했으며 남편에 따라 성을 미무라三村로 바꿨고, 주부로서 집안일을 거들었다. 그 후 나약한 몸으로 딸玲子과 아들泰洋을 출산하기도 했다. 스에코는 2014년 4월에 남편과 사별했으며, 2020년 12월 현재 77세의 할머니가 되어 평소 컴퓨터 바둑을 취미로 생활하고 있고, 이따금 난청자를 위한

수화 통역을 하면서 여생을 보내는 것으로 알려지고 있다.[9]

1958년 고분샤책 출간후, 일본

고분샤는 1959년부터 『니안짱』 서적에 대해 지속적으로 증쇄판을 찍어냈다.[10] 이어 1965년 고단샤講談社는 『나카요시』 제11권 14호11월호의 부록으로 만화가 하나무라 에이코花村えい子가 그린 만화집으로 출간하기도 했다.[11] 1975년에는 고분샤에서 개정판증보신판이 출간되어 다카이치의 일기에 대한 인용문이 부분적으로 사라지고, 그 대신 스에코가 중학교 1학년 때 눈에 상처가 나서 입원했던 기록, 즉 「입원 일기」(1956년 10월부터 12월까지)가 추가되었다. 고분샤 개정판의 내용을 기초로 하여 1977년에 치쿠마소년ちくま少年과 1978년에 고단샤가 각각 문고판을 출시했다. 이어 2001년에는 요시이 다다시吉井忠가 그린 그림연극 자료가 교육화극教育画劇 출판사에서 나왔다. 그리고 2003년에는 니시닛폰西日本신문이 『10세 소녀의 일기』라는 부제를 부활시켜 단행본을 출간했고, 2010년에는 가도카와角川서점이 문고판으로 『니안짱』을 출간했다.

오늘날 사가현의 가라쓰시唐津市 히젠쵸肥前町에 1950년대 초반 오즈루의 탄광이 있었으며, 이곳의 당시 행정구역은 히가시마쓰우라군東松浦郡 이리노촌入野村이었다. 스에코 일기장의 제1부는 1953년 1월 22일부터 12월 2일까지, 그리고 제2부는 1954년 2월 25일부터 9월 3일까지 기록했다. 스에코는 애초에 제3자에게 일기를 보

---

9 ja.wikipedia.org/wiki/安本末子; soutetsu.jp/company/

10 安本末子, 『にあんちゃん: 十歳の少女の日記』, 光文社, 1959년, pp. 1-243.

11 花村えい子, 『にあんちゃん』(なかよしブック), 講談社, 1965년, pp. 1-66.

여줄 의도를 전혀 갖지 않았기 때문에 일기장의 소제목도 따로 정하지 않았다. 소제목은 전체 도서의 제목과 함께 고분샤의 편집자가 붙인 것으로 생각된다. 각 도서는 출판사 별로 줄거리가 약간씩 다르게 출판되었지만, 스에코의 「입원 일기」를 첨부했느냐 하지 않았느냐에 따라서 스토리에서 큰 차이가 생긴다. 2010년 가도카와 출판의 책은 「입원 일기」를 삭제한 대신, 스기우라 민페이杉浦明平 소설가의 「해설」을 부분 삭제 상태로 게재했고, 최양일崔洋一 감독의 「절대적으로 달고 맛있는 단팥죽과 같은 존재」라는 문장을 신기도 했다.[12]

기존 연구 논문을 참고하여, 이 책의 한계로서 다음 세 가지를 지적하고자 한다. 첫째는 스에코 남매의 심리적 콤플렉스를 있는 그대로 전달하지 않았다는 점이다. 앞의 스기우라 소설가는 1966년 10월 「해설」에서 「스에코 남매는 입으로는 슬프다고 말하면서도 결코 비굴하지 않았다」고 쓴 일이 있다. 하지만 작은 오빠 다카이치의 일기 속에, 스기우라의 해석과는 달리 자신의 콤플렉스를 나타낸 글이 있다. 예를 들어, 「나도 조선인 부모에게서 출생했지만 곤란한 입장에 서는 경우가 많다. 조선인 중에는 무지하고 경우 바르지 못해서 사람들로부터 미움을 사는 일만 한다. 그들은 멍텅구리들이다」라고 한 것이다. 이에 따라 스기우라는 다카이치의 일기 가운데 인용 부분을 각색하여, 「우리 집안은 일찍이 1927년에 일본에 건너와서 완전히 내지인처럼 되었다」고 고쳤다. 결국 편집과정을 거치면서 고분샤의 1975년 개정판에서부터 다카이치의 일기에서 조선인을 비하하는 부분과 스기우라의 「해설」 일부가 모두 삭제되었다. 이처럼 부분적으로 삭제된 것

---

12 崔洋一, 「絶対的に甘く美味いぜんざいの存在」 『にあんちゃん』, 角川文庫 19174, 2010年, pp. 274-282.

은 2005년 한국어 번역본 내용이나(200쪽), 2010년 가도카와서점의 문고판에 있는 스기우라의 「해설」에서도 확인할 수 있다.

둘째는 스에코 남매에게서 재일在日로서의 민족적 자각이 희박했다는 점이다. 남달리 재일조선인의 민족교육에 열정을 쏟은 오자와 유사쿠小沢有作 교육학자는 「4남매가 조선인 소년 소녀란 점을 먼저 내세우지 않은 채 조선으로부터 등을 돌렸」고 지적한 바 있다. 그리고 재일조선인의 현대 여성문학론을 제기한 김훈아金壎我 연구자는 「이 책에서 재일조선인이란 점을 전면에 내세우고 민족적 정체성이나 차별문제를 나타냈다고 보기는 어렵다」고 지적했다. 다만 재일동포 2세로 와세다대학을 나온 성미자成美子 연구자는 「처음에는 의식 없이 읽어갔는데, 나중에 필자가 자신과 같은 재일이라는 점을 알고 공통점을 느끼게 되었다」고 하며, 동지의식을 표현하기도 했다. 일부 지식인들은 재일의 민족적 정체성을 비판하면서, 재일은 국가에 의해 「찢겨진 존재」에 불과하다는 점을 강조하고 전후 일본국가에 의해 「외국인화」되어 갔으며 따라서 재일은 「외국인」의 방식으로 살아갈 수밖에 없었다고 하며, 지나치게 민족적 정체성을 강조하는 것의 문제점을 지적하기도 한다.[13] 더 나아가 재일의 민족성을 「디아스포라의 민족주의diasporic nationalism」라고 비판하고, 『니안짱』을 재일의 산물로 보는 견해에 대해서도 재일의 정체성 자체가 「이념」에 불과하다고 보는 연구결과도 존재한다.[14]

셋째는 도서 『니안짱』이 입신·출세주의에 의해 개인의 빈곤을 상

13　奥村華子, 「『にあんちゃん』論: 日記における自己検閲を巡って」, 『日本語文学研究』 6, 2018년 6월, pp. 186-187.

14　John lie, Zainichi Recognitions: Japan's Korean Residents' Ideology and Its Discontents, Japan Focus: The Asia-Pacific Journal, 6(11), 2008년 11월, pp. 11-12.

품화하는데 기여했다는 점이다. 이것은 주로 이 책의 사회적 효과를 통하여 지적되고 있는 문제점이다. 2009년 규슈九州대학 박사과정 3학년이던 임상민林相珉 연구자는 리츠메이칸立命館 대학의 발표 논문에서, 『니안짱』 도서가 일본 전국의 초중고에서 학생과 학부모 필독 도서로 선정됨으로써, 학교라는 공간이 나서서 사회적인 인기 몰이를 이용하여 광고하기에 주력했다는 점을 지적했다. 일찍이 1954년에 교원의 정치활동을 금지하는 교육법이 만들어졌고, 1956년에는 문부성의 지도 개정으로 교육위원회의 공선제가 폐지되었으며, 1958년에 「학습지도요령」이 도입되어 전쟁전의 「수신修身」 과목이 전후에 초중학교 사회과의 「도덕道德」으로 부활·적용되었고, 이때 각 지자체에서 교원의 근무평정제도가 도입되기 시작한 것과 같은 맥락으로 볼 수 있다는 것이다. 일본의 사회학자 미타 무네스케見田宗介가 1971년 5월에 『현대 일본의 심정과 논리』에서 지적한 바와 같이, 「초등학교 밖에 나오지 않은 수많은 민중 가운데서도 능동적인 에너지를 계속 개발했다고 하면서, 이것을 체제 질서 속에 쉬지 않고 집어넣으려고 하는 지배층의 이중적 요청」에 대해서, 『니안짱』 도서가 적절한 역할을 수행했다고 말할 수 있다.[15] 『니안짱』 스토리는 전반적으로 이러한 한계를 잘 나타내고 있는데, 특히 「부자는 부자대로 일생을 마치고 불행한 사람은 불행한 대로 인생을 보냅니다」라는 체념 섞인 스에코의 혼잣말은 이 문제점을 잘 표출하고 있다(158쪽).

일본 사회에 『니안짱』을 가장 널리 알린 것은 이마무라 쇼헤이 今村昌平 감독·닛카츠日活 제작의 영화, 『니안짱』Nianchan: My Second Brother

---

15 林相珉, 「商品化される貧困: 『にあんちゃん』と『キューポラのある街』を中心に」 『立命館言語文化研究』21(1), 2009년 8월, pp.137-141,

이 1959년 10월 일반극장에 개봉되면서부터이다. 이 영화는 1998
년에 VHS 비디오로 재탄생했고 2004년에 DVD로 제작되어 오늘날
에 이르기까지 계속 판매되고 있다. 일본 영화『니안짱』은 다음 줄거
리로 되어 있다. 1953년 봄 탄광은 동맹파업 중이었고, 이 와중에 야
스모토安本 집안의 기둥인 탄광부 아버지가 사망했다. 이때 20세의
기이치는 얼떨결에 가업을 이어받았다. 야스모토 일가가 살고 있던
산 중턱에는 대부분의 사람들이 가난하게 생활하고 있었다. 이곳 어
린이들은 학교에 도시락을 제대로 가지고 다니지 못했다. 결국 큰 오
빠 기이치가 직장마저 잃게 되자, 다카이치와 스에코는 다른 집으로
보내졌고, 기이치와 요시코는 나가사키현長崎縣으로 생활비벌이를
위해 나서야 했다. 한 때 스에코는 영양실조와 이질에 걸려서 요양사
와 담임교사의 간병을 받아야 했다. 결국 기이치의 탄광 회사가 폐광
을 선언하고 문을 닫게 되자, 스에코 일가족은 탄광 주택을 정리하고,
남의 집 더부살이를 해야 했다. 둘째 오빠는 어촌 항구에서 짐을 나르
는 잡역부로 일하다가 도쿄東京로 이사해 갔는데, 상경하자 곧 바로
경찰에 의해 감호를 받게 되었다. 중학생 신분으로 혼자서 사가에서
취직하러 왔다는 말에, 수상하게 여긴 자전거 가게 주인이 경찰에 연
락했기 때문이다. 오즈루에 되돌아온 다카이치는 「가족은 역시 함께
살아가야지」라고 하며 스에코의 어깨를 두드렸다. 한편 아우들의 생
활비와 학비를 마련하기 위해서 큰 오빠는 사가에 있는 파칭코 가게
에 취직하여 계속 돈을 벌어야 했다.[16]

이 영화가 제작될 당시, 원작에 나오는 오즈루 탄광은 이미 1956년
폐쇄되어 있었기 때문에, 바다 건너 편 나가사키현의 후쿠시마쵸福島

---

16 cinema.pia.co.jp/title/s-16258; nikkatsu.com/movie/20390.html

町, 현재 松浦市에 있는 「다이노하나鯛之鼻」 탄광에서 촬영을 실시했다. 다만 어느 정도 원작에 맞추기 위하여 영화 속에서는 「쓰루노하나鶴 ノ鼻」 탄광이라고 했다. 이 영화는 전반적으로 조선말이 섞여 나오는 지방 탄광의 노동 환경을 잘 묘사했고 조선 노래와 치마·저고리 풍경 등이 나왔기 때문에 재일在日의 표현을 하지 않았다고 보기는 불가능하다. 아무튼 이 작품으로 이마무라 감독은 1959년에 문부대신文部大臣상을 수상했고 각 학교를 돌면서 이 영화를 상영했기 때문에, 1960년대 일본에서 학생이었다면 이 영화를 보지 않은 사람이 드물 것이다. 또한 이 영화는 1959년 제33회 「키네마 순보キネマ旬報」에서 선정한 「베스트 10」에서 3위를 차지하기도 했다.

이 외에 『니안짱』은 라디오 드라마로도 유명해졌다. NHK에서 1959년 1월 15일부터 2월 27일까지 연속 드라마로서 저녁 6시 대의 어린이 시간에 방송됨으로써 일본 전국에 알려지게 되었다. 또한 『니안짱』은 TV 드라마 소재로도 사용되었으며, 『니안짱 10세 소녀의 일기』라는 타이틀로 오늘날 일본TBS의 전신인 KR-TV에서 1959년 2월 27일 밤 10시에서 45분간 방영된 일이 있다. 이어 1960년 11월 27일부터 12월 11일까지 후지富士TV는 매주 일요일 저녁 7시 반부터 8시까지 『니안짱』 드라마를 방영했다. 그 뿐 아니라 『니안짱』의 고향 마을에 관련 기념비가 제작·설치되어 오늘날에까지 관광객들이 방문하고 있고 이를 배경으로 한 방문객들의 사진이 나돌고 있는 것은 문화콘텐츠로서 잘 활용되고 있는 사례라고 말할 수 있다. 스에코가 다닌 바 있는 이리노 초등학교의 오즈루 분교 자리에, 그녀의 동창들이 지난 2001년 11월에 「니안짱의 고향」にあんちゃんの里이라는 글을 새기고 기념비와 함께 어린 시절의 스에코와 다카이치를 묘사한 동상을 세워 놓았기 때문이다. 스에코의 일기에 따르면, 오즈루 탄광촌의 어린이들은

일반적으로 초등학교 3학년 때까지 오즈루에 있는 분교를 다녔으며, 4학년이 되어서부터는 약 4킬로미터의 길을 걸어 다운타운에 있는 이리노 초등학교의 본교를 다녀야 했다고 기록되어 있다(117쪽).

　도서와 영화 등이 일본 사회에서 문화콘텐츠로서 대중들로부터 인기를 얻게 되자, 덩달아 이에 대한 일본어 비평 논문들도 상당수 발표되었다. 2020년 12월 31일, 일본 국회도서관의 검색 사이트에서 「니안짱にあんちゃん」을 키워드로 하여 검색해 보니, 1959년 7월에 시즈오카静岡대학 교육학부에서 모리야스 세쓰코森保世津子 연구자가 『니안짱』

의 독후감을 발표한 것을 필두로 하여, 관련 논문이 총 18건 나왔다.[17]

1958년 고분샤 책 출간 후, 한국

공식 출판된 번역서 가운데 한국에서 가장 먼저 나온 것은 1959년
1월 대동문화사의 『(재일)한국소녀의 수기: 십세 소녀의 일기』이다.
이때 출판사의 편집부를 번역자로 하여 인쇄·발행되었다. 이 번역서

17　(1) 森保世津子, 「「にあんちゃん」を読んで思うこと:認識の成長と集団の支え
を」『文化と教育』10(7), 1959년 7월, pp. 84-86, (2) 小川勇, 「倍の倍も, ぼくは
しあわせです:『にあんちゃん』と新橋の子(実践記録)」『文学と教育』9, 1959
년 7월, pp. 24-27, (3) 佐藤忠男, 「女と英雄:「貴族の階段」「にあんちゃん」「鹿島
灘の女」」『中央公論』74(17), 1959년 12월, pp. 221-224, (4) 大須賀康宏, 「映画
「にあんちゃん」を見て」『學習研究』142, 1959년 12월, pp. 42-43, (5) 杉浦明平,
「安本末子「にあんちゃん」·どん底のなかの明るさ:戦後ベストセラー物語50」
『朝日ジャーナル』8(41), 1966년 10월, pp. 35-39, (6) 髙史明, 「「にあんちゃん」
(小さい巨像28)」『朝日ジャーナル』15(31), 1973년 8월, pp. 50-53, (7) 安本末
子·飯田隆, 「日本には感恩の情朝鮮には深い愛情:「にあんちゃん」から童話の
世界へ(人ひとヒト)」『朝日ジャーナル』23(45), 1981년 11월, pp. 36-41, (8) 成
美子, 「二世の眼23:にあんちゃんはいま」『朝鮮研究』232, 1983년 7월, pp. 25-
33, (9) 井上保, 「〈随想〉「にあんちゃん」のことなど」『佐賀大国文』23, 1995년 2
월, pp. 232-233, (10) 林相珉, 「忘れられた朝鮮:安本末子『にあんちゃん』論」『近
代文学論集』33, 2007년 11월, pp. 156-167, (11) 林相珉, 「商品化される貧困:
『にあんちゃん』と『キューポラのある街』を中心に(特集連続講座「国民国家と
多文化社会」(第19シリーズ)格差拡大社会とグローバリズム; 格差社会と文学
(2)弱きものとしての子供)」『立命館言語文化研究』21(1), 2009년 8월, pp. 135-
142, (12) きどのりこ, 「児童文学の中の子どもと大人(2)すなおな心と透徹し
た目と:安本末子『にあんちゃん』を中心に」『子どものしあわせ』747, 2013년 5
월, pp. 46-49, (13) 藤原史朗, 「シネマ夏炉冬扇(第4回)にあんちゃん:少女がく
れた, 貧しさと悲しみに耐える力」『Sai』72, 2014년 12월, pp. 64-71, (14) 山口
謙吾, 「松尾嘉代と映画「にあんちゃん」(特集 あのころのこと)」『草茫々通信』9,
2016년 1월, pp. 144-148, (15) 中山哲志, 「安本末子著 にあんちゃん(子ども理
解のための名著33冊;現代の子ども問題の理解へ)」『児童心理』72(3), 2018년
2월, pp. 134-137, (16) 奥村華子, 「『にあんちゃん』論:日記における自己検閲を
巡って」『日本語文学研究』6, 2018년 6월, pp. 185-202, (17) 姜文姫, 「1950年
代における炭鉱記録としての映画『にあんちゃん』の日韓比較」『文化/批評』9,
2018년 9월, pp. 83-96, (18) 山口駿一, 「「にあんちゃん」の里から(特集:映画よ,
文学はあなたに嫉妬する)」『草茫々通信』13, 2019년 6월, pp. 215-222.

는 출간 직후 일본의 고분샤로부터 「무단 출판」이라는 문제 제기를 받게 되었다. 이에 대해 한국출판협회는 주로 한국정부의 「반일」과 「반공」 방침에 맞춰서만 검토했고, 저작권에 관한 국제적 협약에 가입하지 않은 상황에서 출판사 사이의 저작권 문제는 검토하지 않았다. 그런데 저작권 문제는 예상치 않게 전개되었다. 시카고Chicago 대학의 김소혜So Hye Kim 연구자는 『동아일보』 1959년 3월 31일자 기사를 인용하여, 고분샤의 문제 제기 1주일 후에 전남 보성에 거주하는 스에코의 6촌 오빠 안동복이 스에코가 저작권 등 전권을 위임했다고 하는 편지를 경향신문사에 송달함으로써 이 문제가 일단락되었다고 했다.[18]

이 번역서는 오늘날 부경대 도서관 등에 소장되어 있다. 여러 곳에서 번역의 오류가 있기는 하지만, 무엇보다 고분샤 도서의 출간 후 신속히 번역되었다는 점에서 높이 평가할 수 있다. 그리고 번역서 가운데 「숯꿉장이 집으로 가다」라는 소제목이 붙은 다카이치의 일기1954년 7월 23일 가운데 조선인이 싫다고 토로한 부분 등을 원문 그대로 번역하고자 한 점에 대해서도 긍정적으로 평가할 수 있다. 반면에 이 번역서는 저작권 문제에서 고분샤와 끝맺음이 석연치 않았다는 점을 비롯하여, 이 책의 속지에서 이리야촌을 「기타규슈北九州 땅」에 있다고 하거나, 「글머리」에서 큰 오빠의 이름을 「석동石東」으로 잘못 표기하는 실수를 나타냈다. 게다가 이 책의 「역자의 말」에서 「멀리 조국을 떠나먼 나라 사람들의 날카로운 눈총을 맞아가며 폐허처럼 처량하게 허물어졌다」고 하여, 일본에서 성장하고 게다가 한반도 문화를 겪어보지 못한 재일동포 어린이에게까지 적용시켜 한국의 문화를 강조하고 한

---

18 So Hye Kim, Over the Im/permeable Boundaries: Cinematization on Nianchan in South Korea and Japan, *International Journal of Korean History*, 22(1), 2017년 2월, pp. 180-181.

국의 민족 이념을 강조한 점에 대해서도 비판을 면하기 어렵다.[19] 아울러 스에코의 일기 가운데, 1953년 3월 2일을 3월 3일로 잘못 표기했고, 6월 2일을 2월 6일로, 8월 25일을 8월 29일로, 그리고 2부 첫머리에서 1954년 2월을 1953년 2월로 잘못 표기했다. 게다가 1953년 11월 2일 월요일 일기에 대해서는 아예 번역을 누락시켰다.

그리고 유주현이 번역한 책, 『구름은 흘러도: 재일교포 10세 한국소녀의 수기』가 1974년 3월에 신태양사 출판사에서 인쇄·발행되었다. 이 책의 표지는 사진과 같이 황색 바탕에 인쇄했으나 증쇄가 거듭됨에 따라서 그림을 달리하여 인쇄되었을 것으로 생각된다. 왼쪽 두 번째 사진의 표지에 대해서는 현재 실물이 없어서 확인할 수 없는데, 왼쪽 세 번째 사진에 실려 있는 이 책은 현재 목원대 도서관 등에 비치되어 있기 때문에 실상을 확인할 수 있다. 이 번역서는 초판 시기를 1959년 1월로 표기하고 있기 때문에 1959년에 이미 유주현 번역자에 의한 번역서가 공식적으로 출간되었고, 대신에 대동문화사의 번역서는 해적판으로 출간된 것이 아닌가 하는 해석도 가능하다.[20]

하지만 서평자는 유주현이 1959년에 대동문화사편집부에 속하여 번역에 참여했을 것으로 추측하고 있다. 그 이유는 두 번역서의 출판 시기가 같다는 점과 오늘날에 이르기까지 대학 도서관에 소장되어 있다는 점 때문이다. 아무튼 유주현은 1974년 번역서에서 사이사이에 삽화를 추가하여 이 책의 가독성을 향상시켰다. 유주현은 1974년 번역서에서는 1959년 번역서의 단점에 대해 일부는 수정하기도 했

---

19 安本末子, 『(재일)한국소녀의 수기: 十歲 소녀의 일기』, 대동문화사, 1959년, p. 6; p. 183.

20 姜文姬, 「1950年代における炭鉱記録としての映画『にあんちゃん』の日韓比較」『文化/批評』9, 2018년 9월, p. 93 각주 3.

고 일부는 침묵을 지키기도 했다. 1921년에 태어나 1982년에 사망한 유주현은 1948년에 『백민』 등으로 소설계에 등단한 한 후, 주로 역사소설과 신문연재소설 분야에서 활동했다. 그는 1974년 번역서의 「옮긴이의 말」에서 「너무 순진한 감동, 가슴을 에이는 슬픔, 몸부림치며 방황하는 어린 세대의 숙명, 그리고 무력한 조국에의 원망 등으로 심각한 충격」을 받았다고 썼으며, 분명히 주인공의 정체성은 한국의 교포였다고 서술했다. 그러면서 마치 사실을 전하는 것처럼, 「형제들끼리 부를 경우에 일본 이름 스에꼬가 어색해서 우리말로 말숙」이라고 칭한다고 했다.[21] 게다가 이 번역서는 『구름은 흘러도』라는 제목을 붙인 이유에 대해서 전혀 언급하지 않았다.

21 야스모도 스에꼬 지음, 유주현 옮김, 『구름은 흘러도: 재일교포 10세 소녀의 수기』, 신태양사(20판), 1974년, p. 7.

이와 함께 1959년에 개봉된 한국 영화『구름은 흘러도』의 시나리오
가 2005년 11월에 한국의 커뮤니케이션북스 출판사에서『한국 시나
리오 걸작선』으로 다시 태어났다. 시나리오를 각색하여 제작한 김지헌
작가는 1928년에 평남 진남포에서 태어나 일제강점기 말기에 경성京
城의 경동중학교를 다니면서 영화예술에 눈을 떴다고 한다. 그는 1956
년에 서정주 시인으로부터 격찬에 가까운 추천사를 받으며『현대문학』
에 시인으로 데뷔했으나, 그 후 시인으로서보다는 시나리오 작가로서
많은 작품을 생산해 냈다. 그는 1998년에 대한민국예술원의 회원이 되
었으며 2010년에는 대한민국예술원 연극영화무용분과 회장에 뽑히
기도 했다. 등장인물 가운데 주인공 말자는 물론 큰 오빠와 언니를 안동
석·양숙이라 칭했고 게다가 일본에서 원작이 나왔다는 점을 밝혔다. 이
렇게 저작권 침해의 소지가 많았는데도 불구하고, 그의 시나리오를 사
용한 영화는 1960년 12월 제2회 국산영화상大鐘賞의 전신에서 우수작품
상을 받았다. 무엇보다 이 번역서의 가장 큰 결함은 원작자의 이름을 안
소임으로 하고 있는데, 괄호 속에 본명 안말자라고 표기한 것 이외에는
안소임이 도대체 어디서 나왔는지 알 수 없다는 점이다.[22]

이처럼 한국의 대중들에게 영화 제목『구름은 흘러도』로 알려져 있
었는데,『니안짱』이라는 제목을 사용한 한국어 번역서가 처음 나온 것
은 2005년 10월이 되어서의 일이다. 이 번역서가 맨 처음 사진의 왼쪽
책이며 이번 독서모임의 토론 대상이다. 2005년 11월 한국출판마케
팅연구소에서 격주로 펴낸『기획회의』 33호는 이 번역서에 대한 평론
을 게재했다.『기획회의』속「분야별 전문가 리뷰」에서「일기 속의 개

22　안소임 원작, 김지헌 각색,『구름은 흘러도 (한국 시나리오 걸작선 5)』, 커뮤니케
　　이션북스, 2005년, pp. 1-76.

인사, 사회사」로서 나왔다. 선생님의 입장에 초점을 맞추어, 「스에코의 일기를 읽다보면 선생님이 화를 낸 까닭, 그리고 스스로 화를 못 풀고, 그 책임을 아이들에게 전가시키고 있는 선생님의 모습을 고스란히 볼 수 있다. 비록 스에코 자신은 선생님이 왜 화를 내는지 어리둥절하겠지만, 글 속에 이미 진실이 있는 셈이다. 아마 일기 검사를 한 선생님이 스에코의 일기를 보고 자신의 모습을 깨달았을지 모른다. 그래서일까? 선생님은 스에코의 일기를 보고도 이 일에 대해서 아무런 언급을 하지 않았다. 대신 스에코의 일기를 보고 감동했다는 것, 하루하루 올바르고 씩씩하게 살아가길 바란다는 글을 보냈다. 완벽한 선생님은 아닐지라도 어린이와 일기를 검사의 대상이 아닌, 그냥 있는 그대로 받아들여주는 선생님의 태도를 엿볼 수 있는 대목」이라고 했다.[23]

번역서에서 인명·지명이나 내용을 해석하면서 번역자에 따라 표현이 약간 달라지는 것은 보편적인 일이다. 표현의 차이는 통일성만 갖춘다면, 도리어 번역서만의 특징이 될 수도 있고 따라서 번역서의 가치를 높일 수 있는 요소가 되기도 한다. 한편 도서출판 산하의 번역서에서 1975년 고분샤 개정판에 실려 있던 「입원 일기」를 삭제한 것은 출판사 나름대로 고심한 흔적으로 이해된다. 또한 1959년의 한국어 번역서가 일본어 문구에 대한 번역 문제와 사실 오해가 겹쳐서 형오빠과 누나언니에 대한 혼돈을 초래했는데, 2005년 번역서는 이것들을 일일이 수정하기도 했다. 그뿐 아니라 2005년 번역서는 아동 그림을 전문으로 하는 작가의 그림을 삽입하여 책의 내용을 이해하기 쉽게 하면서 대중적 가독성을 높였다.

그런데 이 번역서는 무엇보다 번역을 누락시킨 부분이 너무 많다고

---

23 childweb.co.kr/bipyung29.htm

하는 결정적인 문제점을 가지고 있다. 1959년 번역서와 단순히 비교해 보면, 1953년 스에코의 일기 중에서, 2월 11일 수요일, 2월 27일 금요일, 4월 28일 목요일, 5월 23일 토요일, 5월 30일 토요일, 6월 6일 토요일, 6월 10일 수요일, 6월 12일 금요일, 6월 27일 토요일, 7월 6일 월요일, 7월 16일 목요일, 7월 22일 수요일, 8월 2일 일요일, 8월 21일 금요일, 9월 13일 일요일, 10월 9일 금요일, 10월 10일 토요일, 10월 13일 화요일, 10월 18일 월요일 분 등이 누락되어 있다. 그리고 1954년 스에코의 일기 중에서도, 3월 12일 금요일, 3월 15일 월요일, 3월 24일 수요일, 4월 2일 금요일, 4월 11일 일요일, 5월 1일 토요일, 5월 8일 토요일, 5월 25일 화요일, 6월 30일 수요일, 7월 29일 목요일, 8월 2일 월요일, 8월 4일 수요일, 8월 8일 일요일, 8월 9일 월요일, 8월 26일 목요일 분 등이 누락되어 있다.

이렇게 많은 부분이 누락되어 있는데 이 책을 「번역서」라고 부를 수 있는지 의문시 된다. 오늘날 도서출판 산하의 홈페이지는 자사에서 출판된 교과서들을 주로 홍보하고 있으면서도, 『니안짱』 번역 과정에 대해서 일반에 전혀 알리지 않고 있다. 게다가 서평자가 조사한 결과에 따르면, 누락 문제에 대한 조영경 번역자의 견해도 아직 발견하지 못했다. 누락 부분에 대해서 이미 44년 전 한국 사회에 퍼진 1959년 번역서에서도 쉽게 발견할 수 있는데 말이다. 이 번역서가 최종 누락시킨 1954년 8월 26일자 일기만을 보더라도, 가난으로 더부살이해야 하는 스에코의 어려움이 그대로 전달되고 있다. 다음은 이 날짜의 일기에 대해서만 줄 처리를 제외하고, 1959년 번역서로부터 어휘와 띄어쓰기를 그대로 인용하고자 한다.

8월 26일 목요일 맑음
22일에 싸워서 집을 나간 아주머니는 아직 돌아오지 않았읍니다. 다섯시쯤 아저씨가 집에 돌아오자 벽장에서 아주머니 외출복을 끄내놓으면서 「이것은 〈하루꼬〉한태 갖다주구려」 하였읍니다. 이것은 무었이냐 하면 〈하루꼬〉 아주머니가 일터로 나가고싶지만 옷이 없어 못간다는 말을 아저씨가 어디서 듣고왔다는 것이었다. 아주머니가 정녕 돌아오지 않는다는데서 그렇게 한줄 압니다. 내 가 옷을 가지고 가니까 〈후꾸다〉 아주머니, 다시 말해서 〈하루꼬〉 의 모친되는 분이 퍽이나 화를 내었읍니다. 「그래 드려 놓느니 안놓 느니, 한다니 그래, 〈시마다〉는 어떻게 생각하는 거야 응?」 하여 나 를 흡사 〈시마다〉 아저씨처럼, 노려 보면서 말했읍니다. 나는 그런 것은 알수가 없어서, 「글쎄요. 알 수 없는데요」, 생긋웃으면서 말하 니까 이번에는 더 큰 소리로 뭐라고 모르는 말로 떠들어데는 것입 니다. 그 속에 가끔 「응? 〈시마다〉는 뭐라고 생각하는 거야, 응?」 합 니다. 「나는 집에 돌아 갈테야 갈수도 없어 글쎄요ー」 할 뿐 난처하 기만 한데 거기에 〈하루꼬〉 아주머니가 안에서 나오시며 이번에는 모녀가 같이 시작하는 바람에 나는 〈안녕〉하고 도라왔습니다. 〈고 오이치〉 형오빠이 떠난지 9일째. 이젠 어떻게든지 되었겠지.[24]

  2005년의 한국어 번역서가 나오기까지, 번역자의 메시지에 따라 약간의 차이는 있지만, 공통적으로 대한민국의 권력과 한국인 대중들 을 의식하여, 원저자 스에코의 의도와는 전혀 달리, 일기를 기록한 소 녀가 한국인이었다는 점을 강조했다. 이러한 문제점을 의식해서인지 2005년 번역서에서는 번역자의 의견을 전혀 언급하지 않았다. 서평 자는 이때까지 한국어 번역서가 한국 사회에 내재한 문화적인 한계와 한국인 대중의 집단적인 인식에 맞추어 표현해 온 것에 대하여, 이 번 역자가 주춤한 것이 아닐까 추측해 본다. 아무튼 한국어 번역서는 많은 한계에도 불구하고, 일본어 문화콘텐츠와 같이, 빈곤함에도 굴하지 않 고 꿈을 이룰 수 있다고 하는 긍정적인 마인드를 한국인 대중들에게 제

---

24 安本末子, 『(재일)한국소녀의 수기: 十歳 소녀의 일기』, 대동문화사, 1959년, pp. 174-175.

공했다고 생각한다. 이와 같은 긍정적인 아이디어를 중심으로 하여 언제나 한일 양국의 공통점을 발견할 수 있으며, 이에 따라 양국 사회에서 국제교류에 관한 실마리가 싹트는 것이 아닌가 생각된다.

또한 일본 대중으로부터 선풍적 인기를 얻고 있는 『니안짱』의 대강 내용은 한국에서 각색된 시나리오로 대중들에게 널리 알려졌다. 1958년 고분샤 책이 출간되자마자 서둘러 한국에서 영화로 제작하려는 움직임이 생겨났다. 애초에는 원작에 맞게 일본인 분장으로 영화 촬영 무대가 기획되었지만, 이에 대해서 한국의 영화협회는 국내제작을 불허했다. 『동아일보』 1959년 1월 26일자 기사에 나타난 바와 같이, 일본인의 좋은 점이 묘사되어 있는 것은 물론, 『경향신문』 1959년 1월 16일자 기사가 전하는 바와 같이, 원작을 국내 촬영으로 구현해 내기에 많은 문제점이 있다고 판단되었기 때문이다. 아무튼 이 영화는 스에코가 이국땅에서 꿋꿋하게 살아가는 재일한국인이라는 점을 주된 이유로 하여 영화협회가 각색된 시나리오를 승인하는 결정을 내렸고, 『니안짱』을 변형시켜 국내제작에 들어간 것으로 알려지고 있다.[25] 그 결과 다음 포스터와 광고 사진에 보이는 바와 같이, 1959년 11월에 단성사를 비롯하여 일반 영화관에서 개봉되기에 이르렀다. 한국의 대중문화콘텐츠로서 유현목 감독·유한영화사 제작의 영화, 『구름은 흘러도』Even the Clouds Are Drifting가 탄생한 것이다.

이 아동순정영화의 촬영 장소가 어딘지에 대해서도 의견이 분분하다. 서평자는 이 영화의 엔딩 스크린에서 「영월 미사리광업소」의 후원을 알리고 있는 것으로 보아, 강원도 영월의 한 탄광에서 촬영된 것

---

25 姜文姫, 「1950年代における炭鉱記録としての映画『にあんちゃん』の日韓比較」 『文化/批評』9, 2018년 9월, pp. 88-91.

으로 본다. 아무튼 이 영화는 원작을 한국식으로 대폭 각색하여 주인
공 일가의 물질적 빈곤이라는 외적 조건을 정신적 빈곤으로 바꿨고, 4
남매의 소원이 이루어질 때의 해피엔딩에서는 원작자가 꿈꾼 평화롭
고 불행하지 않은 생활에 대한 판타지를 서정적으로 그려냈다.[26] 『구
름은 흘러도』와 『니안짱』은 1960년 6월에 열린 제10회 베를린 영화
제에 함께 참가하여 일반에 상영되었다. 『소년한국일보』 1960년 7
월 21일자 기사에 따르면, 이때 일본의 영화 측에서 한국이 저작권을
침해했다고 문제를 제기하여 물의를 빚은 것으로 되어 있다. 그러나
『경향신문』 1960년 7월 23일자의 평론에 따르면, 베를린 영화제에
참석하여 한국과 일본의 영화를 관람한 유희대柳熙大 영화 제작자는
이러한 소동에 대해서 일체 침묵하면서도, 「일본 영화는 무겁고 어두
운 좌파적 성향이 있지만, 한국의 영화는 동양적인 인정미를 따뜻하
게 그린 영화였다」고 평가했다고 한다.[27]

　　영화 『구름은 흘러도』의 줄거리는 다음과 같다. 광산촌에 사는 안
말숙김영옥분 4남매는 부모 없이 어렵게 살아가지만 모두 착하고 성실
하다. 그러나 광산에서 일하던 큰 오빠 동석박성대이 해고되어 살길이

26　terms.naver.com/구름은 흘러도

27　姜文姫, 「1950年代における炭鉱記録としての映画『にあんちゃん』」 『文化/批
　　評』 9, 2018년 9월, p. 95 각주 26.

막막해진다. 동석과 큰 언니 양숙^{엄앵란}은 돈을 벌기 위해 타향으로 떠나고 말숙과 작은 오빠 동일^{박광수}은 이웃집에 맡겨지는데, 남매는 주인 집 내외로부터 심한 구박을 받는다. 말숙은 힘겨운 하루하루를 꾸준히 일기에 담으며 마음의 위로를 삼는다. 광산회사 사장 딸이던 친구 집에 놀러갔던 말숙이 실수로 조각상을 깨뜨리고, 미안한 마음에서 친구에게 자신의 일기를 건넨다. 이 일기에 감명을 받은 친구는 출판사에 취직한 일이 있는 친구의 언니^{조미령}를 통해 일기를 출판하도록 제안하게 한다. 단행본으로 출간된 말숙의 일기는 베스트셀러가 되었으며, 그 결과 말숙이 기원한 바와 같이 동석이 광산회사에 다시 채용되고 4남매는 다시 한 집에서 모여 살게 된다.[28]

그러면, 『니안짱』을 소재로 하여 생산된 한국어 논문 수가 얼마나 되는지 살펴보자. 2020년 12월 31일 현재, 한국교육학술정보원에서 일반에 제공하고 있는 검색 사이트와 국립중앙도서관 홈페이지에서 각각 「니안짱」과 「구름은 흘러도」를 키워드로 하여 검색해 보면, 서울예술대학 출신의 노경실 소설가가 2006년에 『니안짱』에 대한 독후감을 발표한 것을 필두로 하여, 현재까지 총 6건의 논문이 생산된 것을 알 수 있다.[29] 이외에도 2017년 2월에 So Hye Kim에 의해서,

---

28 blog.naver.com/10sunmusa/222082925430

29 (1) 노경실, 「[이 한 권의 책] 어둠 속에서도 한 줄기 희망의 빛이: 야스모토 스에코의 『니안짱』」『새가정』53, 2006년 2월, pp. 52-55. (2) 김미연, 「감독의 탄생: 초기 이마무라 쇼헤이(今村昌平)의 영화 세계 형성」『연세대학교 커뮤니케이션대학원 석사논문』, 2012년 2월, pp. 1-83, (3) 김승구, 「아동 작문의 영화화와 한·일 문화 교섭」『한국학연구』41, 2012년 6월, pp. 137-161, (4) 임상민, 「1950년대의 재일조선인 표상: 야스모토 스에코 『니안짱(にあんちゃん)』을 중심으로」『일어일문학』68, 2015년 11월, pp. 273-285, (5) 차승기, 「두 개의 '전후', 두 가지 애도: '전후' 한국과 일본, 가난한 아이들의 일기를 둘러싼 해석들」『SAI』21, 2016년 11월, pp. 219-253, (6) 최은수, 「『니안짱(にあんちゃん)』 '재일'과 '어린이'의 경계에서: '재일조선인'과 전후일본의 '국민적 기억'」『외국학연구』51, 2020년 3월, pp. 149-168.

2018년 6월에는 Kanako Okumura에 의해서, 각각 영어로 된 연구
논문이 나온 것으로 되어 있다.[30]

오늘날 한일 사회의 빈곤아동

오늘날 사회적 문제가 다양하게 존재한다는 사실에 대해, 그리고
사회적 문제의 책임과 원인이 결코 어느 개인에게 있지 않다는 점에 대
해 사회적으로 의견일치consensus를 보고 있다. 또한 최종적으로 피해
자 개인의 노력만으로 사회문제가 해결될 수 없다고 하는 점에 대해서
도 암묵리에 사회적 합의를 이루고 있다. 하지만 대부분의 사람들은 사
회문제를 지적하고 문제점을 제기하는 데에 익숙해져 있는 반면에, 사
회문제를 해결하고 이 문제 속에 직접 뛰어드는 행동에 대해서는 인색
하면서도 매우 신중한 모습을 보이고 있다. 사회문제가 너무 복합적이
고 해결하기 어렵기도 하거니와 문제를 지적하는 지식인의 편에 서는
편이 안전하고 자신이 「깨어있는 선각자」라고 느끼기 때문이 아닐까
한다. 또한 사회문제가 정치적 입법을 통해서 해결될 수 있다는 것을
구실로 하여 정치에 나서는 사람도 있다. 일반적으로 문제 해결의 책임
을 사회 전반이나 일부 「무책임한」 정치가에게 전가하면서도, 가능한
자신을 문제의 원인과 해결에 결부시키려고 하지 않는다. 이것이 오늘
날 사회문제를 지적하는 지식인의 자화상이며, 아울러 해결 기미가 전
혀 보이지 않는 수많은 사회문제들의 현주소이기도 하다.

『니안짱』에서 이해할 수 있는 바와 같이, 한국과 일본의 사회는
1950년대에서 1980년대까지의 어려움을 겪으면서도 고도경제성

---

30 researchgate.net/directory/publications 김소혜(So Hye Kim)의 논문은 이 글
각주13에서 인용하고 있으며, 奧村華子(Kanako Okumura)의 논문은 이 글 각
주12에 있는 16번째 일본어 논문의 영문 초록이다.

장기로서 생활비를 충당할 수 있는 고용창출의 가능성이 열려있었고 사회 구성원 대부분이 생활전선에 뛰어들었기 때문에 그나마 많은 사람들이 가난을 극복할 수 있었다. 그러나 오늘날에는 취업 기회가 극도로 적어진 까닭도 있기 때문에, 청소년 중에서 가난의 대물림으로 인하여 고생하는 일이 비일비재하게 발생하고 있다. 2020년 12월 31일 현재 riss를 검색한 결과, 빈곤아동貧困兒童 문제를 다룬 한국어 학술논문이 총 936개, 석·박사학위논문이 총 914개, 단행본이 1,299개에 이르고 있다. 또한 일본의 국회도서관에서 「빈곤아동」을 키워드로 하여 검색해 보면, 학술논문이 총 44개, 박사학위논문이 총 3개, 단행본이 총 66개, 정부간행물이 총 45개 나오고 있다.

일본아동의 빈곤문제가 한국 사회에 알려지기 시작한 것은 일본어 문고판 도서[31]가 2018년 6월 논형출판사에서 한국어 번역서로 출간되면서라고 본다. 이 책의 후기에서 최인숙 번역자는 「1인당 국민소득 4만 불을 자랑하는 경제대국 일본, 화려한 네온사인과 하늘을 찌르는 초고층 빌딩이 번쩍이는 부자 나라의 뒤안길에서 일부 아동들은 극심한 고난 시기를 살아가야 한다. 일본 어디에 빈곤이 있는지 모르겠다며 부정하는 사람도 있지만 일본의 아동 빈곤 비율은 선진국 중 최고치 2014년 16.3%를 기록하고 있다」고 하면서, 일본 사회를 비판했다. 그리고 「한국의 10~19세의 아동 사망 원인 가운데 자살이 1위를 차지한 지 오래다. 그것도 OECD 국가들 가운데 국민 자살률이 월등하게 높은 1위이며 매년 13,000여 명이 자살하는 사회에서 아동들이 살고 있다. 점점 많은 아동들이 학대에 심각하게 노출되어 가고 있다」

---

31   保坂渉·池谷孝司,『子どもの貧困連鎖』, 新潮文庫, 2015년, pp. 1-309.

고 하면서, 한국 사회를 비판하기도 했다.[32]

　오늘날 한국과 일본의 사회에서는 과거 1950년대에 비해 힘든 일도 슬픈 일도 상당히 줄어들었고 그 대신 먹거리·볼거리·놀이가 많아졌다고 하는 점을 부정하기는 어렵다. 그렇다고 해서 오늘날이 과거에 비해 상대적으로 행복하다고 하기는 매우 어렵다. 여성의 사회적 진출 확대에 따라서 결혼률이 지속적으로 떨어지는 측면도 있지만, 장래에 대한 불안감으로 인하여 자녀 출생을 꺼리고 있다는데 더욱더 커다란 문제점이 있는 것이다. 일본 후생노동성의 자료를 보면, 일본의 외국인이나 외국의 일본인을 제외하고 2019년 한해에 출생된 일본인 자녀가 총 865,234명이 되어, 총 인구 125,858,000명에 대한 출생률이 0.687%에 그친 것으로 알려지고 있다. 한편 오늘날 한국의 출산 상황은 일본 사회에서보다 훨씬 더 심각하다. 한국 통계청의 자료에 따르면, 2019년 한 해에 출생된 한국인 자녀가 총 302,345명이 되어, 총 인구 51,850,000명에 대한 출생률이 0.583%에 그치고 있기 때문이다.[33] 오늘날 한국과 일본 사회의 젊은이들은 다가올 장래에 대해서 이처럼 암울하게 전망하고 있는 것이다.

32　호사카 와타루·이케타니 다카시, 최인숙 옮김, 『빈곤아동의 현장을 가다: 영유아·유소년·청년 다시 영유아로 반복되는 가난의 대물림을 어떻게 끊어낼 것인가?』, 논형, 2018년, pp,233-236.

33　mhlw.go.jp/toukei/saikin/hw/jinkou/geppo/m2020/dl/all0207.pdf; kostat.go.kr

2019-2020년 한일관계 관련 기본자료

I. 역대 주일 대한민국 대사(부임기간)

1. 김동조 (1965. 12 ~ 1967. 10)   2. 엄민영 (1967. 10 ~ 1969. 12)

3. 이후락 (1970. 1 ~ 1971. 1)   4. 이호 (1971. 1 ~ 1974. 1)

5. 김영선 (1974. 1 ~ 1979. 2)   6. 김정렴 (1979. 2 ~ 1980. 9)

7. 최경록 (1980. 9 ~ 1985. 10)   8. 이규호 (1985. 11 ~ 1988. 4)

9. 이원경 (1988. 4 ~ 1991. 3)   10. 오재희 (1991. 3 ~ 1993. 4)

11. 공노명 (1993. 4 ~ 1994. 12)   12. 김태지 (1995. 2 ~ 1998. 4)

13. 김석규 (1998. 5 ~ 2000. 3)   14. 최상용 (2000. 3 ~ 2002. 2)

15. 조세형 (2002. 2 ~ 2004. 3)   16. 나종일 (2004. 3 ~ 2007. 2)

17. 유명환 (2007. 3 ~ 2008. 3)   18. 권철현 (2008. 4 ~ 2011. 6)

19. 신각수 (2011. 6 ~ 2013. 6)   20. 이병기 (2013. 6 ~ 2014. 8)

21. 유흥수 (2014. 8 ~ 2016. 6)   22. 이준규 (2016. 7 ~ 2017. 10)

23. 이수훈 (2017. 10 ~ 2019. 5)   24. 남관표 (2019. 5 ~ 2021. 1)

II. 주일 대한민국 공관 현황

주일본국 대한민국 대사관(overseas.mofa.go.kr/jp-ja/index.do)

① 주오사카 대한민국 총영사관   ② 주후쿠오카 대한민국 총영사관

③ 주요코하마 대한민국 총영사관   ④ 주나고야 대한민국 총영사관

⑤ 주삿포로 대한민국 총영사관   ⑥ 주센다이 대한민국 총영사관

⑦ 주니가타 대한민국 총영사관   ⑧ 주히로시마 대한민국 총영사관

⑨ 주고베 대한민국 출장소   ⑩ 주가고시마대한민국명예총영사관

⑪ 주시모노세키 대한민국 명예총영사관

⑫ 주시즈오카 대한민국 명예총영사관

III. 역대 주한 일본국 대사 (부임기간)

1. 前田利一(1965.12~1965.12)
2. 吉田健三(1965.12~1966.3)
3. 木村四郎七(1966.3~1968.5)
4. 上川洋(1968.5~1968.7)
5. 金山政英(1968.7~1972.1)
6. 前田正裕(1972.1~1972.2)
7. 後宮虎郎(1972.2~1975.2)
8. 前田利一(1975.2~1975.3)
9. 西山昭(1975.3~1977.7)
10. 前田利一(1977.7~1977.7)
11. 須之部量三(1977.7~1981.4)
12. 村岡邦男(1981.5~1981.5)
13. 前田利一(1981.5~1984.12)
14. 谷野作太郎(1984.12~1984.12)
15. 御巫清尙(1984.12~1987.3)
16. 太田博(1987.3~1987.4)
17. 梁井新一(1987.4~1990.3)
18. 川島純(1990.3~1990.4)
19. 柳健一(1990.4~1992.6)
20. 川島純(1992.6~1992.8)
21. 後藤利雄(1992.9~1994.8)
22. 茂田宏(1994.8~1994.8)
23. 山下新太郎(1994.8~1997.10)
24. 小田野展丈(1997.10~1997.10)
25. 小倉和夫(1997.10~2000.2)
26. 寺田輝介(2000.2~2003.1)
27. 高野紀元(2003.1~2005.8)
28. 大島正太郎 (2005.8~2007.8)
29. 重家俊範(2007.9~2010.8)
30. 武藤正敏(2010.8~2012.9)
31. 別所浩郎(2012.9~2016.8)
32. 長嶺安政(2016.8~2019.10)
33. 冨田浩司(2019.10~2021.2)

IV. 주한 일본국 공관 현황

주대한민국 일본국 대사관(kr.emb-japan.go.jp/itprtop_ko/index.html)

① 재부산 일본국 총영사관 ② 재제주 일본국 총영사관

V. 한일간 무역현황

단위:억 달러, ( )는 전년대비 증감률

	대일수출	대일수입	대일수지	총교역액
2001년	165.0 (▽19.3)	266.3 (▽16.3)	▽101.3	431.4
2002년	151.4 (▽8.3)	298.6 (12.1)	▽147.1	450.0
2003년	172.8 (14.1)	363.1 (21.6)	▽190.4	535.9
2004년	217.0 (25.6)	461.4 (27.1)	▽244.4	678.5
2005년	240.3 (10.7)	484.0 (4.9)	▽243.8	724.3
2006년	265.3 (10.4)	519.2 (7.3)	▽253.9	784.5
2007년	263.7 (▽0.6)	562.5 (8.3)	▽298.8	826.2
2008년	282.5 (7.1)	609.6 (8.4)	▽327.1	892.1
2009년	217.7 (▽22.9)	494.3 (▽18.9)	▽276.6	712.0
2010년	281.8 (29.4)	643.0 (30.1)	▽361.2	924.8
2011년	396.8 (40.8)	683.2 (6.3)	▽286.4	1,080.0
2012년	388.0 (▽2.2)	643.6 (▽5.8)	▽255.7	1,031.6
2013년	346.6 (▽10.7)	600.2 (▽6.7)	▽253.7	946.9
2014년	321.8 (▽7.2)	537.7 (▽10.4)	▽215.9	859.5
2015년	255.8 (▽20.5)	458.5 (▽14.7)	▽202.8	714.3
2016년	243.6 (▽4.8)	474.7 (3.5)	▽231.1	718.2
2017년	268.2 (10.1)	551.2 (16.1)	▽283.1	719.4
2018년	305.3 (13.8)	546.0 (▽0.9)	▽240.8	851.1
2019년	284.2 (▽6.9)	475.9 (▽12.9)	▽191.6	760.0
2020년	250.9 (▽33.3)	460.2 (▽5.5)	▽209.3	711.1

출처: 한국무역협회-KITA.NET

VI. 한일간 출입국 현황

	방한일본인		방일한국인	
	수 (만 명)	비중 (%)	수 (만 명)	비중 (%)
2001년	237.7	46.2	113.4	23.8
2002년	232.2	43.4	127.2	24.3
2003년	180.2	37.9	145.9	28.0
2004년	244.3	42.0	158.8	25.9
2005년	244.0	40.5	174.7	26.0
2006년	233.9	38.0	211.7	28.9
2007년	223.6	34.7	260.1	31.2
2008년	237.8	34.5	238.2	28.5
2009년	305.3	39.1	158.7	23.4
2010년	300.4	38.6	268.7	28.5
2011년	327.0	37.7	192.0	26.9
2012년	351.9	31.6	231.5	25.2
2013년	274.8	22.6	272.3	24.2
2014년	228.0	16.1	301.6	21.3
2015년	183.8	13.9	425.2	21.6
2016년	229.8	13.3	535.1	23.0
2017년	231.1	17.3	740.6	26.9
2018년	294.9	19.2	781.9	26.0
2019년	327.2	18.7	558.5	17.5
2020년	43.0	17.1	48.8	11.9

출처: 한국관광공사 datalab.visitkorea.or.kr, 日本政府観光局 jnto.go.jp

2019-2020년 한일관계 주요일지 (외교부, 『월간외교일지』를 참고함)

[2019년]

01.04	한-일 외교장관 전화회의
01.11	한-일 북핵 수석대표 전화회의
01.17	한·중·일 중남미국장회의 (도쿄)
01.21	한국외교장관, 미국 국무장관과 전화회의
01.21	G20 개발실무그룹회의 개막 (도쿄)
01.22	다보스 포럼 개막 (다보스)
01.23	다보스 포럼 계기 한-일 외교장관 회의 (다보스)
01.31	한-일 국장급 협의 (도쿄)
02.09	한-미-일 북핵 수석대표 협의 (서울)
02.14	아시아교류및신뢰구축회의 특별실무그룹·고위관리회의 개막 (두샨베)
02.15	뮌헨안보회의 계기 한-일 외교장관 회의 (뮌헨)
02.19	한-미 정상 전화회담
02.19	유엔 사회개발위원회 회의 (뉴욕)
02.22	OECD 개발원조위원회 고위관리회의 (파리)
02.27	북-미 정상회담 개막 (하노이)
02.28	북-미 정상회담 결렬 (하노이)
02.28	한-미 정상 전화회담
03.01	한국외교장관, 미국 국무장관과 전화회의
03.02	APEC 무역투자위원회 개막 (산티아고)
03.06	한-미-일 북핵 수석대표 협의 (워싱턴)
03.07	APEC 고위관리회의 개막 (산티아고)
03.08	한-미 방위비분담특별협정 서명식 (서울)
03.11	G20개발실무그룹회의 개막 (우라야스)
03.14	한-일 국장급 협의 (서울)
03.29	유엔 평화유지 장관회의 (뉴욕)
04.01	일본 관방장관, 새로운 연호 레이와(令和)를 발표
04.01	한-일 북핵 수석대표 협의 (도쿄)

04.11	한-미 정상회담 (워싱턴 D.C.)
04.23	한-일 국장급 협의 (도쿄)
04.23	G20 개발실무그룹회의 개막 (도쿄)
04.24	한-일 북핵 수석대표 전화회의
05.13	APEC 경제기술협력운영위원회 회의 (발파라이소)
05.15	APEC 고위관리회의 개막 (발파라이소)
05.22	OECD 각료이사회 개막 (파리)
05.27	유엔 아시아 태평양 경제사회위원회 회의 개막 (방콕)
05.31	샹그릴라 대화 계기 한-미-일 북핵 수석대표 협의 개막 (싱가포르)
06.02	샹그릴라 대화 계기 한-미-일 국방장관 회의 (싱가포르)
06.05	한-일 국장급 회의 (도쿄)
06.10	G20 기후 지속가능성 작업반 회의 개막 (요코하마)
06.13	G20 에너지·환경 장관회의 본회의 개막 (가루이자와)
06.16	한국외교장관, 미국 국무장관과 전화회의
06.23	유엔식량농업기구 총회 (로마)
06.25	한-중-일 고위급 북극협력대화 개막 (부산)
06.28	G20 정상회담 개막 (오사카)
06.30	남-북-미 정상 회동 (판문점)
07.04	유엔 평화유지활동 정책협의회 개최 (서울)
07.10	한국외교장관, 미국 국무장관과 전화회의
07.21	일본 제25회 참의원선거에서 자민당, 지역구 38석 비례대표 19석을 얻어 신승
07.25	한-일 북핵 수석대표 전화회의
08.02	아세안지역안보포럼 계기 한-미-일 외교장관 회의 (방콕)
08.02	한-미-일 북핵 수석대표 협의 (방콕)
08.20	한-중-일 외교장관회의 개막 (베이징)
08.22	한국외교장관, 미국 국무장관과 전화회의
08.26	APEC 무역투자위원회 회의 개막, (푸에르토바라스)
08.28	도쿄아프리카개발국제회의 개막 (요코하마)
08.29	한-일 국장급 회의 (서울)
08.30	APEC 고위관리회의 (푸에르토바라스)
09.18	아세안+3 / EAS 고위관리회의 개막 (방콕)

09.19	ODA 국제회의 (서울)
09.20	한-일 국장급 회의 (도쿄)
09.23	기후행동 정상회담 (뉴욕)
09.24	유엔 지속가능개발목표 정상회담 (뉴욕)
09.25	한-미-일 북핵 수석대표 협의 (뉴욕)
09.26	유엔총회 계기 한-일 외교장관 회의 (뉴욕)
10.08	한-미-일 북핵 수석대표 협의 (워싱턴)
10.16	한-일 국장급 회의 (서울)
10.16	한-일 북핵 수석대표 협의 (서울)
10.22	이낙연 국무총리, 일본 천황 즉위식 행사 참석 (도쿄)
10.23	이낙연 국무총리, 일본 총리 주최 공식만찬 참석 (도쿄)
10.24	유엔의 날 기념행사 (부산)
11.04	아세안+3 정상회담 / 동아시아정상회담 (방콕)
11.12	유네스코 총회 개막 (파리)
11.15	한-일 국장급 회의 (도쿄)
11.18	한-중-일 사이버정책협의회 회의 (베이징)
11.21	한국외교장관, 미국 국무장관과 전화회의
11.22	G20 외교장관회의 개막 (나고야)
11.23	G20 외교장관회의 계기 한-일 외교장관 회의 (나고야)
11.25	한-아세안 특별정상회담 개막 (부산)
11.25	국제해사기구(IMO) 총회 개막 (런던)
11.27	한-메콩 정상회담 (부산)
11.28	한-일 북핵 수석대표 전화회의
12.02	유엔기후변화협약 총회 개막 (마드리드)
12.05	부산글로벌파트너십 운영위원회 개막 (서울)
12.07	APEC 최종고위관리회의 (싱가포르)
12.12	국제기구 분담금 관계부처 협의회 회의 (서울)
12.15	ASEM 외교장관회의 만찬 계기 한-일 외교장관 회의 (마드리드)
12.18	아시아교류및신뢰구축회의 고위관리회의 개막 (충칭)
12.23	한-중-일 정상회담 개막 (청두)
12.24	한-중-일 정상회담 계기 한-일 정상회담 (청두)
12.24	한-중-일 정상회담 계기 한-일 외교장관 회의 (청두)

[2020년]

01.09	OECD Water Governance 회의 개막 (파리)
01.11	국제재생에너지기구 총회 개막 (아부다비)
01.14	한-미-일 외교장관 회의 (샌프란시스코)
01.21	한국외교장관, 한-중-일 3국 협력사무국 사무총장단 접견 (서울)
02.06	한-일 국장급 회의 (서울)
02.10	유엔사회개발위원회 회의 개막 (뉴욕)
02.15	뮌헨안보회의 계기 한-미-일 외교장관 회의 (뮌헨)
02.17	APEC 무역투자위원회 개막 (푸트라자야)
02.20	APEC 고위관리회의 개막 (푸트라자야)
03.09	한-일 외교관 및 관용여권 사증면제각서 잠정 정지
03.20	한국외교부 제1차관, 역내 7개국과 코로나19 대응 전화 협의
03.27	한국외교부 제1차관, 역내 7개국과 코로나19 대응 전화 협의
04.01	한-일 국장급 회의 (화상회의)
04.03	한국외교부 제1차관, 역내 7개국과 코로나19 대응 전화 협의
04.08	한-일 북핵 수석대표 전화회의
04.10	한국외교부 제1차관, 역내 7개국과 코로나19 대응 전화 협의
04.14	코로나19 대응 관련 아세안+3 특별 정상회의 (화상회의)
04.15	제21대 국회의원 선거에서 더불어민주당, 지역구 162석 비례대표 14석을 얻어 압승
04.17	한국외교부 제1차관, 역내 7개국과 코로나19 대응 전화 협의
04.18	한-미 정상 전화회담
04.24	한국외교부 제1차관, 역내 7개국과 코로나19 대응 전화 협의
04.29	코로나19 대응 국제협력 T/F 제1차 회의 (화상회의)
05.01	한국외교부 제1차관, 역내 7개국과 코로나19 대응 전화 협의
05.04	코로나19 글로벌대응 국제공약 회의 (화상회의)
05.06	한국외교장관, 미국 국무장관과 전화회의
05.08	한국외교부 제1차관, 역내 7개국과 코로나19 대응 전화 협의
05.11	한국외교장관, 역내 7개국과 코로나19 대응 회의 (화상회의)
05.13	한-일 국장급 전화회의
05.13	코로나19와 디지털협력에 관한 유엔 회의 (화상회의)
05.15	한국외교부 제1차관, 역내 7개국과 코로나19 대응 전화 협의

05.18-19	세계보건기구 총회 (화상회의)
05.21	유엔 아시아·태평양 경제사회위원회 총회 (화상회의)
05.22	2021년 유엔 평화유지 장관회의 준비위원회 제1차 회의 (서울)
06.03	한-일 외교장관 전화회의
06.03	한국외교장관, 역내 7개국과 코로나19 대응 회의 (화상회의)
06.10	OECD Water Governance Initiative 회의 (화상회의)
06.12	한국외교부 제1차관, 역내 7개국과 코로나19 대응 전화 협의
06.13	APEC 특별 무역투자위원회 회의 (화상회의)
06.24	한-일 국장급 회의 (화상회의)
07.12	ASEM 고위관리회의 개막 (화상회의)
07.16	한-메콩 협력 고위관리회의 (화상회의)
07.20	아세안+3 고위관리회의 (화상회의)
07.20	동아시아정상회의 고위관리회의 (화상회의)
07.20	아세안지역안보포럼(ARF) 고위관리회의 (화상회의)
07.31	한국외교부 제2차관, 역내 7개국과 코로나19 대응 전화 협의
08.29	아베 신조(安倍晋三) 총리직 사임을 표명
09.03	G20 특별 외교장관 회의 (화상회의)
09.04	한-일 북핵 수석대표 전화회의
09.09	아세안+3 외교장관 회의 (화상회의)
09.11	한국외교부 제2차관, 역내 7개국과 코로나19 대응 전화 협의
09.12	아세안지역안보포럼 외교장관 회의 (화상회의)
09.14	자민당 총재선거에서 스가 요시히데(菅義偉) 당선
09.16	스가 총리 임명식
09.24	문재인 대통령, 스가 총리와 통화
09.24	제2차 APEC 무역투자위원회 회의 (화상회의)
09.28	제2차 APEC 고위관리회의 (화상회의)
10.05	한국외교장관, 미국 국무장관과 전화회의
10.12	동북아환경협력계획 고위급 회의 개막 (화상회의)
10.20	한-미-일 여성역량강화 3자회의 개막 (화상회의)
10.21	한국외교장관, 미국 국무장관과 전화회의
10.22	한국외교장관, 미국 국무장관과 전화회의
10.23	유엔의 날 기념식 (부산)

10.27	APEC 무역투자위원회 회의 (화상회의)
10.28	OECD 각료이사회 회의 개막 (화상회의)
10.29	한-일 북핵 수석대표 협의 (서울)
11.03	한-IAEA 고위급 정책협의회 개최 (서울)
11.07	미국 대통령 선거에서 민주당의 바이든 당선
11.09	한-미 북핵 수석대표 협의 (워싱턴 D.C.)
11.10	한-중-일 3자 협력포럼 (화상회의)
11.12	한국과 일본의 정상, 바이든과 통화
11.12	한-아세안 정상회담 (화상회의)
11.12	한-일 외교차관 전화회의
11.13	한-메콩 정상회담 (화상회의)
11.13	아세안+3 정상회담 (화상회의)
11.14	동아시아정상회담 (화상회의)
11.16	APEC 합동각료회의 (화상회의)
11.16	국제수로기구(IHO) 회의 개막 (화상회의)
11.18	한-일 국장급 중동정책협의회 (도쿄)
11.20	APEC 정상회담 (화상회의)
11.21	G20 정상회담 개막 (화상회의)
11.23	DAC 가입 10주년 기념 「개발협력주간」 시작
11.24	유네스코 세계유산 해석 국제회의 (화상회의)
12.01	한-일-인도 3자 정책대화 (웨비나)
12.08	제5차 한-중-일 싱크탱크 네트워크(NTCT) 대표자 회의 (웨비나)
12.09	제5차 한-중-일 사이버정책협의회 (화상회의)
12.09	APEC 비공식고위관리회의 (화상회의) 시작
12.23	한-일 북핵 수석대표 전화회의

색인

한일관계의 흐름 2004-2005

한일관계의 흐름 2006-2007

한일관계의 흐름 2010

한일관계의 흐름 2011-2012

한일관계의 흐름 2015-2016

한일관계의 흐름 2017-2018

V. 대일외교의 과제

VI. 대일외교자료

한일관계의 흐름 2019-2020

초판 1쇄 인쇄 2021년 4월 20일
초판 1쇄 발행 2021년 4월 30일

지은이 최영호
펴낸곳 논형
펴낸이 소재두
등록번호 제2003-000019호
등록일자 2003년 3월 5일
주소 서울시 영등포구 당산로 29길 5-1 삼일빌딩 502호
전화 02-887-3561
팩스 02-887-6690
ISBN 978-89-6357-434-9 94340
값 20,000원